江西省社会科学规划课题："立德树人"视域下大学教师教育兴趣的生发困境与策略研究，项目编号：19JY28

赣南师范大学学术著作出版专项经费资助项目

大学教师教育兴趣论纲

刘诗波／著

吉林大学出版社

·长春·

图书在版编目（CIP）数据

大学教师教育兴趣论纲 / 刘诗波著. -- 长春 : 吉
林大学出版社, 2022.11
ISBN 978-7-5768-1050-9

Ⅰ. ①大… Ⅱ. ①刘… Ⅲ. ①高等学校 – 师资培养 –
研究 – 中国 Ⅳ. ①G645.12

中国版本图书馆CIP数据核字(2022)第210234号

书　　名：大学教师教育兴趣论纲
　　　　　DAXUE JIAOSHI JIAOYU XINGQU LUNGANG

作　　者：刘诗波
策划编辑：甄志忠
责任编辑：矫　正
责任校对：王寒冰
装帧设计：刘　丹
出版发行：吉林大学出版社
社　　址：长春市人民大街4059号
邮政编码：130021
发行电话：0431–89580028/29/21
网　　址：http://www.jlup.com.cn
电子邮箱：jldxcbs@sina.com
印　　刷：天津和萱印刷有限公司
开　　本：787mm×1092mm　　1/16
印　　张：18
字　　数：260千字
版　　次：2023 年 5 月　第 1 版
印　　次：2023 年 5 月　第 1 次
书　　号：ISBN 978-7-5768-1050-9
定　　价：98.00元

摘　要

　　教育兴趣之所以成为大学教师发展与实践中的学术问题，乃是因为立德树人是大学教师文化的核心价值，对其认同和实践不可能疏离教育兴趣。在日常话语中，大学教师教育兴趣可以被理解为大学教师对于大学教育活动和事业的喜好态度。这种日常理解虽然能够直观表达大学教师教育实践的情感，但不能有效深究教育兴趣的结构层次和生发过程，因而有必要进行理论上的概念重构。作为学术概念，大学教师教育兴趣是大学教师联系大学教育实践的中介，既反映大学教师参与教育实践的心灵表象，也映现大学教育实践的生命体验。作为心灵表象，大学教师教育兴趣表征大学教师对教育伦理的体认，向内生发出对大学教育的关切、期待、构思、想象等教育意向，向外则促进教育实践行为并直观表现出教育情感；作为生命体验，教育兴趣既是推动大学教师参与教育实践的内在动因，也是引领、超越现实教育实践的心灵诉求。

　　大学教师教育兴趣问题在大学教师教育实践中表现为三个方面，一是教育兴趣的内涵和价值问题；二是教育兴趣的生发和显现问题；三是教育兴趣的功能和持续问题。这些问题可指向"大学教师诲人不倦何以可能"。鉴于大学教师教育兴趣不是实体性存在，而是普遍关联大学教师的教育生活的心灵体验，理解教育兴趣的逻辑与意蕴就不应局限于功能立场和客体化立场，也不应局限于情感心理学研究范式。本研究立足于大学教师职业主体的生命体验立场，遵循理论与实践"双向交互"逻辑，沿着"实践—理论—实践"的技术路线而展开；根据"直观和抽象"相结合的认识论原理，综合运用文献法和访谈调查等方法收集研究资料，从经验与超验相结合的哲思观照中运用类比、隐喻以及现象学的本质直观方法，分别对大学教师教育兴趣的三个生发向度即教育情感、教育意向、教育意境进行了阐释，并在教育生活场域中对其生发逻辑和自觉路径进行了一些初步探索，得出以下理解。

第一，教育兴趣从感性层面来看显现为教育情感。大学教师的教育兴趣可以在课程教学、科研指导、学生管理、实践交往中通过教育情感而表征。其教育情感受到个体经历、职业素质、工作负荷、工作环境等方面的因素影响，在强度和领域上会伴随其教育实践生涯而发生不同程度的变化。通过分析感性向度的大学教师教育兴趣发现，大学教师基于教育绩效或情境刺激而产生的教育情感不够稳定，容易受制于外在客观条件具有依附性；不能简单凭借教育情感表现而判断或衡量大学教师教育兴趣。因此，尽管纯粹感性的教育兴趣不存在，但教育兴趣仍然具有走向理性向度的必要性和可能性。

第二，大学教师对于教育的理性运思就表现为教育意向。教育意向作为教育兴趣的理性表象，是大学教师主体从理性逻辑生发的教育兴趣。大学教师生成教育意向要具备三个条件：一是大学教师主体身在教育场域，二是大学教师心灵要对教育场域敞开，三是大学教师持守教育良知。大学教师的教育意向具体又包括两个向度，其外在向度主要包括大学教育对象、教育内容、教育实施、教育职业等四个方面，其内在向度是指大学教师的生命情感、意义、精神等三个方面。无论是主动建构还是被动赋予，大学教师经由理性建构的教育兴趣与感性的教育兴趣相比更具有持续性，既不单纯表征为教育情感，也不受制于教育客体或情境具有明确的主体性内容。然而，理性的教育兴趣容易使大学教师的教育实践趋向工具理性，因此，要实现教育活动中的自由和超越，大学教师还要追求教育意境。

第三，大学教师教育兴趣会生发出审美诉求，这就使其达致教育意境。教育意境是大学教师融教育理想与教育审美意识的综合心境，是教育兴趣的高阶状态表象。教育意境是大学教师自由意志对于教育实践的目标，既体现大学教师超越教育内容规定和教育目标的预设，也融渗着大学教师对人生、历史、宇宙所产生独特的体悟。质言之，教育意境是大学教师领略大学教育的感触意趣，收获、印证大学教育世界的洞识妙悟。大学教师在教育实践中追求教育意境是其教育兴趣的必然诉求。一方面，教育意境可以弥合教育兴趣的感性与理性向度中的不足与对立；另一方面，教育兴趣驱动大学教师的审美意识，令其在教育实践中通过审美欣赏、审美体验、审美创造来达致教育意境。对大学教师而言，其教育审美诉求驱动所创造的教育意境有润泽树人、情理通达、自在合乐等不同类型。不过，由于受到工具理性和功利主义文化的影响，大学教师极易分化，在教育生活中会遭遇诸多困境。

第四，教育生活作为教育兴趣的存在场域，是从大学教育实践的特殊场域出发力图呈现教育兴趣和教育生活的双向关联及内在意蕴，从而正视并强化大学的教育本体立场，确立教育兴趣的发展尺度。大学教师教育兴趣生发过程融贯于教育情感、教育意向、教育意境的体验之中，实现教育兴趣自觉是生发大学教师教育兴趣的内在要求。对大学教师而言，大学教师过教育生活是职业实践和发展的内在要求，其教育生活包蕴着大学教师的教育观念、行动、心灵。教育兴趣具有大学教师教育行动的驱动功能，既是其教育观念形成的重要条件，也是其教育体验的意向联结。正因为教育兴趣和教育生活的内在关联，大学教师经由情境激发型教育兴趣、目的驱动型教育兴趣、审美超越型教育兴趣等不同阶段而发展其教育兴趣。

第五，大学教师教育兴趣自觉有其特殊逻辑。首先，敬重师道是教育兴趣生发的前提基础。没有从个体层面敬重师道的"先天假设"，教育兴趣无从言说。大学教师敬重师道需要体认教师职业演进的文化逻辑、职业发展的理论逻辑、职业实践的行动逻辑。其次，大学教师教育兴趣的生发与自觉都要立足于大学为师之道。因此，大学教师要在大学职业实践中要觉解大学师道，由"唯研为师"转向"研为人师"，即崇尚立德树人并明确大学教师的理想信念，以精深学术和教育教研服务大学学习者，在教育生活中不断提升教育境界。最后，大学教师教育兴趣自觉的方向是建构"诲人不倦"的大学教育图景。为此，从个体层次来看，大学教师要以体证教育兴趣的立场实践大学教育；从组织层面来看，大学要修正教师发展范式，兼融内生和外铄两种发展理念，既重视大学教师的教育规范性伦理，也要重视大学教师的教育德性伦理，并以强有力的举措建构和完善大学教师文化。

目　　录

绪　论

第一节　研究背景与问题提出

一、研究背景

（一）新形势回归大学立德树人教育理念的要求

我国高等教育在经历了以规模扩张为主要特征的外延式发展阶段之后转向内涵式发展时代。内涵式发展不仅指涉高等教育的要素、结构、内外部关系协调发展，而且更加重视高等教育的主体发展需求。就大学而言，随着人才培养职能的重要性愈加凸显，对教育质量的关注越发成为高等教育政策和大学发展的中心议程。事实上，仅从大学人才培养与大学发展相互影响来看，大学既要从理念上要重视教育，还要从实践中加大教育的投入。与其说大学正在回归大学教育的本体职责，不如说是在回应新形势高等教育立德树人的新要求。

大学教育之本是大学教师，大学教师的从教意愿和执教水平是提升大学教育质量的关键所在。当前，我国大学教育面临诸多危机和挑战。大学处于使命重大、价值多元、文化冲突的风口浪尖，大学教师在多元价值选择中要守持师道就必然要面临诸多诱惑。一方面，大学教师究竟要如何面对日新月异的知识经济社会发展需求，以何种心态处理自身与大学、学生、社会的关系；另一方面，大学教育是昂贵的事业，不仅限于物力投入，还需要营造热爱教育、高雅宁静的大学教师文化。因此，无论大学教育涉及多少内外部变量，都要诉诸大学教师主体的执教意向。不深究它，就既无法深度落实大学立德树人使命，也无法面对诲人不倦的"大学教师"日渐稀少的迫切现实。

（二）新阶段融贯大学教师发展与实践研究逻辑的呼唤

大学教师研究既包括大学教师职业实践研究，又包括大学教师职业发展研究。人们容易混淆这二者，或者泛泛地在大学教师职业发展研究中关注大学教师职业实践，或者在大学教师职业实践中呼唤大学教师职业发展；根源在于大学教师职业发展研究侧重于理论逻辑向度，大学教师职业实践研究偏重于实践逻辑向度。问题在于，大学教师研究问题不能仅仅满足于理论逻辑的澄清，而忽略实践逻辑本身的发展。其实，从宽泛的意义上说，大学教师职业发展研究虽然是大学教师职业实践研究的组成部分，但毕竟大学教师职业发展研究更侧重于大学教师职业能力、情意、评价如何提升和完善，而大学教师职业实践研究则更关注如何执教，如何提升教育教学质量、效能等问题。可见，大学教师如何执教以及如何发展相互影响，既关联其教育行动与过程，也通达于其职业生命体验。融贯这二者的正是大学教师的教育兴趣。

兴趣之于教育的重要性无论如何强调都不为过。从学习的立场来看，兴趣是学习有效发生的必要条件。从教的立场来说，"得天下之英才而教育之"[①]是君子三乐之一。教师开展教育教学如果没有兴趣，无论对学生还是教师自身都是十分痛苦的事情。诚如梁启超所言："厌倦是人生第一件罪恶，也是人生第一件苦痛"[②]。由此可见，教育与兴趣的关系是双向关联的，是教育世界永恒的课题。况且，从理论与实践两个视野来看，当前我国大学人才培养质量、教师发展所面临的诸多挑战和困惑与大学教师教育兴趣问题相关。

在我国，与其他学段的教师研究相比，大学教师研究相对迟滞，主要偏重于大学教师发展研究。一方面与高等教育学科发展历程有关，另一方面与大学教师职业志趣和实践方式有关。长期以来，大学教师的教育实践引起学界关注的历程与高等教育发展相比极不协调。诸多大学教师研究主要关注并围绕大学教师发展的政策、技术、规范等宏观、显性问题而展开，加上大学教师教育实践问题具有强烈学科属性特征，教育学界要么对

---

① 出自《孟子·尽心上》.

② 梁启超.饮冰室合集第5册[M].上海：中华书局，1989：10.

其"退避三舍",要么缺乏系统而持续性的探讨。譬如,从教育社会学角度探求大学教师职业地位,还有从教育经济与管理的视角研究大学教师队伍的流动与配置等管理问题,相比其他领域的教育研究而言,高等教育学的学科立场不明确,没有内在的逻辑和话语体系,缺乏持续性、可积累的教育知识[①]。形成这种研究局面与忽视大学教师教育实践逻辑有关。可以说,大学教师研究与大学教师教育实践的疏离促成了大学教师研究的碎片化,遮蔽了大学教育实践中的重要问题——大学教师教育兴趣。并且这种疏离所影响的大学教师发展范式在工具理性影响下又进一步"放纵"了大学教师背离教育之道。

二、问题提出

近年来教师研究逐渐从外显的教育行为向内隐的教育体验等转移,这反映了教师主体性发展的重要性日渐凸显。从新时代的特征来看,与主体性发展相伴的是新技术和大数据时代的迅猛发展。人类社会步入信息社会之后,借助数字技术、科技手段的快速发展进入大数据时代。所谓大数据,是"指规模超出了普通数据库软件工具的捕获、存储、管理和分析能力的数据集[②]。"在移动互联网、大数据等新理论新技术的驱动下,人工智能加速发展,呈现"深度学习、跨界融合、人机协同、群智开放、自主操控等新特征"[③]。大学数据对大学教师发展产生深远而重大的影响。就大学教师而言,面对日益科学化、精确化、智能化、个性化的教育需求,原有技术型、外在式发展范式需要与自主性、内在式发展范式相结合;毕竟外在力量干预无法替代大学教师主体自身发展意愿和行动。在人工智能时代,大学教师的教育技术素养固然非常重要,但大学教师的"教学想象力、教学创造力"[④]也不可或缺。这就要求大学教师发展范式由重视大学教

---

① 刘燕楠. 矛盾与困惑: 当前教育研究问题的哲学反思 [J]. 教育研究, 2016, 37(09): 11-18+50.

② 卡利瓦斯, 奥弗利. 大数据商业应用风险规避与法律指南 [M]. 陈婷, 译. 北京: 人民邮电出版社, 2016: 4.

③ 习近平. 确保人工智能关键核心技术牢牢掌握在自己手里 [N]. 人民日报(海外版), 2018-11-01.

④ 李政涛. 人工智能时代的人文主义教育宣言-解读《反思教育: 向"全球共同利益"的理念转变》 [J]. 现代远程教育研究, 2017(05): 3-11.

师数量、技能、符号等外在尺度的发展转向重视大学教师的情感、兴趣、创造、审美格局等心灵向度的发展。相应地，大学教师研究进路有必要进行深度反思和重新调整，即要扬弃或超越原有技术主义、外部规范取向的研究进路，重视大学教师个体实践的体验、关注主体内生逻辑的研究取向。

在教师主体性研究中，不仅要将研究视点要投向自己，而且要努力回答那些导源于自身职业实践中的困惑。笔者作为一名在地方高校工作十余年的大学教师，不能说不理解教育的重要性；但扪心自问，在繁忙的教育科研任务之下，执教积极体验难以显现；假如没有过重的工作负荷，本人非常乐意将自己所擅长和所感兴趣的知识与学生分享。为何如此呢？笔者从教育学的视角向自己提出一个问题：我的教育兴趣究竟因何而生、由何而成、向何而变。以教育兴趣之问来观察身边的大学教师，本人发现既有兴致勃勃地教书育人的楷模典范，也不乏索然无味的知识搬运者，还有诸多喜"研"厌"教"的学术从业者。心中的疑惑不免更加沉重起来：如果每个人都承认教育非常重要，大学教师教书育人是天经地义的职责，为从何大学需要对教育特别强化呢？极端地假设一下，如果大学教师的社会地位和收入以及工作负荷、环境等大学教育实践的各项外部条件都提升至非常理想的水平，大学教师对大学教育是否就拥有理想的教育兴趣呢？思索之余，不免检索了学术文献，粗浅地做了一番了解，但仍然对"为什么大学教师对教育有兴趣"（逻辑上回答而不是理想规范的要求）不太明确。虽然有部分研究揭示了大学教师工作中的积极和消极体验，但对于教师如何理解教育实践不甚明了。

由此可见，我们还无法回答大学教师教育兴趣是如何生发，也没有系统关注大学教师教育实践的价值建构、持守与变化过程。诚然，大学教师教育兴趣可能与大学教师的发展问题相关联，譬如大学教师职业伦理、教育投入、教育信念等研究，但目前来看，这些研究的主要旨趣并不是教育兴趣本身，而是从宏观、群体的视角关注大学教师发展的困境、文化、政策等主题。因此，大学教师教育兴趣问题还存在较大的研究空间。简而言之，大学教师教育兴趣与大学人才培养质量、大学教师文化直接相关的重要问题，其"源与流""同与异""变与不变"对大学教育实践会产生持久而深远的影响。

第二节　研究目的与意义

大学教师教育兴趣问题系于大学教师主体性。因为教育兴趣作为大学教师个体职业意识表象，是教师主体内部体验的逻辑起点，也是教师主体性研究的重要支点。其一，依照"兴趣"作为人的认识意向，教育兴趣是大学教师走进大学教育世界的桥梁；其二，视"兴趣"作为人的主观偏好，教育兴趣表征着大学教师在教育世界中的体验；其三，以"兴趣"作为主客体之间的联结，教育兴趣关涉大学教育对象和教育事态。换言之，本研究始终要贯彻大学教师主体性立场，以教育兴趣为研究对象探讨大学教师主体性实践和发展。

一、研究目的

教育兴趣研究长期以来并未受到重视，其原因有很多。一是受实证主义思维影响，学界对于教育兴趣的研究主要侧重于心理经验的思考，即使有大量"亲缘"关系的教育信念研究也陷入实证科学的研究范式中，遮蔽了各种教育行动背后的教育兴趣。二是与教师日常经验最为密切的教育情感体验似乎可以代替教育兴趣研究。三是教育兴趣的内隐特征使得教育兴趣的概念内涵难以把握，教育兴趣的研究又不能局限于教育兴趣的分析，分析并不完全有助于弄清楚原来就不清楚的问题，何况人们对于这一概念的表达、理解存在许多不同看法。虽然以往大学教师研究没有忽略教育兴趣的存在，但大多数教育兴趣从属和派生于教育情感。笔者认为，大学教师教育兴趣是大学教师职业实践范畴的重要问题，需要从其生命体验所具有的内在超越、自由意志出发来考察。这一研究旨在审视大学教师教育伦理体认和生命关怀意向等方面的心灵活动与过程，具体的研究目的包括三个方面。

（一）诠释大学教师教育兴趣的意蕴与价值

本研究着力揭示大学教师主体的执教心灵状态。与一般教师研究关注教师参与教育的条件、收益、环境等外部因素不同，本研究在概念建构的基础上从微观、个体视角对教师不同个案进行深入调查，了解其教育兴趣相关表现方式、个体体验、文化背景、影响因素，从而诠释大学教师教育兴趣的意蕴和价值，以丰富和拓展大学教师教育实践的内在向度。如果说以往客体立场的研究是外在视域和宏观取向，那么本研究则是从内在视域和微观取向出发，在吸取相关宏观层面研究成果的基础上，侧重探讨从教育哲学、教育美学等综合视角描述大学教师教育实践体验，促进大学教师提升教育质量，完善高校教师队伍建设。由于大学教师教育兴趣关涉大学教师主体心灵向度，本研究重点析取其教育教学实践中与教育兴趣的表现方式、个体感触、文化背景、影响因素，追寻大学教师从"会教"到"愿教""教好"的内在联系，涉及教学、评价、学术、压力、制度体系和学术环境等多种问题域。

（二）解释大学教师教育兴趣的生发机理

本研究旨在阐发大学教师教育兴趣的生发逻辑。尽管如此，本研究不是从概念到概念的纯粹思辨分析过程，而是一个从大学教师教育实践到理论提炼最后回归职业实践的往返运思过程。教育兴趣研究关涉大学教师主体的意向结构，联结大学教师教育实践各个环节，是大学教师主体研究的关键变量。本研究基于生命体验立场，从人文主义视野中观照大学教师教育实践过程和相关体验，探寻大学教师教育兴趣的逻辑结构和形成机理。其一，重视大学教师作为教育实践的主体逻辑，批判其作为被动的或客体化的职业劳动工具性存在。其二，关注大学教师的教育教学实践，以立德树人为大学教师职业立身之本，重视其他场域的劳动投入和影响，但坚守教育理念。其三，从人文主义视野中观照大学教育之道，以便全面阐释大学教师教育兴趣的生发机理。本研究并不否认客观、确定的研究取向对于刻画大学教师实践的必要性，但更为重视其自身和教育实践中的人文关怀、人文理念、人文精神的变化。

（三）阐明大学教师教育兴趣的自觉路径

本研究通过汲取历史与现实中的大学教师教育智慧，探寻教育兴趣的审美关联，突显教师主体自由意志的审美诉求。正是通过诉诸教育兴趣的审美意境一方面超越现实教育实践，另一方面也能够还原和拓展教育兴趣的丰富意蕴。另外，鉴于教育兴趣对于大学教师职业实践和发展的重要意义，本研究立足于教育兴趣自身结构和逻辑出发，针对当前大学教育文化衰退的现象，探讨促进大学教师教育兴趣自觉的具体路径；既要遵循大学教师的主体意志，还要关切大学教育的文化场域，尤其是要重视个体与场域的交互影响，以便审视大学教师教育兴趣自觉的前提、基础和方向。

二、研究意义

教育兴趣具有动力性和超越性的功能，是大学教师发展和研究的重要视点。从理论层面来说，探索大学教师教育兴趣问题有助于确立批判大学教师文化发展的分析框架。当前大学教师文化发展存在一定的误区和偏差，学界从不同方面对功利取向的大学教师文化做了深度批判，但是价值批判还应深入大学教师主体的实践向度才更有意义。而从学理逻辑来看，大学教师教育兴趣是大学教师主体涉身于大学教育实践的重要问题，对其进行系统的阐释是推进大学教师文化的内在需要，也是立足于大学教育实践本体对大学教师文化的强力回应和深度观照。

另外，探索大学教师教育兴趣问题有助于拓展大学教师发展研究的问题域，从而深化大学教师教育教学实践的理论认识。大学教师发展研究需要关注"学科专业水平、教师职业知识与技能、师德"[1]。教育兴趣是关联三者的共通问题。其一，大学教师学科专业知识的提升和实践能力既与职前教育经历相关，也与职后教育实践相连；其二，提升大学教育素养需要教育兴趣灌注才有可能；其三，大学教师职业道德发展相连于教育兴趣生发过程。因此，探究大学教师教育兴趣有助于融贯不同领域的大学教师发展研究，从而深化、拓展问题域。

---

[1]　潘懋元.大学教师发展论纲——理念、内涵、方式、组织、动力[J].高等教育研究, 2017, 38（01）：62-65.

从实践层面来说，有助于充实大学教师教育实践的内在意义，完善大学教师发展方式。因为大学教师发展的关键在于生成内驱力以转变教育理解。大学教师教育兴趣关联大学教师教育实践体验过程，不仅对大学教师教育实践意义、意向有重要影响，而且大学教师教育兴趣的生发逻辑和自觉路径关系到大学教师发展的管理实践，因为无论是外在规范式的发展实践还是内在的大学教师发展范式，都要充分体认大学教师教育兴趣。总而言之，探讨大学教师教育兴趣的生发和自觉是要充实大学教师教育实践意义，提升大学教师发展的内驱力[①]。

第三节　研究综述与创新

一、研究综述

从已有的文献资料检索结果来看，目前关于大学教师教育兴趣的直接研究并不多见，仅有少数相关研究主要体现于基础教育研究成果中。因此，本研究围绕研究主题，从研究的"核心概念"——"教育兴趣"和"研究对象"——"大学教师"这两个方向展开文献综述，最后汇聚于大学教师教育兴趣。

（一）关于教育兴趣的研究

虽然兴趣自古以来就为人们所重视，被多种学科纳入研究视野，但作为教育学的核心概念还要从赫尔巴特的《普通教育学》算起，自此，兴趣作为教育的重要目的或手段开始成为基本认识。在这种认识影响下，教育与兴趣一直密不可分。因此，本研究对教育兴趣的文献梳理遵循一般到特殊的顺序展开，即先介绍兴趣的内涵与生发机制等宏观层面的研究成果；然后将视野聚焦于教育，重点梳理兴趣与教育的关联研究；最后过渡到与教育兴趣直接最为"密切"关系的教师职业兴趣研究上。

---

① 徐帅, 赵斌.从外塑到内修: 教师专业发展的内驱力生成[J].教育理论与实践, 2018, 38 (25): 39-42.

1. 关于兴趣的内涵研究

在我国，关于兴趣的研究最早源于古典文学领域，"兴"最早出自《诗经》中《小雅·小宛》中"夙兴夜寐"[①]，原指起床，后世将其延伸至"兴起""起来"的意思。《周礼》认为"兴"与"赋""比"在诗歌中都系创作的基本方法[②]。从审美主体的角度来说，兴是"自然感发"所生的自由开放心态，惟其自由、开放、无所羁绊，必然导向以趣为美[③]。"趣"最早出自《诗经》中《大雅·棫朴》"左右趣之"[④]和《小雅·十月之交》"蹶维趣马"[⑤]，其意有二：一为趋向、归向，二为掌管，蕴有动作驱使、趋势之意，后来一般指"趣味"，即"趣"包括兴趣、情趣、旨趣以及滋味、味道等方面的含义[⑥]。由于"趣味"一词与饮食相关，具有味道、味觉、滋味等含义，后来又引申出判断力、鉴赏力、审美判断等词义，致使兴趣已成为美学领域一个重要概念。

在西方，"兴趣"（interesse）是由两个拉丁词"inter"和"esse"组成，意指"在存在之中"[⑦]。在德语中，兴趣（interesse）一词大致有以下几种含义：兴趣、趣味、关注、好奇心、利害关系、利益、爱好、需求、利息[⑧]。如果结合柏拉图的心灵理论与兴趣原有含义，可以将兴趣分为即理性意义上的兴趣、激情意义上的兴趣和欲望意义上的兴趣。自康德之后，在哲学领域往往把兴趣视为理性存在，指向心灵的能力。对此，康德有一个说明："对于心灵的每一种能力，我们都可以赋予其一种兴趣，亦即一条原则，它包含了唯有在中下心灵的能力的实施才得到促进的条件。"[⑨]从感性的兴趣到理性的兴趣转变是主体由他律向自律转变的结果。[⑩]作为实践

① 程俊英.诗经译注（小雅·小宛）[M].上海：上海古籍出版社，2016：372.

② 《周礼·春官·大师》，《周礼注疏》卷二三，中华书局影印阮元刻《十三经注疏》本.

③ 袁济喜.论"兴"的组合界面[J].中国人民大学学报，2001（04）：101-106.

④ 程俊英.诗经译注（大雅·棫朴）[M].上海：上海古籍出版社，2016：483.

⑤ 程俊英.诗经译注（小雅·十月之交）[M].上海：上海古籍出版社，2016：361.

⑥ 罗竹风.汉语大词典[Z].北京：汉语大词典出版社，1994.

⑦ 彭雪娇.小学生语文学习兴趣及其培养策略研究[D].上海：华中师范大学，2018：10.

⑧ "兴趣"一词在德语中的基本含义可参考《德汉词典》，上海：上海译文出版社，1993：649.

⑨ 康德.康德著作全集：第3卷[M].李秋零，译.北京：中国人民大学出版社，2013：166-167.

⑩ 林晖.康德的实践理性中的兴趣问题[D].上海：复旦大学，2003.

理性的兴趣，一是在实践理性的动力环节具有动力功能，二是在实践理性的实现环节具有超越功能。受康德的兴趣观影响深远，哈贝马斯就在处理认识和兴趣的关系时发掘了兴趣蕴含的动力性，从而提出技术的兴趣、实践的兴趣和解放的兴趣三种概念，以此建立普遍交往的社会模式[①]。

教育学对兴趣的重视受到心理学影响。教育学鼻祖赫尔巴特认为："兴趣与欲望、意愿和审美有共同之处，"[②]与康德的兴趣三分法有所不同，他从心理上将兴趣的构成划分为认识的兴趣和情感的兴趣，前者包括"经验的兴趣""思辨的兴趣""审美的兴趣"；后者包括"同情的兴趣""社会的兴趣""宗教的兴趣"。可见，赫尔巴特是从兴趣的心理构成而不是从兴趣的状态来划分兴趣的。如果说赫尔巴特是传统教育学中对兴趣概念的创立者，那么杜威则是现代教育学对兴趣概念的创新者。他认为兴趣产生于事物之间的联系，当这种联系是即时的甚至同步的时候，便是直接兴趣；当这种联系比较遥远时便是间接兴趣[③]。在他看来，兴趣来源于个体的冲动和习惯，但冲动和习惯要成为兴趣是有条件的，这不仅与个体的目标追求有关，而且与个体为实现目标的行为有关。由此可见，杜威的兴趣观是活动和发展相统一的兴趣观。

随着行为主义和认知心理学在20世纪80年代不断取得进展，许多学者从学习、教育、生活各个方面推进兴趣的研究，一致认为兴趣与需要、动机、情绪、认知、行为等相关。目前，心理学界认同两种不同的兴趣概念，即个体兴趣和情境兴趣[④]。个体兴趣是由个体的倾向性引起的，与知识的增长、积极的情绪和价值的增加相联系；情境兴趣是由当前环境中的某些条件和刺激在个体身上产生的兴趣，它对个体的知识和参照系统只有短暂的作用和边

---

① 哈贝马斯.认识与兴趣[M].郭官义，李黎，译.上海：学林出版社，1999：46.

② 赫尔巴特.普通教育学（教育学讲授纲要）[M].李其龙，译.北京：人民教育出版社，1989：56.

③ 杜威.杜威全集（第七卷）[M].复旦大学杜威与美国哲学研究中心组，译.上海：华东师范大学出版社，2002：146.

④ Suzanne Hidi. Interest and Its Contribution as a Mental Resource for Learning[J]. Review of Educational Research, 1990, 60(4)：549-571.

缘性影响①。由于对兴趣的基本概念认识存在不同程度的分野，对兴趣生发机制的研究成果也不一而同。目前，一般认为兴趣的生发机制有三种理论假设：需要假设、认知假设和信息假设。兴趣发生的需要假设主张人的兴趣源于需要；兴趣发生的认知假设认为兴趣产生于个体智力活动；兴趣发生的信息假设强调兴趣生发需要信息的获得，同时它也不否认兴趣与需要、情绪的联系②。简而言之，随着不同学科对兴趣研究的不断深入，人们意识到现有很多研究中所谓的兴趣其实只是兴趣的某一侧面或片段，并没有包括兴趣概念的所有重要方面，因而研究空间仍然非常广阔。

2. 关于兴趣与教育的关系研究

受赫尔巴特的兴趣观影响，后来教育学界都视兴趣为核心概念，高度重视兴趣的工具价值，并对人们认识兴趣与教育的关系产生深远影响。从教育的内部视角来看，兴趣无论是在"教育的目的"方面，还是在"教育的过程"方面都具有重要意义。其实，赫尔巴特主要从兴趣作为教育目的来展开教育学，后世教育学则主要从兴趣作为教育工具来拓展教育学：或是将兴趣作为课程内容，即开发不同指向的课程着眼于培养人的兴趣、个性、素质的发展；或是将兴趣作为教育教学的工具或手段，重视从激发学习兴趣的角度来改善教育教学效果。

近代以来，随着心理学不断发展，兴趣在教育中的工具价值更加被强化，在教育心理学中作为核心概念，甚至于在其分化出来的学习心理学中作为基础"信念"。有关学生、学习兴趣的研究与教育、教师联系最为紧密。一方面，从国际范围来看，教育可以理解为有计划、有意识、有目的和有组织的学习③；另一方面，教育的要义也是促进学生学习。实际上，大部分学习研究都非常重视兴趣，甚至可以说兴趣的概念发展也与学习密切相关。未来学界将更加关注学习兴趣培养的影响因素，并继续深入探究不

---

① Ulrich Schiefele. Interest, Learning, and Motivation [J]. Educational Psychologist, 1991, 26 (3-4)：299-323.

② 章凯.兴趣发生机制研究的进展与创新 [J].心理科学, 2003 (02)：364-365.

③ 联合国教科文组织.反思教育：向"全球共同利益"的理念转变 [M].熊建辉, 译.北京：教育科学出版社, 2017：9.

同类型兴趣之间的作用机制[①]。

然而就本研究而言，关于学习兴趣的研究成果浩如烟海，既不可以为本研究所涵盖，也没有真正指向本研究的核心：如何教育。因为无论如何，倘若将教育作为一个"黑箱"，从其内部视角来看，兴趣可能是附属于教育而存在的。但如果从教育的外部视角来看，谁在从事教育？教育者自身对教育的认识和理解如何化为教育兴趣的？对这些问题的回答就有必要重新审视兴趣与教育的关系。据此来看，教育与兴趣就不是简单的包含关系，也不是纯粹对等关系，而是一种关联。两者相互关联就生发出一系列问题，如教育兴趣对教育者是如何影响的，教育兴趣是从何而来的，怎样发展。

众所周知，兴趣具有情感上的愉悦、向往。如果从这个日常观念出发来理解教育与兴趣的关系，我国古代最早意识到教育与兴趣的关联的当属孟子，他提出"得天下之英才而育之（《孟子·尽心上》）"是君子三乐之一。在当代则要首推梁启超先生，他从趣味人生哲学出发观照教育，明确提出教育乐趣。他说："我确信'敬业乐业'四个字，是人类生活的不二法门""敬业即是责任心，乐业即是趣味"，是"我生平最受用的两句话"[②]。在各行各业的"趣味"中，梁启超对教育工作者或教师的"教育趣味"情有独钟、十分偏爱。他十分赞赏孔子"学而不厌、诲人不倦"和"好之乐之"的人生哲学，认为"厌倦是人生第一件罪恶，也是人生第一件苦痛"[③]，并因认定教育职业的特性决定着它能够做到"继续的快乐""彻底的快乐"和"圆满的快乐"而感慨"乐哉教育"！

由此可见，自古以来就有许多思想者意识到教育与兴趣的双向关联。这就为本研究提供了广阔的历史视野和丰富的文献素材。假如将以赫尔巴特所开创的教育学所重视教育与兴趣的关系称之为正向关联，那么，由孟子所意识到的教育之乐则是教育与兴趣的反向关联。其实，正向关联是视

---

① 涂阳军.论学习兴趣的养成：对西方近二十年来学习兴趣研究的反思[J].江苏高教，2013（01）：38-40.

② 梁启超.饮冰室合集第5册[M].上海：中华书局，1989：10.

③ 童秉国.梁启超作品精选[M].武汉：长江文艺出版社，2005：346.

兴趣为教育的内在目的或工具，反向关联是视兴趣为教育的重要条件或动因，双向关联才是既重视教育与兴趣之间的指向性，又重视教育与兴趣的各自的独立性。基于这种认识，有学者探讨了教的兴趣和学的兴趣的关系，认为"教师学的兴趣、教师教的兴趣与学生学习的兴趣是相互作用的三种兴趣，三者统一于教学过程之中"[①]。甚至有学者直接以教育兴趣做了系统研究，提出教育兴趣就是教育者兴趣，即教育工作者特别是教师对教育事业、教学工作、学生和所教学科发自内心的喜欢和热爱[②]。

3. 关于教师职业兴趣的研究

"教师只有把对儿童的爱和对教育职业的爱区分开来，才能使自己具备教师职业的修养"。[③]教师对学生的兴趣与教师对教的兴趣既有区别的又有联系，因为这二者都属于教师职业兴趣的范畴，都是教师从业的基本条件。研究一旦将教育与兴趣的关系视域发生了转向，就迎来两大问题。其一，既然停留于感性层面泛泛议论教育兴趣难登充满学理逻辑的"高雅之堂"，是否教育兴趣与其他概念存在交错之处？换而言之，教育兴趣相关联的教育职业实践体验的研究通常有哪些研究主题。其二，从更广的范围来说，有无直接探索职业兴趣和教师职业兴趣的研究成果，可否以为本研究提供一些启发。

从教师职业实践出发，笔者发现从来就不乏关于教书育人职责、情感、信念方面的关怀、思索、探讨。首先是有关教育爱的研究。自著名教育家裴斯泰洛齐提出教育爱开始，[④]人们对教育爱的强调从来没有间断过。教育爱在工具理性过度侵蚀教育的当下尤为重要[⑤]。其次，有关教育情感的研究。教师从事教育教学活动需要情感参与，这种情感会影响到学生和自身。熊川武认为，教育情感是教育世界的活动者对教育人士的好恶体验，具有职业性、教育性与表演性。教育感情包括对教育的观念、体验、表达

① 何旭明.论教的兴趣与学的兴趣[J].现代大学教育, 2007(3): 20-24.

② 郭戈.兴趣是最好的老师——关于教育者的兴趣[J].课程.教材.教法, 2014, 34(01): 29-31.

③ 季姆娜娅.教育心理学[M].杜岩岩, 译.北京: 教育科学出版社, 2008: 90.

④ 赵祥麟.外国教育家评传(第2卷)[M].上海: 上海教育出版社, 1992: 49.

⑤ 高德胜.论爱与教育爱[J].中国教育学刊, 2018(12): 49-55.

与评价[①]。

再次，是有关教师职业信念（或简称为教师信念）的研究。教师信念的确立来源于教师个人全部的生活经验和对教育问题透彻的学理分析[②]。教师是教育实践主体，教师信念不仅直接影响教育行为，还决定教育实践的性质与状态[③]。已有的研究从教师信念的概念阐释、影响因素、内外关联、等方面进行了探索后发现：教师信念是教师专业发展的内在动因，是教师教学质量提升的首要条件[④]。

对第二个问题，职业心理学提供了答案。在近70年的研究中，职业兴趣的理论研究主要有Roe的圆形模型、Holland的六边形模型、Prediger的维度模型、Gati的层级模型以及Tracey-Rounds的球形模型[⑤]。其中，霍兰德（Holland）所提出的职业兴趣理论是目前影响最为广泛的理论之一，他把职业兴趣和工作环境分为六种类型：现实型、研究型、艺术型、社会型、经营型、常规型，并用职业六边形模型来描述六种兴趣类型之间的相关[⑥]。但是没有研究证实哪个职业兴趣的结构能够适用于所有的群体。

随后，有学者将职业兴趣研究延伸于教育领域中的教师和学生。对前者，比较有代表性的是戴翕昀等人研究了我国大学生职业兴趣的理论结构，提出大学生职业兴趣包括九种类型[⑦]。后者，由于教师职业兴趣作为一种动力持续贯穿于教师职业生涯全过程，会受到教师的职业环境[⑧]和个人兴

---

① 熊川武.教育感情论[J].教育研究, 2009, 30(12): 53-58.

② 肖川.教育：基于信念的事业[J].湖南师范大学教育科学学报, 2015, 14(01): 28-33+75.

③ 邬志辉.教师教育理念的现代化及其转化中介[J].东北师大学报, 2000(03): 80-86.

④ 金爱冬，马云鹏.国内外教师信念问题研究综述[J].延边大学学报（社会科学版）, 2013, 46(01): 75-83.

⑤ 刘长江，郝芳.职业兴趣的结构：理论与研究[J].心理科学进展, 2003(04): 457-463.

⑥ Alex MacKenzie. Review: Making Vocational Choices: A Theory of Vocational Personalities and Work Environments[J]. Australian Journal of Career Development, 1995, 4(3): 44-45.

⑦ 戴翕昀，黎坚，张博，等.当代大学生职业兴趣的结构与测量[J].心理学探新, 2013, 33(03): 260-265.

⑧ Julia Klug, Simone Bruder, Bernhard Schmitz. Which variables predict teachers diagnostic competence when diagnosing students'learning behavior at different stages of a teacher's career?[J]. Teachers and Teaching, 2016, 22(4): 461-484.

趣等多种因素的影响；Alexaner等人提出教师专业发展阶段模型（MDL）重点探讨了教师个人兴趣在专业发展的不同阶段具有不同的作用[①]。

（二）关于大学教师教育兴趣的研究

由于历史原因，普通教育学在我国多年发展进程中，对教师的研究并不必然"涵盖"大学教师研究。与西方高等教育漫长的发展史和长期的高等教育研究历程相比，我国高等教育研究显得尤为迟滞，高等教育学创立至今不过40年左右，大学教师相关研究引起我国学界的系统关注则是新近十余年的事情。这是因为大学教师的治学身份"固化"了人们的认识，一定程度遮蔽了对其执教职责与意蕴的探讨。相应地，大学教师研究偏重学术发展，未能全面地建基于教育者的身份之上。考虑到大学教师与其他阶段教师执教相比有诸多不同之处，其教育兴趣所涉及的内涵和关系也有较大差异，本研究有必要对大学教师文化、工作状态、发展范式等三方面的相关研究成果进行一番梳理。具体来说，了解大学教师文化是为了明确大学教师教育兴趣在大学教师职业实践所涉及的具体议题；熟悉大学教师职业劳动则是为了初步厘清大学教师教育兴趣的实际影响因素；总结目前大学教师发展范式是试图反省大学教师教育兴趣研究的基础与条件。

1. 关于大学教师文化的研究

与大学教师的教育教学实践相关联，学界一般从理想形态的大学教育批判现实的大学教师文化，重点探讨大学教师价值、理念、精神。论及大学教师文化，首先要明确何谓教师文化。教师文化是"教师的价值观念及行为方式"[②]。哈格里夫斯则认为教师文化是指在一个特定的教师团体内，或者在更加广泛的教师社区之间，各成员共享的实质性的态度、价值、信念、观点和处事方式[③]。由此认为，大学教师文化是大学教师群体共同秉持的一种价值观念系统和行为模式，其内在核心为教师的价值观念，外在表

[①] Alexander, Patricia A. et al. Modeling Domain Learning: Profiles From the Field of Special Education [J]. Journal of Educational Psychology, 2004, 96（3）: 545-557.

[②] 顾明远.教育大词典（增订合编本）[Z].上海：上海教育出版社, 1998: 75.

[③] Alexander, Patricia A. et al. Modeling Domain Learning: Profiles From the Field of Special Education [J]. Journal of Educational Psychology, 2004, 96（3）: 545-557.

现为行为模式①。

为何要探讨大学教师文化？有学者认为大学教师异化为"政治人""经济人""专业人"，丧失了原有"知识人"的内在特征；大学教师与"知识人"身份疏离的现实令大学教师"知识人"身份的复归和重构刻不容缓。实际上，大学教师"知识人"的身份赋予大学人格化的内涵，使大学展现独特魅力；但是大学教师一旦失却"知识人"身份，也就危及大学教师文化的根本属性②。大学教师肩负"教书育人"的本体职责。虽然随时代不断发展，但首要任务仍然是培养人才。不难发现，大多学者都旨在"批判工具理性、文化媚俗与绩效主义过度泛滥的现象，理性剖析大学教师精神，企图走出工具主义，唤醒教育爱；消解官本位主义，享受自由生活；尊重高雅情趣，唤醒知识分子的良知；最终重塑大学教师精神和发展大学文化"③。

从教育实践的立场来看，大学教师只有体认教育职业的内在自由、理解教育职业的创造性、享受教育生活才是其精神建构的合理路径。可以想象，大学师生是精神相遇于大学校园，自由而敞亮地进行精神的理解、沟通和接纳，达成富有生命的精神交流，实现精神超越，则是精神实体建构的归宿与存在形式④。无论如何，大学教师是以教授与学者的身份进行专业活动的人⑤。社会劳动分工的职业化乃至专业化不能阻断其知识分子的社会使命担当。毕竟评价大学教师是否是知识分子不能单纯以知识为唯一尺度，还要考察他的社会责任感以及独立人格与精神等方面。事实上，并非大学教师就必然具备知识分子品格⑥。大学教师文化植根于大学教师职业生活，其职业生活的起点是敬重大学教育；中心是领悟学术与教学的双重逻

① 孙根华.高校教师文化的价值观困境[J].学术界, 2015（04）: 121-127.
② 牛海彬.大学教师"知识人"身份重构的路径分析[J].东北师大学报（哲学社会科学版）, 2015（04）: 234-238.
③ 王勇鹏, 佘君君.大学教师精神的遮蔽与解蔽[J].大学教育科学, 2014（04）: 54-58.
④ 魏传光.大学教师精神实体的当代建构[J].大学教育科学, 2015（05）: 69-74.
⑤ 勒戈夫.中世纪的知识分子[M].张弘, 译.北京: 商务印书馆, 1996: 4.
⑥ 胡金平.大学教师与知识分子[J].高等教育研究, 2005（10）: 22-26.

辑，归宿是获得大学教师职业生活的趣味[①]。

2. 关于大学教师职业生命体验的研究

与大学教师文化研究的理想建构旨趣略有不同，关注大学教师职业体验的研究者往往从实证、经验、事实的层面描述、解析大学教师职业实践。这有助于检验大学教师教育兴趣研究的实践基础。因为身处"象牙塔"里的大学教师，其闲适、优雅的印象似成"共识"。其实，随着大学步入社会中心，大学教师既不可能像中世纪大学学者那样自在自主，又不能"不为五斗米折腰"；不甘于琐碎事务和无力于创新治学者大有其是。以此来看，有必要深入了解现实中的大学教师职业劳动类别、强度、投入、收益究竟如何。否则，大学教师特殊的工作时间将难以被了解[②]，大众对其工作投入而形成的刻板印象将一直难以消除。

大学教学是大学最古老的职能，是大学教师最本真的使命，但现代大学教师"在思想上不重视教学，教学效果也不尽如人意，与学生沟通更为贫乏的现象并不鲜见"[③]。有国内调查发现：虽然近80%的大学教师认同教学与科研的双重职能或将教学作为首要职能，但从实际行为层面来看，大学教师职业劳动存在"重研轻教"现象[④]。同样的情况在国外的研究中也得到印证。Evans等人研究发现，就教师个人而言，首先承认的是作为研究者的身份而存在，投身于教学工作只是出于自我效能感和责任感[⑤]。

虽然大学的理念和现实中提倡教学与科研兼容，但科研与教学的确存在冲突主要表现在两者的时间投入存在排斥效应[⑥]。这又有可能与大学教师管理和发展评价有关。毕竟，大学管理过程追求科研产出，忽视教学

---

① 刘铁芳.大学教师之德：走进学与教的人生[J].教育研究，2014，35（06）：102-108+135.

② 李琳琳.时不我待：中国大学教师学术工作的时间观研究[J].北京大学教育评论，2017，15（01）：107-119+190.

③ 殷慧.论大学教师投身教学[D].长沙：湖南大学，2005.

④ 鲍威，杜嫱.冲突·独立·互补：研究型大学教师教学行为与科研表现间关系的实证研究[J].北京大学教育评论，2017，15（04）：107-125+187-188.

⑤ Linda Evans, Maria Tress.What Drives Research-focused University Academics to Want to Teach Effectively? Examining Achievement, Self-efficacy and Self-esteem[J]. International Journal for the Scholarship of Teaching and Learning, 2009, 3（2）：115-137.

⑥ 阎光才.高水平大学教师本科教学投入及其影响因素分析[J].中国高教研究，2018（11）：22-27.

质量；教师意在项目获取与经费资助，轻视学生教学；讲授内容非研究内容，"科"与"教"不一致[①]。尽管在许多大学教师"喜研厌教"几乎成为文化定式，但从卓越大学教师的视角探索和总结"教研融通"的理论和实践还是给人以希望。有学者指出，"大学教师要在教学中科研，在科研中教学，从而走向属于大学教师的完整生活"[②]；还有人认为要让教育成为教师的精神需求，拥有恬静之心；让促进学生学习的教学成为教师的生活方式，拥有快乐之蕴让教师成为能够培养出自己崇拜的学生的事业，拥有卓越之道[③]。

除了教学和科研之外，大学教师还要进行大量的社会服务工作。客观地说，大学教师承担社会服务工作意味着打破原来传统专业生活的平衡状态，增加不少工作负荷。近年来，大学教师身心健康状况堪忧，周均工作45小时[④]，因工作时间长引致的过度劳动成为职业病和过劳死频发的重要原因[⑤]。综上可见，提升大学教师职业生命体验还有诸多有待完善之处，大学教师职业体验存在诸多困苦、难解之惑，已经影响大学教师的角色定位和价值认同，对教育教学实践影响深远。这进一步表明对大学教师教育兴趣的研究有较强的现实针对性。

3. 关于大学教师发展范式的研究

本研究着眼于大学教师教育教学实践，根本目的还在于促进大学教师发展；而要明确研究的基础和条件就要了解大学教师发展范式的相关进展。具体来说有两类发展范式值得关注：一是研究意义上的发展范式，二是实践的意义上的发展方略。前者主要是指学术界对大学教师发展研究的价值取向、研究方式、研究主题等；后者是指大学教师发展的干预、管理等实践策略。

---

① 王平祥.现代大学科教融合的内在逻辑与实现路径［J］.国家教育行政学院学报，2014（07）：50-53.

② 李润洲.大学教师教研融通：何以及如何可能［J］.高校教育管理，2016，10（03）：106-110.

③ 王菁华.做一个恬静、快乐而卓越的大学教师［J］.中国大学教学，2017（12）：18-23.

④ 沈红.中国大学教师发展状况——基于"2014中国大学教师调查"的分析［J］.高等教育研究，2016，37（02）：37-46.

⑤ 赖德胜，孟大虎，李长安，等.2014中国劳动力市场发展报告——迈向高收入国家进程中的工作时间［M］.北京：北京师范大学出版集团，2014.

我国大学教师发展存在"知识分子""学术职业""学术制度""生存状态"四种立场①。由于这些不同关切立场内含着不同的价值取向，溶渗于大学教师发展实践就展现"自上而下""自下而上""上下融合"三种基本模式。"自上而下"模式指令性强，其基础是大学管理层的职能分化；"自下而上"模式自发性强，其基础是教师视角的发展动力；"上下融合"模式弥补了双轨制下重复作业的缺陷。时下，大学教师发展正从"自上而下"为主向后两种模式转变②。尽管我国高校教师发展政策对高校教师自主发展的关注不足，突出表现在"由上而下"的政策习惯，但自2010年以后，我国大学教师发展政策从多视角逐步向专业发展主题回归，即大学教师发展进入以突显自主的专业发展的阶段，大学教师发展环境开始转变③。有学者指出，未来大学教师发展范式可能发生四种转向：一是由"被动性发展"转向"主体性发展"，二是由"个人化发展"转向"交往性发展"，三是"去情境性发展"向"情境性发展"④，四是"由外控式、技术性发展"转向"自由、体验、内生式专业发展"⑤。

如果将大学教师教育兴趣放置于大学教师发展范式的研究与实践中做一番检视，本研究具有非常重要的意义。其一，国家层面的对大学教师重视教育的"强力干预"。2018年召开全国高等学校本科教育工作会议强化"四个回归"，突显重视大学教师发展的时代需求。其二，从大学教师发展研究视角来看，教育兴趣作为动力性因素关联众多发展因素，既不能简单地从平面因果来推断、改进其教育投入，也不能混沌地泛泛议论、指点应然之道。更为重要的是，除却了解所有教师职业发展（职业兴趣）的生发特征之外，还要在比较大学教师与其他类型教师职业兴趣之间的差异性基础上，归纳出大学教师教育兴趣的特殊性。

① 陈先哲.大学教师发展：研究进路与研究展望[J].复旦教育论坛, 2017, 15(03)：80-86.

② 周海涛, 李虔.大学教师发展的模式探析[J].大学教育科学, 2013(04)：61-65.

③ 方明军.改革开放40年中国高校教师发展政策回顾与反思[J].湖南科技大学学报（社会科学版）, 2018(9)：129-136.

④ 周成海, 孙启林.教师专业发展范式转移的基本范式[J].中国教育学刊, 2009(06)：68-70.

⑤ 闫守轩, 朱宁波.教师专业发展现实问题与范式转型[J].中国教育学刊, 2013(12)：67-71.

（三）文献评析

综上可见，已有研究从理论基础、研究范围、研究方法和实践应对等方面给予本研究坚实的基础和重要启发，但就大学教师教育兴趣的直接研究来看，还可以在研究目的、研究内容、研究范式等方面有所突破。

第一，从研究目的来看，已有研究旨在关注兴趣之于教育的工具意义，未能充分关注教育兴趣的本体价值。人们对兴趣的关注、思索、研究由来已久。在进入科学时代以前，哲学将兴趣视为人的心灵能力、主动性。在文学艺术世界中，兴趣则被视为创作和审美的重要条件。自心理学将人的行为问题实证化探究之后，兴趣被广泛关注于学习领域，其研究方法侧重于从主体内外部刺激和学习行为的关联视角，沿认知、需要和情绪体验三个因素不断推进兴趣的理论内涵和生发机制。与心理学界中如火如荼地学习兴趣相比，兴趣的"认识转向"在教师研究中尚处开始阶段，虽然心理学家对职业兴趣进行了大量的研究，但更多集中在一般职业兴趣结构的探讨、职业兴趣量表的编制修订以及职业兴趣的本土化研究，具体到教师职业兴趣的研究还是不多见。尽管已有学者对教师的教育兴趣作了一些探究，但其工作主要是对教育兴趣进行经验提炼和价值确认，从更为完整的角度对教育兴趣的集中探索确有必要。

第二，从研究内容来看，已有研究重在一般意义上的教师发展和实践研究，对大学教师的教育教学的内在意向、外在伦理、整体教育文化的特殊性关注不多。大学教师执教有其特殊性，其教育兴趣较为复杂。其一，大学生身心发展水平与中小学生不同；其二，大学教师自身的职业发展机制和变化特点有待研究，也与其他阶段教师有所差异。因而并不能笼统地将基础教育阶段教师教育兴趣研究直接演绎或搬迁至大学教师身上；或者说，尽管目前关注其他阶段教师发展的研究为大学教师教育兴趣研究提供了借鉴和启发，但两类研究不能相互替代。大学教师工作于多任务的复杂环境中，原本作为教师承担教育教学职责的境况在近些年来受到多种因素的挑战。作为高级知识分子的代言人形象，人们更多关注于其学术发展所创造的科研成果，很少关心其教育工作过程和状态。尽管所有大学教师都强烈地感到自己对教学和与学生的关系负有责任，但这是否意味着大学教师就对大学教育持有兴趣而不需要加以"探究"呢？而那些对大学教育不以为然甚至"唯研为师"的大学教师，其教育实践意向又该如何应对？

　　第三，从研究范式来看，已有研究受实证主义、客观主义的理性逻辑影响较深，对大学教育的实践逻辑未能足够体认。目前，多数大学教师发展研究主要从宏观层次探讨大学教师发展理论，侧重于关注大学教师发展政策和技术性策略；少有微观、个体性的发展研究去描绘、呈现、揭示大学教师职业生活场景，以唤起理论界和实践工作者的关心或理解。实际上，宏观、外部性发展研究长于从实证因果联系、普遍性的立场解释大学教师发展问题，但弱于批判、诠释、建构大学教师个体内部的意义、价值、精神等问题。虽然不少学者力图探究消除大学教学和科研的藩篱，但还有一些重要的问题被悬置一旁，比如是什么因素影响大学教师教育和科研相互融通、促进，难道与教育兴趣无关吗？这又引出一系列问题：大学教师教育兴趣是如何生发、怎样变化的？大学教师教育兴趣对于其职业发展的意义和作用在哪里，对其生活幸福感有何影响？对此，仅仅从经验实证的外部视角进行探索就无法得到满意的答案。

　　总之，教育兴趣研究长期以来并未受到重视，其原因有很多。一是受实证主义思维影响，学界对于教育兴趣的研究主要侧重于心理经验的思考，即使有大量"亲缘"关系的教育信念研究也陷入实证科学的研究范式中，遮蔽了各种教育行动背后的教育兴趣。二是与教师日常经验最为密切的教育情感体验似乎可以代替教育兴趣研究。三是教育兴趣的内隐特征使得教育兴趣的概念内涵难以把握，教育兴趣的研究又不能局限于教育兴趣的分析，分析并不完全有助于弄清楚原来就不清楚的问题，何况人们对于这一概念的表达、理解存在许多不同看法。虽然以往大学教师研究没有忽略教育兴趣的存在，但大多数教育兴趣从属和派生于教育情感。

　　实际上，从大学教师职业的实践视角来看，推动大学教师发展既需要从大学教师的知识、技能等智力性因素和宏观、中观层面的制度政策环境改善入手，还需要关切大学教师的内生发展动力。而就大学教师内生发展路径而言，教育兴趣是一个无法回避的主题：其一是大学教师教育兴趣是大学教师履行本体职责之所依；其二是大学教师教育兴趣的复合特征决定了它在大学教师发展谱系中的重要位置，需要从其生命体验所具的内在超越、自由意志出发来考察。因此，大学教师教育兴趣是大学教师职业实践范畴的重要问题，教育兴趣既可外显也可内隐，既可主观化表达、臆想，也可客观性观测；既可简单地从行为情感的喜恶来判定，也可从更长的时空图景中描绘其变化轨迹，从而综合成一幅幅生动的教育画卷。这种研究有助于深思大学教师教育伦理和生命关怀意向等方面的心灵体验过程。

二、研究创新

教育兴趣作为主体作用于教育的意向过程极为复杂，不能立足于实在论视角和客观立场去建构，理解大学教师教育意向的生成过程无法从直观言说的方式考察，只能借助于理性思辨逻辑。另外，虽然教育兴趣的外在显性表象是教育情感，但教育兴趣除了内在理性表象的教育意向之外，还具有审美取向的诉求，即对于教育活动本身的审美意境的追求。对这些内在表象而言，基于情感心理学的教育兴趣研究路径是鞭长莫及的。

（一）研究视角的创新

本研究的视角创新主要体现超越情感心理学研究范式，立足于生命体验立场来理解教育兴趣。由于教育兴趣并非实体性存在，大学教师教育兴趣研究不能仅仅满足于从情感心理学视角诠释教育者的教育情感表象或要素。以往的教育兴趣研究要么从具体的经验事件以叙事方式寻求教育兴趣所内蕴的共通情怀，以此来激发、劝导、批判大学教师职业伦理和精神；要么从客体性视角把握教育兴趣的心理表象（主要是情感），以科学的实证方法测量或建构起教育兴趣的关键要素，从而指导教师教育实践。但是，实践证明，这些研究还可以进一步深化和拓展。一方面，大学教师教育兴趣既包含执教信念或认识的"知"的方面问题，还关系到大学教师执教实践——"行"这个方面的问题。仅仅从知或行单一视角或立场都不足以给出完整解释。因为无论是生动地展现具体的事件，还是全面地把握情感的要素，教育兴趣关联大学教师自身完整的心灵世界，而不是仅仅"情感"这一个向度的主观表象。另一方面，大学教师教育兴趣是大学教师的职业兴趣，没有源于师道这种"本体论"或"形而上"的支撑，教育兴趣乃至教育实践就会无所依循。从教育者的主体世界来说，大学教师对教育世界所产生的情感乃至欲求，不仅是一个感性层次的一个表达或显现，还有理性向度的判断或反思过程，需要系统关注。

（二）研究内容的创新

本研究的内容创新体现在以下三点。一是关注大学教师的独特工作特点，即教育实践、职业生涯的独特性，包括大学教师的教育实践具体场域和劳动类型的特点。二是重视从大学师道的文化进路来分析教育兴趣，即大学教师与师道、职业伦理、职业理想、教育兴趣的内在联结，结合大学教师的文化心理传统与个体体验结构变迁来分析问题。三是从兴趣美学的超越性来统整教育兴趣，即提出教育意境是教育兴趣的审美诉求。因为大部分兴趣研究习惯于关注兴趣对于实践或行动的动力功能，而本研究则借鉴美学理论，重拾教育兴趣对于大学教师教育实践的超越价值。这里要借鉴康德关于判断力批判所涉及的美学思想，在教育实践中分析崇高、技术、艺术、美等概念之间的关联，以便综合呈现教育兴趣的丰富意蕴。

总之，教育兴趣在大学教师研究领域一向不被重视，往往弥散或被消解于教育情感、教育信念等概念之中。就已有的大学教师研究来说，大部分研究要么简单地依附中小学教师研究，要么侧重于从学术职业立场关注大学教师的科研能力、素养发展，其中有不少大学教师信念研究与教育兴趣相关，但这些研究主要受客观实在论影响，侧重于从大学教师外显的职业劳动、行为样态、成果表现等方面进行事实调查。这些教师信念研究追求要素论的理论建构，一方面对于大学教师执教的特殊性缺乏系统关注，另一方面对于大学教师实践的文化场域关注不多。大学教师教育兴趣作为"阿基米德式支点"关联教育信念、教育情感、教育行动、教育意境，是穿越教育各概念的导线和纽带。一言以蔽之，以教育兴趣为核心概念的研究，既需要关注大学教师教育实践的行动反映，更要从大学教师文化的综合视野出发，系统理解大学教师教育实践的内在逻辑；既要观照大学教师主体的教育实践和理论诉求，还要超越现实境遇而构想理想的大学教师执教意境，从而更为完整地描绘出大学教师教育兴趣的真切面貌。

第四节　研究内容与设计

一、概念界定

教育兴趣涉及大学教师日常教育实践的动力和意志，这个主题尽管深契于教师日常经验世界，但从理论上进行阐述、论证、分析需要超越一般的常识理解。为此，要对其进行概念分析。概念分析是一种基本的理论研究方法，既是所有研究的基础，又是本研究得以开展的逻辑。对教育兴趣进行概念分析不仅要追问教育兴趣相关联的日常表达的含义，还要寻求正确而完整的理解，辨识使用教育兴趣的条件，以深究教育兴趣本身的意义与价值。

概念建构要遵循概念的"逻辑"和"方法"。这种"逻辑"，其实就是概念所生成和表达的依据与要求，而"方法"则是概念所生成和表达所需要的路径与方式。概念源于概念思维，不同于直观思维或形式思维，是人们认识和言说事物的基本单位，也是理论体系建构的基石。由于不同的言说立场或理论旨趣具有不同的概念体系，也有不同的表达方式，因此概念的生成也有不同的渠道和方法。

从经验表象来看，兴趣在感性层次能够为人们所直观的就是一种有所意动的心理行为，而从直接心理行为倾向来看，兴趣则可以表征为主体对于外部世界的喜好态度。这是感性认识最容易触及的概念层次。正因为如此，梁启超就直接以教育趣味来言说教育兴趣，这样一来，大学教师教育兴趣就直观表现为大学教师对于大学教育实践活动的情感，可以理解为大学教师对于大学教育活动和事业的喜好态度。不难看出，这个概念所承载的内涵是教育情感。这的确能够满足日常言说对于大学教师教育实践情感的关切。

日常言说往往不需要诉诸理论思维，即不需要深究大学教师教育兴趣的结构和生发逻辑。但是，如果我们要进一步从理性认识的层次理解大学教师教育兴趣，上述概念的表达就略显苍白甚至有些空洞。因为面对大学教师教育实践，我们既需要了解教育兴趣怎么呈现的，又要研究它是"怎样生发"以及"为何生发"。这就不能简单诉诸经验的情感表象，而要诉诸大学教师主体的心灵体验，需要进入超验或形而上的领域，其中有理念或价值的关切，具有意向与功能的分析诉求。

从心灵视域来看，兴趣不仅仅是心理活动的表象，还是心灵活动的表象。心理是与身体的肉体相对立而存在的概念，心灵则是形而上、相对于物质而存在的概念。虽然心灵活动不可能没有心理活动，但心理活动无论如何不能越升至心灵活动。换言之，心灵要高于心理。兴趣不能仅仅被理解成心理行为倾向的表象，还是要诉诸心灵。其一，虽然人们以往习惯于从心理学的直观经验立场来言说或理解兴趣，但是兴趣本身是主体与外界发生联系所涉及的主体心理和言行等方面的综合表象，虽然起于心理活动，但仍由心灵而统摄。其二，兴趣是主体与外界的心灵联结。从词源学上来看，在我国，兴趣出自诗经，"兴"与"趣"合二为一来表征主体的生发意向（前文已经论述）；在西方，兴趣最早的语义与语用是表达为"中介"，是在"中介"基础上所生发并承载心灵诉求和表现的心理活动表象，只是后来才在心理学学科概念中被固定化为"心理行为倾向"或"喜好态度"的理解。由此可见，理解教育兴趣完全可以跳出心理学尤其是情感心更深的认识路径。因此，本研究基于现实大学教育文化现象批判的需要而建构大学教师教育兴趣概念，可以不局限于情感心理学范式的理解立场。

对大学教师教育兴趣所做的概念建构不可能不论及"教育"。这里所指向的"教育"是作为"文化—心理过程"的教育，包括教育目的、教育技艺、教育情境、教育情感、教育理性、教育智慧等，而不是作为"社会事业、社会过程"的教育[①]；换言之，本研究侧重点是立足于从教师作为施教者的视角来看其教育实践，而不是从学习者作为受教者或参与者的视角来理解教育。从教师生命体验立场来看，教育兴趣是教师在认识或处理教育事务过程中产生的意向与表象，既可外显为教育情感，也可内隐为教育意向。对大学教师主体而言，大学教师教育兴趣普遍关联大学教育生活并为大学教育实践提供动因和联结的支持。

综上可见，作为学术概念，大学教师教育兴趣是大学教师联系大学教育实践的中介，既反映大学教师参与教育实践的心灵表象，也映现大学教育实践的生命体验。作为心灵表象，大学教师教育兴趣表征大学教师对教

---

① 肖川.论教育的人类学基础[J].清华大学教育研究,1998(04):3-5.

育伦理的体认，向内生发出对大学教育的关切、期待、构思、想象等教育意向，向外则促进教育实践行为并直观表现教育情感；作为生命体验，教育兴趣既是推动大学教师参与教育实践的内在动因，也是引领、超越现实教育实践的心灵诉求。

二、研究内容

大学教师教育兴趣研究不仅要探究教育兴趣的逻辑和结构，还要解释大学教师的职业情感淡漠、职业信念难以建构、教育信仰根基被消解的问题。因此，本研究一方面从实践经验中来观察、审视大学教师的教育行动，另一方面从理论上论证纯粹的教育兴趣是何种状态，论证崇高的、理想的教育情感、信念、信仰何以必要和可能？也就是说，本研究以"教育兴趣"来统摄大学教师教育实践中的相关表象，描述大学教师教育体验，关注其教育实践意向、情感、行为、意义等具体问题。如果说教育情感、信念或信仰、行动是认识论视域下的表象的话，那么本研究还要在实践论的"地域"中对大学教师的教育意向、教育言语、教育行动、教育意义进行具体地分析和考察。另外，本研究对理想主义和功利主义的大学教师文化进行学理阐述和批判分析，既刻画大学教师真实的执教现状，也对教育兴趣提出理论构想，力图为大学教师教育实践意义提供内在的充实路径，促进大学教师发展和教育实践。

上述研究目的实际上规定了研究的问题框架，一是澄清教育兴趣的问题价值，以便将教师教育实践的诸多表象归摄于教育兴趣，为后续研究开展奠定基础。二是要描绘大学教师教育兴趣的复杂性、特殊性，以印证理性教育兴趣和审美超越取向的必要性和价值。三是既要阐释教育兴趣的相关机理，还要审思现实的教育生活，并构想理想的教育生活图景。因为大学教师教育兴趣既源于现实的教育实践又要高于教育实践。四是提出大学教育兴趣的自觉路径，这个问题属于大学教师教育兴趣理论的具体应用，也是基于理论与实践的交互生成关系审思而生发的问题。

具体来说，在绪论中交代研究背景与缘起，揭示探究大学教育兴趣问题的必要性和重要性。本研究的问题缘起于新时代强化大学立德树人的教育实践立场，研究目的旨在借助教育兴趣的生发逻辑从而反思批判大学教师研究和发展范式。鉴于教育兴趣作为大学教师投身于教育实践的内在向度问题不具有实体性，本研究的方法选择不准备从宏观视角采用结构主义的技术实证取向，而是立足于大学教师主体的生命体验立场。另外，研究综述和研究设计作为学位论文的基本要素，一并呈现以承载绪论所具有的导言功能，既说明研究的承继性，也阐明研究的创新性，即本论文的研究价值所在。

如果说绪论是开题之笔，那么第一章基于生命体验立场的大学教师教育兴趣阐释框架承载着本书的总纲作用，主要为了说明大学教师教育兴趣的意蕴内涵。本章首先论证分析与理解大学教师教育兴趣需要生命体验立场、现象学视角、理论与实践双重逻辑。其次，在以上理论视域下解析大学教师教育兴趣的内涵、价值、特殊属性。最后，指出大学教师教育兴趣的生发向度包括教育情感、教育意向、教育意境，为展开论文提供必要的说明。

第二章大学教师教育兴趣的感性显现从经验直观视角来刻画大学教师教育兴趣，目的在于揭示、描绘、批判大学教师在教育行动中显现的教育情感。首先，结合本人的实践经验和大学教师日常教育工作而确定大学教育实践的主要领域，通过访谈调查来描述和分析大学教师教育行动，即在言语和行动中解析其教育情感表现。其次，结合大学教师职业生涯历程的视角，论证教育情感的演化特点，批判大学教师教育行动中"伪教育兴趣"和"无教育兴趣"取向。最后，批判教育情感表象及其不同类型特质，展现感性向度的教育兴趣的局限性。

第三章大学教师教育兴趣的理性表象意在描述和揭示教育意向的生发过程和特点。首先，分析教育兴趣绝不仅限于教育情感的直观显现，即不能停留于一般的感性触动表象层次，而要具备对教育事务的理性体认，也就是要建构起教育意向。其次，阐述教育意向的对象和生成过程。根据意向理论的认识、情感、意志三个范畴对大学教师教育意向的生成基础、生成向度、生成过程进行分析。最后，对教育意向的变化特征进行分析，这里主要根据教育意向所生发的时间序列和横向领域来展开；在前期分析的基础上论证教育意向的理性限度。

第四章大学教师教育兴趣的审美诉求目的在于论证大学教师教育兴趣

的审美关联，即阐述大学教师在自由自在的心灵状态中如何追求其教育实践。本章力图诠释教育兴趣的审美向度。首先，教育意境作为教育兴趣的审美诉求是出于对大学教育的审美欣赏、审美体验、审美创造；其次，这种审美驱动的教育兴趣所影响的教育实践具有一定的特征；最后，阐明审美意蕴的教育意境要从主观合意志和客观合教育目的两方面相协调才能实现，反思大学教师达致教育意境需要哪些条件，要避免哪些实践阻碍。

第五章大学教师教育兴趣在教育生活中的生发立足教育生活，从教育情感、教育意向、教育意境等方面系统阐述教育兴趣的生发历程。其一，要对教育生活作为大学教师教育兴趣的生发场域做理性分析，以揭示教育兴趣相关的教育行动、教育观念、教育心灵主题，这些是与大学教师教育兴趣自觉相关的重要范畴。其二，要对教育兴趣与教育生活的内在关联做深入分析，即理解教育兴趣如何驱动教育行动、如何影响教育观念、如何联系教育体验，这就有必要以更为具体的视角论证教育兴趣的功能表征。其三，要对教育兴趣的发展样态进行分类解析，从理论上揭示教育兴趣对于大学教师教育心灵变化的不同层次。

第六章大学教师教育兴趣的自觉路径是从实践逻辑视角检验和应用前文理解，旨在回应大学教师教育实践中的具体问题。首先，对大学教师教育兴趣自觉的前提——敬重师道进行论证。没有敬重师道就不能回归大学教育本体。因此，从文化逻辑、理论逻辑、行动逻辑上敬重师道是大学教师职业实践的应有之义。其次，大学教师教育兴趣自觉的基础是大学为师之道。针对当前大学教育文化衰微颓懈之势，提出大学教师要觉解大学为师之道而"研为人师"。最后，从个体层次的教育实践和组织层次的大学教师发展管理实践提出构建"诲人不倦"的大学教育图景。

三、研究设计

（一）研究思路

大学教师教育兴趣并非实体性存在，是通过大学教师主体作用于教育实践的心灵状态的反映。本研究所关注的是：教育兴趣具有什么生发逻辑和显现样态，如何保持、如何变化，相关体验有哪些内在机制和外在条件。这些正契合批判反思的教育哲学研究路径。因此，本课题遵循着现象分析→文献和经验调研→理论提炼→机理阐释→路径建构的研究思路。首先，从大学教育实践出发，基于微观和宏观视角总结和反思影响当前教育质量和教育文化的现象与症结，了解并确立研究的实践意义。其次，从文献研究和经验调研相互推进的方式，既梳理教育兴趣、大学教育和大学教师教育兴趣的研究基础，也从经验层面理解大学教师教育兴趣的表现样态和发展问题。再次，从理论层面建构大学教师教育兴趣的概念，阐释大学教师教育兴趣的生发逻辑，描绘大学教师教育兴趣的发展尺度与方向。最后，结合理论与实践的双重逻辑，建构大学教师教育兴趣的自觉路径，一方面是研究提出问题的系统回应，另一方面也是印证研究所提出的理论认识。

（二）研究方法

1. 一般方法论

（1）诠释主义方法论

本书认为大学教师教育兴趣不能仅仅通过测量大学教师教育行为的时间、空间、力度等数据来解释，也不能通过分析大学教师教育言说或情感的文本来说明。因为大学教师教育行动本身承载着大学教师个体所赋予的教育理解，即对于教育的价值、信念的认同。大学教师教育兴趣不仅仅生发于大学教师主体自身，而且受到大学教育对象、场景等不同主体、客体的交互影响。换言之，教育兴趣从属于人的动机具有复杂性，我们不仅无法将大学教师的教育行为与动机、意义一一对应起来，还要考虑到大学教师教育行动本身所受到的外部影响，如大学教师文化、大学教师发展制度等。因此，对于大学教师教育兴趣这个主题，本研究需要从不同维度揭示大学教师教育行动的价值、意义才能予以深度诠释。

与实证主义方法论所追求统一和客观的方法论精神有所不同，诠释主义方法重视个体的内生性和差异性。就本研究而言，一方面，提出大学教师教育兴趣的问题本身基于个体视角，立足于大学教师主体所不可回避的教育实践的本体立场，重视大学教师对于大学教育的生命体验，力图从职业体验的不断超越中寻求职业境界的提升，为大学教师文化发展提供有力的解释框架。另一方面，由于大学教师教育兴趣涉及大学教师教育情感、教育意向、教育意境等主题，不同于客观性主题，需要对其演化过程进行一定的理论想象和个性化的解释。

（2）批判主义方法论

如果说诠释主义方法论与实证主义方法论有何共同之处，那么两者都旨在认识世界，而批判主义方法论旨在改造世界；两者的不同之处在于，实证主义方法论以观察或测量手段来认识事物，而诠释主义方法论主要以理解为工具来认识事物。无论诠释主义还是实证主义方法论，两者都不能对现存秩序背后的文化因素进行深入剖析。从某种意义上，只有批判主义方法论才能深入文化、情境，揭示现象背后的意识形态和内生因素，从而对研究对象进行批判、反省、建构。

就本研究而言，大学教师教育兴趣系关落实立德树人重要任务，是大学教师文化发展的关键所在。因此，不仅仅要揭示大学教师教育兴趣的生发逻辑，还要着眼于大学教师教育兴趣对于未来大学教师文化发展的重要启示。由于大学教师文化的建构和发展不可能背离大学教师职业发展的历史、文化逻辑，大学教师教育兴趣研究所关切的教育情感、教育意向、教育意境既旨在揭示大学教师教育实践所异化的困境或冲突，也要寻求大学教师职业实践体验的不断超越，这既是研究行动对于研究意义上的全面回应，更是研究所要遵循的实践逻辑的内在需要。为此，本研究援引康德的批判思想资源，借鉴其心灵分析的三种向度：感性、理性、审美，批判性地分析大学教师教育实践，对教育兴趣的生发向度进行批判建构。这也是本书所展开的理论框架的依据。

2. 具体方法

（1）文献研究法

文献研究法是一种对文献进行搜集、整理、鉴别、研究，从而认识事物本质、形成科学认识的研究方法。本研究运用文献资料法解决三个问题：一是明确兴趣研究（教育兴趣）的内涵，通过这些文献的掌握汲取兴趣的基本认识与研究方法，从而寻找适切于大学教师教育兴趣的研究方式和视角，为教育兴趣研究建立理论框架和确定资料收集方向；二是对大学教育、大学教师职业实践的相关进展作了细致地了解，确定研究起点；三是对大学教师发展实践尤其是大学教师的教育与科研工作做全面梳理。相应地，本研究涉及的文献主要包括三个方面：一是关于兴趣的多学科理论研究文献，二是教师职业劳动、教育情感、教育信念、教师发展方面的研究文献，三是包括大学教师发展政策文本和实证研究类的文献，以便客观地印证理论阐释，也进一步弥补个案样本代表不足的缺陷。此外，本研究也收集各类对大学教师教育教学进行描述的资料文献，包括传统经典著作、传记笔记、文学作品，新闻报道中的相关资料也是获取大学教师教育兴趣的实际样态和鲜活素材。

（2）访谈调查法

如前所述，教育兴趣是一个关联大学教师教育教学实践的复合性问题，欲全面了解其特征表现、演化发展机理和关联不能以客观实在论的方式，因而不宜选用定量研究方法[①]。其一，教育兴趣表征出情境性，即它融现于大学教师具体教育实践活动和过程，只有对大学教师个体职业实践深度诠释才有可能深入理解。其二，教育兴趣具有主观实在性，表现出不同教师个体的差异，只有从不同角度了解大学教师如何看待和理解自己的经历，如何解释和说明自己的行为才有可能理解其教育兴趣的异质性。其三，教育兴趣是一个关联性的问题。大学教师的教育兴趣不仅与教育事务和活动相关，还有其他职业实践相关。在多元分化的大学教师职业实践中，其教育兴趣也不是受制于单向度的决定论或线性因果关联。有鉴于此，本研究采用访谈调查法来收集资料，主要采用半结构式访谈方法收集研究资料。首先，了解大学教师教育兴趣在教师实际执教过程中如何体现。这里主要通过询问其日常工作时间、投入、任务等方面的情况来了解。其次，请访谈对象讲述自身受教育和职业选择的经历，目的在于挖掘大学教师教育兴趣的源发性因素。这就要与访谈对象深入交流、讨论有关大学教师职业的观念。再次，归纳总结大学教师教育兴趣的影响因素。这既需要调查访谈对象在教育实践过程中的体验和自我归因，还要结合其个体特征、组织环境等内外因素来综合判断。最后，访谈大学教师职业发展和规划等方面的问题，以了解其自我目标和成长历程，从中分析、概括大学教师教育兴趣的个体关怀和组织发展策略。

---

① 风笑天.定性研究：本质特征与方法论意义［J］.东南学术，2017（03）：56-61.

第一章　基于生命体验立场的大学教师教育兴趣阐释框架

由于大学教师教育兴趣生发于大学教师职业生活，对其进行深度诠释就要从大学教师日常生活和职业实践中寻绎出生发逻辑，从而贴切、丰富地描绘其内在意蕴。唐刘知几《史通·惑经》云："经既不书，传又缺载，缺略如此，寻绎难知。"寻绎意为抽引推求，在此借用为对学问的追求[①]。它比起探索、发现、研究等词来更为形象和传神，更为重要的是，寻绎多了一层"相互"的意义。本章立足于生命体验立场探讨大学教师教育兴趣的分析框架。首先，要阐明大学教师教育兴趣的解析依据，以明确大学教师教育兴趣的立场、视角、逻辑。其次，要言明大学教师教育兴趣概念的内涵、价值、属性。最后，要从生命体验立场论证大学教师教育兴趣的生发向度，以呈现大学教师教育兴趣的完整意蕴。

第一节　大学教师教育兴趣的解析依据

讨论大学教师教育兴趣问题，可以因循情感心理学路径将大学教师教育兴趣界定为大学教师对于教育事业和活动的喜好心理或情感表征，从要素范畴论证其强度和变化特点是必要的，但是仅有这些又显然不够，因为基于情感心理学的认识路径主要从心理表象这一结果向度来研究大学教师

---

① 刘徽.概念的寻绎——再读布列钦卡的《教育科学的基本概念——分析、批判和建议》[J].全球教育展望，2008(05)：92-96.

教育兴趣，并且主要关注教育行为等显性层面的教育情感这一种表象，对于大学教师教育兴趣生发过程的认识就无能为力。因此，有必要审视和确立大学教师教育兴趣的理解方法。

一、阐释大学教师教育兴趣需要生命体验立场

人们对事物的看法仁者见仁，智者见智，这些皆可归因于人的立场分殊。因为立场不同，其关注的视域就会有较大的分别，而视域差异就导致视角分化甚至对立。立场、视域综合决定着各种信息的敏感性，在学术研究中，因为立场不同而形成的学术观点也分门别类，这些区别或者反映在价值取向上，或者见诸于概念选择与诠释方式上，或者体现于逻辑规范和行动准则上。就教育兴趣的理解立场而言，目前有三种理解立场影响较为广泛。

一是视教育兴趣为实践教育的功能立场。功能立场重视的是教育兴趣对于教育实践和教育实践者的价值。对教育实践尤其是行动层面的"执教"来说，教育兴趣具有动力作用，这是非常广泛且被认同的理解，也是教育兴趣价值的主要显现。据此来看，教育兴趣不仅仅促进教育实践行为本身，而且对于学生的学习与发展也有重要影响。问题恰恰在于，教育兴趣还对于教师自身具有重要价值。这方面的价值一直被忽略，直到梁启超关注教育趣味，他将趣味的"人生哲学"运用于批判教育劳动和教师职业中的负面现象，见解深刻，至今对教师专业发展仍具有重要启示意义。但这些教育兴趣理解，无论是对教育实践还是教师本身，这仍然是一种功能立场，仍然是一种直觉经验式认识的结果；只是初步的认识或者说是研究的开始阶段。因为基于功能立场的教育兴趣理解不足以解释教育兴趣的内涵显现、生发逻辑和意义建构。

二是视教育兴趣为心理倾向的对象立场。教育学在奠基之初就深受心理学影响。在赫尔巴特所著《普通教育学》中引述的兴趣概念主要搬照当时心理学的理解，即视兴趣为意志层面的表象。人们对兴趣的理解随着心理学不断推进而有所深化，对于兴趣的认识也异于最初的理解。其一，兴趣不仅分化出多个主题和领域，在不同领域内冠以"××兴趣"的研究汗

牛充栋。比如，在教育心理学内，学习兴趣就是一个经典概念。其二，兴趣作为一种心理倾向表征，对其形成机理已有不少认识，如信息刺激因、需求刺激因、环境刺激因等。由此可见，人们基于心理学视角来观照教育兴趣具有具体操作性，一方面，借鉴心理学的对象化、客体化思维，容易把握一些心理表象，如情感特征；另一方面，心理学分析所具有的准确性能够满足人们深究概念内涵的需求。虽然心理学中直接关注教育兴趣的研究比较少，而且主要集中于职业心理学的领域，但并不代表人们对于教育兴趣的理解不受到心理学的认知方式影响。心理学的学科研究范式沿袭自然科学而追求客观、普遍、确定的理性逻辑，这种研究范式对于教育兴趣有其擅长之处，但并不是万能的；原因在于我们从心理学的对象立场只能静态地刻画某一时空场域内的主体心理行为状态，对其变化原因和特点的理解还是要借鉴其他学科的观点，甚至要不断借助人性论的哲思批判。最重要的是，对于教师的教育兴趣而言，既有显露情感状态的表象，还有内隐的意向变化过程。

三是视教育兴趣为生命体验的立场。笔者认为，大学教师教育兴趣是一种大学教师主体身心交付于教育实践体验过程。这种理解是从大学教师职业生涯的整体视野来看，而不是局限于功用立场，也不是停留于对象的客体化立场。一方面，大学教师教育兴趣具有内隐性特征，对其理解不能停留于经验表象的分析层面上。研究教育兴趣不能仅仅分析教师从教的心理活动表象，这无助于弄清楚原本就较为模糊的概念。另一方面，实证主义对于教育兴趣的研究主要侧重于心理经验表象的关注，过分倚重于实证科学的研究范式，无意深究教育主体的教育意向。因此，虽然大学教师对大学教育实践的情感表象是教育兴趣研究的入口，但也正是本研究所要超越的一种理解。因为教育情感虽然已经切中教育兴趣，但仍然没有充分认识到教育兴趣生发的其他向度。实际上，从生命体验立场来理解大学教师教育兴趣，大学教师生发教育兴趣不仅仅是心理与教育实践活动相互作用的情感表征，即使是情感表征，也不能简单分析正向的情感现象，还有其他向度的情感活动；而且，大学教师对于教育实践的情感体验内在还有理智的运思过程。无论是情感还是理智，都隶属于主体心灵的感性和理性，是生命体验的重要内容。另外，大学教师作为自由意志的主体，在教育实践中还会持有生命本身的内在超越意志，对于完善自我以及丰富人生体验而言具有审美意蕴。这实际上就要诉诸诲人不倦的教育审美意境，以此来观照大学教师教育兴趣，内涵就更加丰富多彩。于是，基于生命体验立场来考察大学教师教育兴趣能够更完整地理解大学教师教育兴趣的生发逻辑，也能够更好地梳理教育兴趣与教育实践中的价值理解、职业信念之间的相互关联。如此来看，理解大学教师教育兴趣包含两个维度，一是时间维度，即大学教师教育实践的过去、现在、未来；二是大学教师教育兴趣的显性与隐性维度，具体如图1.1所示。

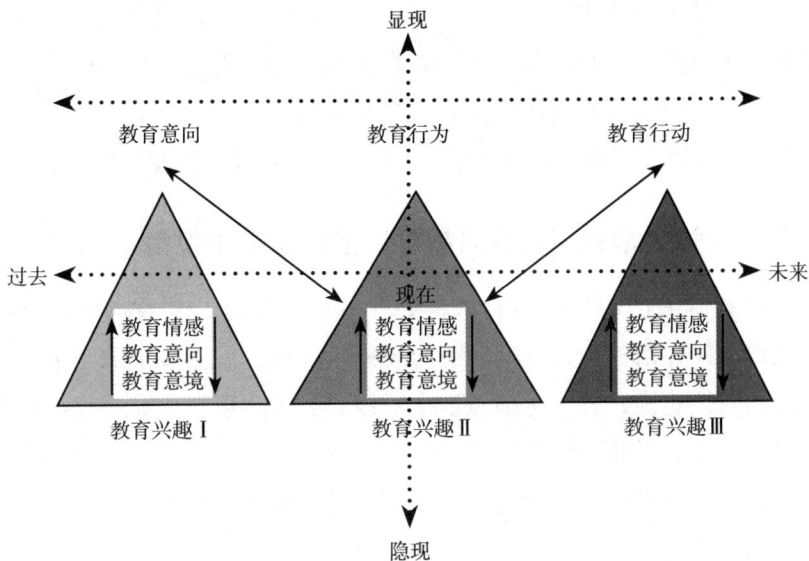

图1.1　基于生命体验立场的大学教师教育兴分析框架

　　当前，教师领域内的研究也正在发生由客体立场向主体立场的转变。由于主体立场的转向，涉及大学教师主体自身的认识和实践问题就备受关注，也正是由于这种变化，学术界过去比较重视宏观层次讨论大学教师队伍建设，现在对于微观层面的教育教学问题也更为重视[①]。这既符合大学发展观由外延式向内涵式的转型要求，也契合教师研究范式演进特征。

① 龚雪，余秀兰.我国近15年高校教师研究热点与脉络演进-基于CiteSpace知识图谱方法的分析[J].
高教探索，2017，（02）：112-118.

进一步来看，生命体验立场是主体立场。这对于研究大学教师教育兴趣至关重要。因为无论基于大学教师职业发展研究还是教育实践研究都需要主体立场。客体立场往往持对象化思维，力图把握对象的本质、特点，一般是静态地诠释事物，极端化客体立场即以变动不居的事物为研究对象，否认或忽视事物的变化而寻求确定性。一般来说，客体立场的研究所主张和追求的是确定性、普遍性、客观性。与之相比，主体立场并不否认追求真理的客观性和普遍性，但从研究对象上更为重视人而不重视物。以此来研究，我们就会更加关注大学教师教育兴趣的复杂性、多样性、生成性；从研究路径上不重视客观中立而选择深入大学教育场域与研究对象共同体验，以深入关注主体自身的理解和实践。一方面，研究教育兴趣问题不仅要分析具体、个别大学教师的教育实践问题，而且要从总体和一般意义上阐释大学教师教育兴趣的生发逻辑和意蕴；另一方面，教育兴趣不仅关联大学教师教育实践的动因问题，还与教育实践意义的超越性有关。

二、理解大学教师教育兴趣可以借鉴现象学视角

本研究所关注的是：教育兴趣如何生发、保持，其意向体验有哪些内在机制和外在条件。这些问题契合现象学方法，因为"现象学关注人类意识的意向性建构，关注生命意识中的体验、表达以及生命过程的自由本质[①]"，教育意向的构成性是教育现象学的重要问题，也是教师主体发展的重要问题。现象学既是一种哲学，也是一种方法。它作为一种方法反对的是主客两分的对象性思维方式，在这种自然态度的思维活动中，存在的意义问题被"存在者是什么"所遮蔽。现象学关于纯粹意识，并从意识的构造功能出发，向人的意义世界回归。作为方法的现象学，最具魅力的就是教育体验的研究[②]。

教育兴趣并非实体性存在，是通过大学教师主体作用于教育实践而显示的存在。虽然存在论不可言说，但认识论却需要言说。从这个意义上说，研究大学教师教育兴趣就是要从认识论和存在论这两个方面去理解大

[①] 苗雪红.教育现象学之反思[J].华东师范大学学报(教育科学版)，2014，32(01)：32-40.

[②] 刘良华.何谓"现象学的方法"[J].全球教育展望，2013，42(08)：43-50.

学教育实践。从存在论的角度就要用体验和直觉的方法，从认识论的角度就是理性认识的逻辑方法。实体性存在是自然科学研究的主要对象，也就是客观性事实；而与人文社会科学研究要研究的是主观性事实。"客观事实"是具备语言能力的人皆可言说的事实，"主观事实"则是旁人无从揣摩把握、亲身体会的事实。客观事实并非全部和唯一，主观事实较之客观事实，有着别样（甚至程度更高）的事实性①。

在现象学看来，"我们感知世界乃至理解事物和人物的方式永远是可能性、境域性、发生性在先，现实性、对象性、规则性在后"②。现象学的核心是意向性理论，最为关键的是意向性视域所具有的方法论启示："任何被知觉物都有一个经验背景；人的意识总是存在于某种客观背景中的意识"③。由此来看，大学教师对于教育的认识和行动不可没有意向，其教育兴趣中的教育意向具有现象学所承认的这种"晕圈"特性；意味着"教育体验是一个意识关联的变化和自身流动变换的意向视域"④。

从现象学视角理解教育，认为教育的发生是经验的、事件的发生。教育经历和意识结构的结合⑤，可以解释教育兴趣的发生：大学教师的成长经历和生命体验并不会消失，也不会成为虚无。据此来看，大学教师教育兴趣发源于其生命意识，其教育体验则从属于生命体验。大学教师在教育实践过程中，不仅原初的生命经历被不断唤起和激活，而且新的认识和意义不断被建构和贮存。不管教育兴趣的生发是主动还是被动，都是镶嵌于大学教师的生命体验流中。面对这种独特的人性和生命现象，仅用概念化、分析化的理解就无济于事，"不能说出让人可以心领神会的话语"⑥。总之，现象学可以启示我们追溯大学教师教育兴趣的理性本质，对大学教师心灵层面的意义、体验、意识做一些更基础阐释，借助悬置、还原、变更的方

①　庞学铨，冯芳.新现象学对海德格尔"在世存在"思想的扬弃[J].浙江大学学报（人文社会科学版），2011，41（01）：55-62.

②　张祥龙.什么是现象学[J].社会科学战线，2016（05）：1-10+292.

③　胡塞尔.纯粹现象学通论[M].北京：中国人民大学出版社，2004：49.

④　胡塞尔.笛卡尔式的沉思[M].北京：中国城市出版社，2002：60.

⑤　宁虹.教育的发生：结构与形态-发生现象学的教育启示[J].教育研究，2014，35（01）：20-27.

⑥　张祥龙.什么是现象学[J].社会科学战线，2016（05）：1-10+292.

法以便更全面地呈现原来不曾考虑过的教育意义充实问题或意向性生成问题；从而建构起从大学教师个体教育体验与职业文化传统之间的连接，在教育生活世界中对其进行明证性地探索。

三、分析大学教师教育兴趣要兼顾理论与实践双重逻辑

讨论教育兴趣问题不能没有分析框架。确立分析框架其实是确定问题生发的某种视角，从而寻求分析问题的角度或着力点。寻找分析框架需要诉诸分析逻辑。就理解教育兴趣来说，需要兼顾理论逻辑与实践逻辑的双重影响。理论逻辑源于理论活动和理性思考，其核心是理论，其特征是抽象。从哲学史上讲，理论沉思、理性活动都要服从理论逻辑，因为它是旁观者立场，力求深究事物本原，追求客观主义，在掌握具体的经验事实、情境、过程的基础上概括出一般和普遍，以得到确定性的乃至永恒性的真理。理论逻辑的结果往往是静态的知识、结构化的知识、专业性的知识，与一般日常生活实践中动态的、内隐的、松散的、个体化的知识有较大区别。

与理论逻辑的旁观者立场不同，实践逻辑注重亲历而为，重视个体的内生性体验，关注心灵、精神、文化主题，对情境化、非逻辑、综合性、创造性、模糊性以及不可言说的问题极为重视。实践逻辑并不能完全用理性概念的准确形式来表征，甚至可以说是一种不是"逻辑"的逻辑。教育实践逻辑不能用符号化、客观化、对象化的方式理解，只能尽可能贴近实践者的立场来观察和体验[1]。惯习、资本、关系、场域是理解实践逻辑的常用概念或路径。

教育实践与生活实践一样，不完全是纯粹的理性实践，有丰富而变化的实践逻辑。在大学教育世界中，实践逻辑可以理解为大学教师与教育环境相互作用的历史活动中生成的逻辑[2]。因此，仅从理论逻辑出发理解教育兴趣不足以解答大学教师对于教育实践的困惑和体验。如果说理论逻辑的关键是本体论的问题和方法论的问题。那么实践逻辑的关键是价值论的问

---

① 石中英.论教育实践的逻辑[J].教育研究, 2006(01)：3-9.

② 冯向东.教育科学的理论与实践逻辑-关于布迪厄"实践逻辑"的方法论意蕴[J].高等教育研究，2012, 33(02)：13-19.

题和人性论的问题，价值关涉目标、未来、方向。正是由于"理论逻辑的确定性与实践活动的不确定性，使得将实践活动纳入理论话语时面临着可能失真的危险，布迪厄提出实践逻辑是企图解决确定性与偶然性的对立问题，并希望拉近理论与实践之间的距离"[①]。教育兴趣研究无意于追究先天的本体，而是在大学教师关涉其教育实践的意义充实、意向生成、意境实现的实践性问题。进而言之，本研究要回答现实的教育兴趣如何可能，即如何持存和变化；必然要诉诸教育情感的结构、教育行动的价值、教育环境的影响，即从主体的偏好、外在的条件、行动场域的综合三方面来解释，以揭示其变化的基本特点。这些问题的解答既需要理论逻辑的观照，又需要根据大学教师教育的实践逻辑来进行具体的分析。

第二节　大学教师教育兴趣的意蕴诠释

理解大学教师教育兴趣，既可以从经验实践中提取教育行动所蕴含的教育兴趣的理性和感性表象，把握教育兴趣的结构和生发过程；又可以从理论建构向度反思大学教师教育兴趣所涉及的经验范畴，以观照大学教师教育实践意义的充实和实现过程。就本书的研究取向而言，则侧重于后者。虽然要立足于阐述大学教师教育兴趣的经验表象结构和生发过程，但是本研究仍是以解析这种结构和过程为主要研究对象，目的是要促进大学教师职业实践意义建构和大学教师文化完善，实际上就是要充分理解大学教师教育兴趣的意蕴价值。

一、大学教师教育兴趣的内涵构成

理解教育兴趣既要澄清相关术语、甚至俚语所表达的含义和映射范围，又要挖掘教育兴趣概念本身的思想指涉，即对于大学教育实践和大学教师发展的一种价值关切。大学教师教育兴趣是一个综合性概念，其一，

---

① 冯向东.教育科学的理论与实践逻辑——关于布迪厄"实践逻辑"的方法论意蕴[J].高等教育研究, 2012, 33 (02)：13-19.

它不是单一思维对象的概念，其中概念的主体指向大学教师，而概念的核心内涵是指向教育和兴趣，并且是以兴趣为核心向外附加的组合性概念；其二，大学教师教育兴趣涉及先验和经验这两个层次，是一种构成性概念。因此，为了详细阐释大学教师教育兴趣的内涵，这里从三个方面对其进行分析。

（一）教育兴趣是大学教师与教育世界的联结中介

从教育兴趣所处的地位来看，大学教育兴趣是普遍关联大学教师执教实践的意向体验。这实际上要澄清的是，大学教师在参与大学教育实践的过程中形成的教育体验是各种综合心灵表象的结果，其中大学教师教育兴趣融贯于各类表象，承载着联结的作用。"我们能够意识到表象，是由于心灵在时间关系中对于表象的内在规定，即由于种种表象的联结才成为必然"[①]。可见，兴趣融贯于主体意识及其实践。兴趣不仅是意识活动的直接表征，承担动因的功能；还是行动层面的直观表象，主要显像为情感；更是心灵层面的自由联结，成为理性逻辑的建构前提。视教育兴趣为意向联结从本质上把握了教育兴趣归属于教师主体意识领域，并明确了教育兴趣所具有的主体性作用，从而彰显教师主体对于教育实践条件的能动性，为教师主体的职业实践和理论建构提供了坚实的基础。其实，大学教师教育兴趣对于大学教师教育实践具有连贯、中介的意义：一是表现在对于教育行动的引发和超越；二是表现在对于教育情感的生发和维持；三是表现在对于教育意境的追求与创造；四是表现在对于教育生活的感知与理解，并最终体现为对于教育信念的形成与坚守。没有教育兴趣，大学教师只能割裂地处置上述表象，在职业生涯中任由各种偶然因素左右，难以实现职业境界的有序攀升。

（二）大学教师教育兴趣具有意向－表象的结构

大学教师教育兴趣具有一定的结构，是大学教师执教实践活动所涉的教育意向及其表象。一方面，作为教育意向过程的教育兴趣只能从理性层次理解，不能经由直观来表象；另一方面，作为教育意向状态的表象需要通过教育情感来具体显现。这也说明，对大学教师教育兴趣的理解有两

---

① 康德.康德著作全集：第3卷[M].李秋零，译.北京：中国人民大学出版社，2013：166-167.

种方式，一种是感性的方式，主要通过直接感官的体验来反映、描绘其内容，相应地，只有从教育行动中见诸主体的言行与情感表现，因而教育情感是其集中的展现；另一种是理性的方式，主要通过主体的理解、知见、认同、倾心等方式建构内在意向来表达，因而教育意向是其内在规定。

另外，大学教师教育兴趣不仅是大学教师执教实践过程的心理行为表象，还是心灵活动表象。所谓心理行为表象，是指主体在认知、情感、意志方面对事物进行加工改造的过程而生发的表象。所谓心灵活动表象是指主体身心交融、主客互动的多层次、多对象参与的活动，相比心理行为表象具有更丰富的内涵，不仅从心理活动内容方面涵盖主体与客体两方面，而且与心理行为活动表象只能单向度反映的方式相比，心灵活动表象综合反映心理活动过程。大学教师教育兴趣之所以作为大学教师从事教育的心灵活动表象，乃是因为教育兴趣不是教师受到单一的刺激或被刺激过程的结果，而是自身与其他主体（学生）、客体（知识、情境）交互作用的结果；同时，大学教师教育兴趣与教师自身是如影随形的关系，不仅具有反应性的心理特点，还有具身性的综合特质。正因为如此，大学教师教育兴趣的理解和生发很难与其教育对象剥离或割裂，其显现和表达也深嵌于大学教师教育体验之中，是其心灵诉诸大学教育实践的综合反映。

（三）大学教师教育兴趣对教育实践具有动因支持和超越引领的功能

从教育兴趣所具有的功能来看，大学教师教育兴趣是普遍关涉教师认识和实践教育活动的内在动因，并且为超越现实的教育实践提供动力支持。其一，大学教师教育兴趣对于大学教育实践而言具有普遍的存在意义。大学教师无论是认识教育还是发动具体的教育行为，没有教育兴趣的在场是不可想象的。这是从一般兴趣作为驱动行为的动机论视角而言的。其二，大学教师教育兴趣对于教育实践具有超越性的作用。人们都热爱新鲜和美好的事物。没有人会拒绝由自己或他人创新、创造所带来的不断具有生命意义的丰富感。兴趣蕴涵的超越性反映着人性求新、求美需求，即创新是源于心灵和生命体验丰富的表达。大学教师亦然，其自由意志决定了教师对教育世界的不断创造和变化的诉求。而如果承认教师不仅有认识教育的兴趣和实践教育的兴趣，还有品鉴教育的兴趣，那么大学教师教育兴趣的作用绝不止于推动教育实践行动的发生，还会促进教师进行教育实践的创新与发展。由此可见，大学教师教育兴趣之于大学教育实践是兼具动机支撑和超越引领的双重功能。

二、大学教师教育兴趣的价值指涉

（一）教育兴趣是大学教师职业实践的内在动因

大学教师作为一种社会职业是社会劳动分工的需要，具有工具性；作为承担知识和文化传承的使命来说，具有神圣性。无论是大学教师职业作为工具性存在还是价值性存在，其职业实践的主要范畴是教育实践，因而其教育兴趣就成为影响职业实践的重要内在动因。从大学教师职业角色、地位的传统演变来看，西方最早意义上的大学教师是解读经典教义的神职人员，本身持有不同于一般世俗人员的坚定信仰，对布道、传教具有浓郁的兴趣。不论传教遇到什么艰难困阻，其内心都持有出于长期研习教义而与学生分享教义的精神诉求。在漫长的大学发展史上，尽管宗教作为制度和内容相对与大学文化相违相离，但大学教师对于学术精神的追求以及传授逐渐成为共识，从某种意义上说，大学文化源流于教育，发展则出于学术或科研，这就是科研与教育的大学职能分化过程。今天的大学内发生的科研漂移现象并不能掩盖大学教师职业实践的原旨是教育。

从大学教师对于教育的认知来看，教育兴趣构筑其职业实践的内在意向。表面上，大学教师教育实践主要就是在课堂教学和学生生活两个方面内立德树人，实际上，这种对于大学教育的直观理解早已不适应于大学教育实践发展，也不能满足大学生的发展诉求。大学教师职业内部也在不同分化，既有科研与教学的投入偏移，又有大学教育实践场域和条件的多样分化。假如大学生的学习获得感只是其接受大学教育的一部分，那么，大学教育所能给予的就远不仅限课堂教学，而大学教师对其所提供的教育的反思以及被刺激起的教育兴趣就进一步推动了其教育实践的丰富性。更进一步说，大学教师教育兴趣在复杂多元的教育需求背景下，其本身既是职业实践的动因。

从大学教师教育实践的情感来看，教育情感不仅是大学教师令人尊敬的一个心灵指标，更是其自身职业实践满足感的外向生发。教育情感不会简单满足于推动职业实践的功能，而是要引领大学教师职业实践不断创造新的意境。虽然教育情感是大学教师信念的外在显现，但没有教育兴趣的理性体认是不可能建构的。一方面，大学教师在教育实践过程中，积蓄的教育感触不断沉淀，在学术理性、职业伦理等规范和文化形态的共同作用下，逐渐稳定成为成熟的身心反应程式，对不同教育情境、对象、条件、过程能充分理解和驾驭，从而拥有高尚的教育情感。另一方面，大学教师职业实践以教育兴趣来推动、校验、筛选适切的职业实践素养，这也就促进大学教师职业的自我体认。换言之，教育兴趣不仅具有推动大学教师职业实践的功能，实际上还能够通过主体心灵的证成、选择过程来区别、判断、评价大学教师职业实践体验。

（二）教育兴趣是大学教师专业发展的重要支点

教育兴趣作为大学教师专业发展的"阿基米德式"支点，是教师主体投身于职业实践的枢纽，是教师专业能力表现的展现基础，是教师职业精神发展的内缘线索。其一，教育兴趣连贯大学教师专业发展三大领域。从大学教师发展动力视角来看，大学教师发展动力包括外部动力和内部动力[①]，或者还有"三动力说"——主动力、次动力、助动力[②]，这些动力说都旨在诠释教师专业发展的各种影响因素，亦即指向大学教师发展主题包括专业知识、专业技能、专业情意和专业行为。教育兴趣不仅具有大学教师职业实践的动力，而且具有连贯大学教师专业发展的中介作用。一方面，大学教师发展包括专业自我超越的内在需要和外部动力，原有的动力发展观只是为大学教师发展提供了一个视角，主要是一种形象化的表达和设想。进而言之，动力因素只是形象地展现了单向度的大学教师发展过程，无法呈现大学教师发展的双向甚至多向机制，这是由其研究立场所决定的。动力作用或动力机制更适用于描述大学教师发展的某个结果，即参照于以往的水平或某个常模考察教师发展动力的作用大小和方式就非常有

---

① 潘懋元.大学教师发展论纲——理念、内涵、方式、组织、动力[J].高等教育研究，2017（01）：62-65.

② 朱陶.论教师专业发展动力生成路径[J].宁夏社会科学，2013（3）：158-160.

意义，但它无法解释大学教师执教的内在逻辑和复杂流程。本质上讲，对大学教师执教的意向、投入乃至体验都无法单纯用"力"的尺度来衡量。因此，从教育兴趣的角度理解大学教师执教是一种更贴近教育职业实践本质的认识路径。事实上，要全面阐释大学教师专业发展不可能回避其教育教学问题，大学教师教育兴趣研究正是基于大学教师执教的主客交互影响的辩证立场，既有助于完整地理解、描绘大学教师执教过程，也有利于理解大学教师专业发展，因为大学教师执教过程与大学教师专业发展过程是相互关联的。

其二，教育兴趣生发历程伴随着大学教师专业发展历程。"教师职业专业发展水平包括教育经验水平、教育科学技术与艺术水平、教育文化水平"①。与之相应，大学教师教育兴趣亦有横向拓展、纵深改变等变化。从微观的个体视角来看，大学教师不同群体的教育兴趣的变化还有以下特点。首先，大学青年教师尤其是新入职教师的教育兴趣由模糊向清晰的转变，这种变化可能是趋于增强，也可能是趋于衰减，甚至也有可能非常明确地拒斥教育教学。其次，大学中年教师的教育兴趣趋于稳定，其教育兴趣可能聚集于课程教学或科研指导等某项具体的工作中，也可能全面地分配于综合性教育教学任务上，或者相对游离于教育教学之外。最后，大学资深教师随着执教历程的沉淀，其教育兴趣分化为两种极端情况，一种是更加热爱教育教学，另一种是教育兴趣逐渐消退。总之，大学教师的教育实践从初入职的经验摸索到理性实践水平不断提升，乃至不断追求教育教学的美感体验，最后超越原有水平达到一种融会贯通的境界，是专属于教师个体和其创造的教育境域的文化。这些境界的攀升与其教育兴趣生发是相映成趣的，内在地镶嵌于大学教师生命历程。

三、大学教师教育兴趣的特殊品性

大学教师教育兴趣以教育意向及其表象为内涵，是大学教师执教过程中最为重要的心灵活动表象。这实际上决定了大学教师教育兴趣的特殊性在于其教育伦理品性。首先，大学教师教育兴趣是大学教师主体生发的具有教

---

① 杨启亮.教师职业专业发展的几种水平[J].教育发展研究，2009，29（24）：54-58.

化意图和人文关怀的心灵意向。换言之，大学教师教育兴趣是围绕大学教育而生发的意向、行动、目的的逻辑联结。从大学教师教育兴趣的情感表象来看，它不是一种先天性的、直觉性的情感，而是教师基于理性认识基础上，主动选择建构并受环境影响的获得性情感。因此，初任大学教师一般来说难以对教育教学建构起强烈的教育情怀。既然大学教师教育兴趣是一种富有教育情感的兴趣，其教育理性溶渗于教育实践的综合体验之中，因而又可以视为一种要素性、综合性的职业兴趣。由此可知，大学教师教育兴趣不仅由教师执教的身心反应而生发的情感构成，而且个体性情感经由理智加工、升华并组合后构筑成多维度、多要素的综合性情感。理想意义上的大学教师教育兴趣可以表现在其敬业与乐业两个方面。由其敬业兴趣而生发出使命感、爱生感、成就感，由其乐业兴趣酝酿出自信感、创新感、满足感等。这种综合性的大学教师教育兴趣具有价值性、人文性的特点，它不仅展现了其教化品性，直接促进学生和相关教育交往对象的发展，还承载重视人、尊重人、关心人、爱护人的人文意韵。因此，大学教师教育兴趣利人利己，既利于学生发展，又促进教师自身生活和职业发展。

其次，大学教师教育兴趣是大学教师在教育实践中表现出来的职业兴趣。从关系论的角度来看，大学教师教育兴趣是一种交互性、实践性兴趣。因为大学教师情感的生发、存续是教育实践情境中不同主体交往、对话、建构的产物，它不仅停留在理论言说中，还充盈于丰富多彩的大学教育实践。大学教师教育兴趣的实践特质由学术活动的内在特质和教育兴趣的实践逻辑共同决定的。前者指的是教育活动的过程需要以理性逻辑为依托而开展，因而不是仅凭主观喜好就随意实施的活动，就大学教育而言，还涉及知识的生产、传播、应用等不同环节。后者指大学教师个体或群体的教育兴趣发展是一个由模糊向清晰、由单一向综合、由低阶向高阶的实践发展过程，而不是相反的过程。大学教师教育兴趣与其职业实践是相关联的，评价什么样的大学教师是一个好教师往往具有多个标准和维度，但无论如何不能离开教育教学维度。就此而言，大学教师教育兴趣可以作为衡量大学优秀教师最为重要的准则。拥有大学教师教育兴趣的教师可能包含以下特征：第一，有明确的教育价值认同，即视教育教学为首要责任；

第二，有实际的教育"投入"，即关注、参与了实际的大学教育教学实践；第三，有属于自身的大学教育教学特点，即有自己的教育理念、方式、风格；第四，有令人信服的大学教育教学经验素材，即有关自身的大学教育体验或别人对自己的大学教育评价。

再次，大学教师教育兴趣是因教育情境而变化的职业兴趣。大学教师教育兴趣是一种与教师个体素质相关，由工作情境而激发的动态职业兴趣。大学教师自身素质在不断变化。没有人天生就注定要做教师，也没有人能快速达到其工作领域所需要的高水平素质，这些都需要经历发展的过程。教师执教的工作对象是学生，是变化和发展中的人。另外，学生是动态性发展的，既有可能是身体发展的变化，也有可能是主观意识和心智模式的变化。学校内外部环境也在不断变化，既有可能是物质条件的变化，又有可能是制度、心态、精神层面的改变。也就是说，大学教师对工作对象和工作环境的改变需要做出应对，其教育兴趣也就自然会改变。从主客二分立场来看，有大学教师主体的个体素质和主观能动性等因素影响，具体来说，有教师的心智、专业技能、专业信念等要素；还会为教师工作量、工作环境、社会文化等客体性因素所左右。

最后，大学教育伦理品性作为大学教师教育兴趣的特殊性反映了大学教师职业的特殊属性，大学教师教育兴趣的生发受制于大学教师主体的教育认知、教育意志、教育行为以及教育环境等多因素的制约，是一个由发生走向发展、由浅表走向深化、由表象触及教师心灵的过程。澄清教育兴趣的教育伦理品性有助于深化对其形成过程和实践价值的理解。其一，大学教师职业劳动的教育情境特点决定了大学教师教育兴趣的生成性。其二，大学教师教育兴趣的呈现和发展是双重关联的。既可能与过往的经历发生某种联结、呈现于具体的工作情境，又可持续隐匿于不同阶段的职业生涯。既不能认为大学教师从事科研工作就没有教育兴趣，也不可简单地认为大学教师从事教学工作就必然有教育兴趣。

第三节　大学教师教育兴趣的生发向度

以往有关教育兴趣的教师研究将视域局限于其中一个或两个方面，要么依循主体心理向度的"认识、情感、行动"的实证解释研究路径；要么依循精神向度对教育信念进行价值塑造、要素探讨、功能定位等方面的批判诠释路径。从生命体验立场来看，教育兴趣不仅是一种心理倾向，还是以自由意志为前提对于教育实施的意向体认。从教育实践本身来说，大学教师执教是教育意向、行动、意义的整体历程，包含着主体的自由意志和行动法则、情感和美感等心灵活动过程意象。这意味着教育兴趣是一个关联性概念。理解这种关联式概念不能没有综合式思维，因为"我们对某些事情不理解的一个主要根源是我们不能综观语词用法的全貌；综观促成理解，而理解恰恰在于看到联系而发现或发明中间环节"[①]。既然教育兴趣是大学教师主体心灵意动于教育世界的表现，那么根据康德对人的主体心灵能力包括"认识能力、愉快和不快的情感能力和欲求能力"[②]的三个维度，以此来审视大学教师的教育兴趣就有三个维度，即认识教育的兴趣、实践教育的兴趣、品鉴教育的兴趣。如此来看，教育兴趣一是体现于教师的教育意向过程，生发其教育关切；二是蕴含着教师的教育行动体验，表现其教育情感；三是关联教师对教育实践的审美诉求，通达其教育意境。

一、教育情感是生发大学教师教育兴趣的感性向度

大学教师在感性向度所生发的教育兴趣表现教育情感，在其教育过程中既可能表现一般的教育关切、同情，也可能会表现强烈的教育共情、理解、利他之类的情绪，甚至还有可能会走向冷漠或疏离甚至敌对的负向情绪。这些教育情感的显现都是根源于大学教师心灵的触动，即教育兴趣的作用结果。众所周知，教育是有意识地培养人的活动，而但凡人类有意识

---

① 维特根斯坦.哲学研究 [M].陈嘉映，译.上海：上海人民出版社，2001：70.

② 康德.判断力批判 [M].李秋零，译注.北京：中国人民大学出版社，2011：4.

的活动，总能牵动人的情绪、情感的变化，如喜怒哀乐等基本情绪以及更加高级稳定的社会性情感。情感是情欲、情绪、感情的综合性表述。"情欲是生理性质，情绪是心理性质，感情是社会性质，与热情具有同等的含义，它是人生的光热点、人生的原动力、人生的趣味之所在，它内在地蕴涵着人生的哲理"。①因此，情感是包括认知与体验的综合过程，是与人的特定需要（自然的或社会的）相联系的感情反映。情感与兴趣都可能作为人的定向行动的动力因素。

情感有自然情感和社会情感之分。教师在教育活动、教育情境中会出现情绪的失控、沮丧、无奈以及高兴、愉悦等短暂的自然性的情感反应。教育情感是教师职业幸福感的重要表现，作为一种师生共同参与而生成的情感，有着自身的结构和文化场域特征②。也就是说，教育情感还不同于一般自然情感反应而具有职业性、教育性与表演性的特点③。教育情感不是指教师对教育事业的一般情感反应，而是一种更为高级的社会情感，通常表现为对教育事业、对学生、对所教授知识等所表现的喜好④。教育情感作为一种职业情感，具有强烈的道德规范和理性意蕴，因此有学者认为教师的教育情感包括"教师的道德感、教师的理智感和教师的审美感等"⑤。由此可见，教育情感源于教育者的教育生活，是个体与社会交互作用而建构的职业情感，其基本成分有"关怀、同情、启蒙、解放、成全"⑥。

进一步来看，教育情感从经验直观视角来呈现教育体验的丰富样态，关切大学教师心灵作用教育实践的感性表象。教育情感使教师不仅追求教育技术还关注教育艺术，关心自身和学习者的情绪表达和心灵想象，助益教育劳动走向教育创造。换言之，教师不仅在教育过程中体会教育的情趣、韵味，

① 朱小曼.情感教育论纲[M].北京：人民出版社，2007：19.

② Rosemary E. Sutton, Karl F. Wheatley. Teachers' Emotions and Teaching: A Review of the Literature and Directions for Future Research [J]. Educational Psychology Review, 2003, 15 (4)：327-358.

③ 熊川武.教育感情论[J].教育研究，2009，30 (12)：53-58.

④ 周洪宇，王配.教育情感史：一个久被忽视、亟待探寻的隐秘世界[J].安徽师范大学学报（人文社会科学版），2019，47 (02)：108-114.

⑤ 李红恩，靳玉乐.教师的教育情感：内涵、构成与启示[J].现代教育管理，2011 (10)：86-89.

⑥ 刘庆昌.教育是一种情感实践[J].河南师范大学学报（哲学社会科学版），2017，44 (4)：143-151.

而且创造更为丰富、卓越的教育体验甚至达至教育艺术，至少可以引领教师朝向美好的职业理想诉求，推动自身去追求"真情、挚情、醇情、逸情、慧情、趣情、高情"[①]等教育情感，从而更好地反省其教育行动。

要明确大学教师教育兴趣的感性向度，就有必要诉诸大学教师教育情感的显现场域、变化特征、影响因素。大学教师与中小学教师的工作任务有较大差异，相对而言，大学教师教育行动不仅仅局限于课堂教学中。根据大学教师教育行动的实际范畴，本研究从四个维度分析教育兴趣的感性显现，即课程教学、科研指导、学生管理、实践交往。所谓课程教学，主要是指大学教师在校内外开展的课程与教学活动；科研指导是指大学教师在指导学生科研中的教育活动；学生管理主要是指大学教师在承担班级管理或其他校内事务合作过程中的教育活动，而实践交往是大学教师与学生日常交往以及指导其参与社会实践过程中的教育活动。除了对大学教师教育情感的显现向度做区分之外，还要对影响教育兴趣本身的类型特征和不同层次的影响因素等方面进行访谈设计，具体研究如图1.2所示。

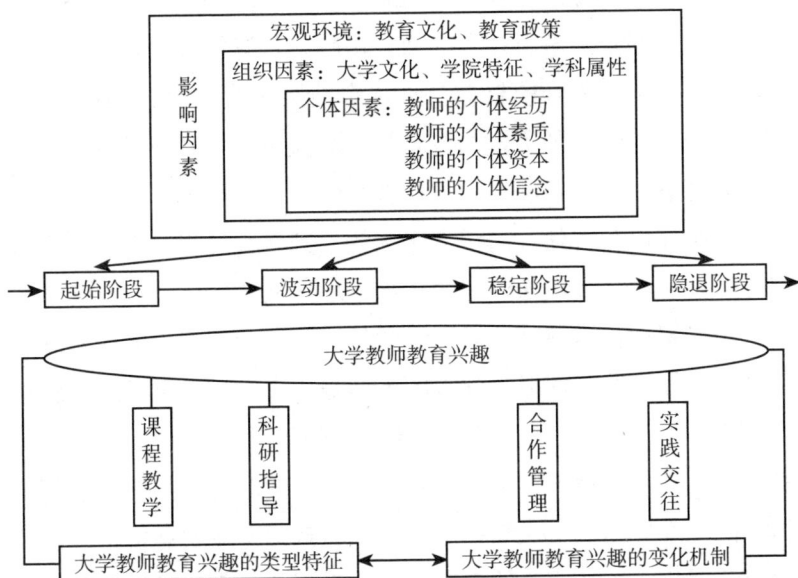

图1.2 大学教师教育兴趣的感性显现

---

① 金雅.中华美学精神的实践旨趣及其当代意义[J].社会科学辑刊, 2018(06)：59-64+213.

二、教育意向是生发大学教师教育兴趣的理性向度

在众多教师研究成果中，人们常常视教育情感为教育实践的关键因素，但不会深究教育情感的内在生成源于教育兴趣，源于一种理性视域下的意向结构。另外，将教育情感简化为一种喜好，虽然对其感性直观表象有较好的揭示，但还是不利于从教育实践全景的视角关联实践本身的其他表象，如教育者的心灵想象力、热情程度、心灵状态等，也不利于考察教师教育实践体验的复杂生发过程。可见，教育情感作为大学教师教育兴趣生发的感性向度，还有待于从理性向度进行超越。只有实现向理性向度的提升，教育兴趣才得以从心灵联结贯穿于教育实践过程，也就能够主动将各种内在外在经验表象归摄其中。

人的思维与行为通常导源于大脑对主体内外表象的觉察。换言之，没有意向，就不会有思维活动和具体行动的发生。教育意向可以简单理解为教育者对教育现象及表象的关注。对大学教师而言，从事教育实践不能没有教育意向。从教育意向本身的对象来看，大学教师会自觉和不自觉地注意到自身、教育对象、教育过程、教育影响、教育情境、教育思想或理念等方面的元素。大学教师的教育意向在其职业生涯不同阶段有所变化，在初任教师阶段，大学教师更多关注自身的职业所规定和引发的表象，对教育影响、教育感触理解不深；在胜任教师阶段，会逐渐从自我中心过渡到学生中心，将完成教育任务的视点逐渐放大到教育过程、教育情境层面；在成熟型教师阶段，大学教师能更理性地思索教育效能、自我与学生的协同作用；在专家或优秀教师阶段，大学教师将经验与理论的探索意识上升成为教育自觉。因此，依据大学教师主体身心投入程度可以将教育意向水平分为教育觉察、教育关注、教育体认、教育自觉。

教育意向不仅是教育行为和教育思想的"发源地"，还是教育情感与教育体验的"生发场"。从某种意义上说，教师专业发展就是开启新的教育意向或者深化、更新原有的教育意向，为创新教育技术和提升教育艺术奠定基础。因为要真正促益大学教师提升教育品质，绝不仅限于简单的技能掌握，还在于内心的教育意念的觉醒、建构与改观。人们经常在生活中

不断与"教育意识"相遇，以提醒和建议特定的对象（子女、学生）建构积极的思想观念或思维方式。如果我们提醒和建议的对象是父母或教师，那么我们提醒和建议的意图实质上是要唤起他们的教育者角色意识[①]。

从大学教师研究的角度来说，研究对象无非有二：一种是关注教育主体世界，另一种是教育客体对象。假如要研究教师主体心灵世界而不是探究教育者主体面向的客体世界，就会发现，教育意向是大学教师教育兴趣的理性表象，也可简单地理解成具体思考对象的主体心理行为，内含大学教师心灵对教育世界的指向性。

从某种意义上说，教育意向决定大学教师教育兴趣，即教育意向要处于决定地位，教育兴趣处于被决定地位。没有教育意向就难于生发教育兴趣。从主体关涉教育心灵世界的研究功能和路径而言，教育意向是心灵世界的基础，这主要是基于结构的静态视角的理解。但是如果将教育兴趣视为教师的心灵活动表征，还需要从生发视角、多维度进行动态地阐释，这就要走向审美向度。

三、教育意境是生发大学教师教育兴趣的审美向度

在展开教育兴趣的审美分析之前，先区别审美教育和教育审美两个既相互联系又相互区别的概念。众所周知，审美教育的简称是美育，是一种以教育内容或目标为逻辑分类的教育范畴，与之相对的是道德教育、智力教育、身体健康教育、劳动教育等。而教育审美是指将审美的意识融入于教育实践意向、过程、评价等环节，使教育具有审美意蕴，令参与其中的教育者感知到审美意义上的愉悦。教育审美既作为一种教育价值理念取向，也可作为一种教育行动风格类型，就价值理念而言，主要意指大学教师的教育要具有审美理念；就教育行动风格而言，主要是意指大学教师的教育行动方式、风格体现艺术美感或韵味的审美特质。无论是作为价值取向还是作为行动特征，教育审美与审美教育都有较大的差别与联系，前者属于方法论范畴，后者属于内容范畴。首先，两者不是同一层次的概念，

---

① 刘庆昌.教育意念的结构——基于教育本体论的视角[J].华东师范大学学报（教育科学版），2019，37（04）：57-71.

教育审美不是"××教育"，就教育内容而言，教育审美是一种教育的形式而不是教育的内容，但审美教育却具有实实在在的教育内容。其次，从外延来看，审美教育需要教育审美。因为审美教育可以通过一般的教育过程来实现，但如果有教育审美性质的教育过程来实现效果当然会更好。最后，从联系来看，审美教育与教育审美不一定同时存在，尤其是对于同一教育主体而言，也不一定产生意识和自觉运用。由此可见，教育审美的概念的提出实际上有助于澄清大学教师教育兴趣的审美意向，提升大学教师教育审美认识与理解水平，从而对于大学教师的审美教育亦有所裨益。

克罗齐认为人有两种认识方式："审美的认识和理性的认识。审美的认识可以脱离理性的认识，但理性的认识却不能脱离审美的认识"[①]。也就是说，向"美"之心，人皆有之，人人都有对于美的感知和追求的本性。审美作为理解世界的一种重要方式一向溶渗于人类活动之中，教育亦不例外。教育之于审美的关联包括两个方面，一是以审美为对象的教育，二是以教育本身为对象所产生的审美。前者是一个重要的教育范畴，即审美教育。后者则是本书所要研究的主题，即教育之美。大学教育之美的前提是大学教师要在教育实践中具有审美诉求，通过教育兴趣诉诸教育事务、实践过程而产生审美体验。如果从静观的形象视角来看，这种审美体验就是教育意象；如果从动态的直观理解来看，关于教育所生成的审美体验就是教育意境。意境和意象是美学理论中两个相互独立又相互联系的概念，意境是主体通过形象思维创造出来具有情景交融、虚实相生的形象及其诱发和开拓的审美想象空间。意象是主体以理性思维为目的而通过创造或表达象征或荒诞等特征的表意之象[②]。因此，教育意境相比于教育意象具有动态的过程性，而不是固着于某一教育情境、事件等形象，是对主体自身产生深远意蕴的审美表象。

大学教师因为追求审美价值而使教育兴趣指向教育意境。换言之，教育意境是由具有审美价值的教育意象构成，是教师为自由而在教育过程中创造的审美体验，是教师寓意于教育过程，以境达意，借以展现理想、

---

① 克罗齐美学原理[M].上海：上海人民出版社，2007：29.

② 辛晓玲.论意境与意象之区别[J].兰州大学学报（社会科学版），2009，37（02）：63-68.

启迪他者，是人、情、事交融契合所创造的独特体验。从某种意义上说，教育意境中有教师人生境界、审美境界、艺术境界的相互关联。教育意境源于探求教育理想的意，成于教育艺术的象，合二而成即为教育意境。对教育理想的"意"而言，是教育意识或理解关于审美意识的最高标准，如果教育者的观念形态中没有朝向审美的教育理想，或者没有将教育过程、教育理想付诸审美的意识，就不会有教育意境的生成基础；对教育艺术的"象"而言，是教育者的教育手段和方式、情境的具体化和形象化，亦即如果没有对教育方式和状态的可感知的形象载体，就不会有教育意境的生成条件。

第四节　教育兴趣在大学教师教育生活中的表征

教育生活不同于日常生活，有着其特殊的意义和逻辑。如果承认大学教师的教育实践是以一种教育生活的样态而生活，那么大学教师教育兴趣生发就镶嵌于教育生活过程。既然教育生活对于大学教师教育实践如此重要，那么，其教育兴趣在教育生活中又会呈现什么样的形态呢？我们认为教育兴趣无论以哪种形态显现于教育生活，实际上都作为大学教师教育心灵的支点而存在。因为大学教师的教育体验持续地反映和显现教育兴趣，共同汇聚于大学教师的教育心灵世界。

一、教育兴趣作为大学教师教育行动的驱动工具

尽管前文对教育行动的外显特征做了一些简单的描述，包括自发与引发的教育行动、结构化和无结构化的教育行动、重复性和创新性的教育行动，但要分析教育行动的驱动因素就要以教育者的立场深入教育行动本身为对象来考察，其原因在于，教育行动的发起者是教育者，教育行动尽管可以有外部动因，但这些驱动因素并不是由教育者发出或设定的，也就不是真正意义上的驱动因素。只有依据教育者的主体向度来审思驱动源泉才能明晰揭示。

而依从于大学教师主体立场，同样有内部视角和外部视角之分，这里的内部视角是指侧重于观照教师自身心灵诉求等超越性的因素，外部视角则侧重于强化教师自身外显欲求等实显性的因素。从内部视角来看，教育行动是教育者的意志展现；从外部视角来看，教育行动是教育者的追求显现。意志与追求相比，有相同之处也有不同之处。其相同之处在于两者皆可实践、映显于行动，都源于主体的认识行为。如果没有主体的认知判断，就不会有完整的意志和追求，但是两者不同之处也非常明显，意志并不是单纯地导源于主体的认知理性，而是与本能、欲望、触发和追求等前自我的主体交织在一起①。追求则不同，可以简单地表示为欲望，也可以泛化为意志，基于追求的行动内含的动力无论是持续性程度还是强度都不同于基于意志的行动；这是因为严格意义上的意志行动是具有自我意识且内蕴本能等原始性因素的主动行动，而基于追求的行动往往因为欲望或目的满足达到而中止，但基于意志的行动却是伴随生命体验的，不会轻易中断。以此来看，教育兴趣之所以是教育行动的驱动工具乃在于其所引发的意志和追求是教育行动不可回避的驱动因素。简言之，教育兴趣从某种意义上展现了大学教师主体的状态，也溶渗了大学教师主体对教育的意志和追求。从意志的立场来看，教育兴趣激发了大学教师的教育良知、教育困惑，从追求的立场来看，教育兴趣触动了大学教师的教育期待、教育成就。

第一，教育兴趣内蕴的教育良知驱动着教育行动。这里所说的教育良知，既是基于人性的善恶的一种基本假定，也是对于教师职业内在规定性的前提预设；与一般良知相比，教育良知的独特性在于其作用的领域仅限于教育场域。教育良知源于善恶分别，是对人性善的内在承认，可以视为一种康德意义上的先验预设。要完全洞识和理解教育良知深藏于大学教师教育兴趣是不可能的，或许我们可以从儿童的游戏中得到一些感触。众所周知，学龄前儿童在一起玩耍时，常常会玩带有"教育韵味"的游戏，如一个大一些的小孩教另一个小一些的小孩打针、吃饭、穿衣服等生活事务；再如小孩相互间讨论一件具体的事情怎么做，然后由一个教另一个或者共同完成任务。对

---

① 曾云.本能、欲望和追求——胡塞尔关于意志行为的发生现象学分析 [J].中州学刊, 2016 (08)：115-121.

于这些学龄前的儿童来说，完全没有所谓的社会化价值或规范在影响，只是出于一种合作玩耍的需求，但又"教会"了对方一些"技能"。如果没有这种"教"，一是游戏无法完成，导致任务失败；二是在一起无事可做，共处变得无意义或"不可能"。但是这些"教"的行动中既没有固定的目的（尤其是带着社会价值尺度的目的），更没有带着某种利益的诉求，只是一种出于儿童的利他之心，甚至也没有想到要利己。因此，这种本心而出的"教"其实映现了人作为动物的本能合群需要，正是这种利人的本能蕴含着教育良知。借由教育良知，教育行动与其他社会行动相比更能令大学教师心中产生叩问自我良心的念头。许多教师经常说"教育是良心活"，虽然这只是口头上笼统地表达模糊意义上说的心声，但仍然能够印证大学教师教育兴趣所包含的教育良知"本能"，正是这种"本能"可以逼问、促进大学教师审思其教育行动的合理性、有效性。

第二，教育兴趣引发的教育困惑驱动着教育行动。主体的行动往往会有顺畅和不顺畅的情况发生。在顺境中，人们会体会到快乐、愉悦、满足等正向情绪；在逆境中，人们也能体会到挫折、困苦、痛楚、迷惑、无助等负面情绪。但负面事物往往令人反省，从而冷静得以回归理性，重拾行动的合理逻辑，这可以借用佛教语言"烦恼即菩提"形象地寓示，教育困惑就是教育烦恼。这种烦恼由多种因素所生，但从教育事务的时间向度来分，主要有两种。一是对于已经发生的教育事务，即大学教师主体对教育事务的认识水平与实践能力不相匹配，即在教育情境或现象认识到位，但是无法操作好。就如理论上知道游泳的程序或动作，但在下水后却茫然无措，尤其是在突发的或偶发的教育事态面前。这就可能会使大学教师遭遇挫败感。二是对于将来发生的教育事务，即大学教师对未来教育事态的发展尚无法判断和理解。在教育实践中，不可能都是重复性的工作，在新的教育需求或任务来临时，大学教师能否全面或扼要直指教育的本质要义，如何判断教育事务的发展状态和方向等，这些素养与实践要求之间的差距就是引起教育困惑的主要原因。因此，解决已经发生的教育困惑主要在于实践能力的提升与协调。可见，大学教师在解决教育事务的困惑的过程中就从负向的教育体验侧激发出教育兴趣而赋予自身一定的教育实践动机。

第三，教育兴趣接引的教育欲求驱动着教育行动。教育兴趣从三个方面接引大学教师的教育欲求。一是大学教师自身对于教育功能的设定。之所以没有说对教育目的的设定，乃是因为教育目的相对于教育功能具有较强的客观属性。因此，既然是欲求就是满足主体的功能需求。大学教师在教育实践中就可能会对其教育效能进行初始设定，既包括对教育作用于学生和作用于自己的设想，比如是否能够提升大学生的思维品质或技术能力，是否能够利于自己下一步的工作开展等。二是大学教师对于教育过程的想象。教育显然不仅仅只有开始和结果而没有过程，教育过程对人的体验也非常丰富和深刻。尤其是对于视教育生活为过程的大学教师而言，重视教育过程的体验就会启发其想象某些教育情境、方式，从原有体验或间接体验而想象自己即将实现的教育意境。三是大学教师对于教育结果的期待。大学教育从时空范畴来说，总是有一定的结果的。对于教育结果的期待，既包括某些教育评价尺度的结果状况，也包括大学教育参与主体在教育流程结束后所能感知、收获到的事实状态与体验。若关注前者，可能就会以外部规范标准为导向而驱动教育；若重视后者，就会尝试人本立场、学会关心的教育教学路径。虽然这两者并不是冲突的，但有些时候就容易偏执一隅。由此看来，教育欲求对于教育行动的驱动是内隐的，并不能简单地视为教育者的欲望或被展现于大学教育目标文本中。

第四，教育兴趣指向的教育成就驱动着教育行动。这里的教育成就狭义上从"成就"二字来附加于教育，而是对于大学教师心灵诉诸教育的收益。如果说教育欲求是形而下、可直观显现的实在利益，那么教育成就则是形而上的、至关重要的心灵旨趣。大学教师教育实践关切人的心灵变化。一方面对于教育对象的灵魂有重要影响，另一方面对自我心灵同样有着内在利益。教育成就可以从负向和正向来理解。从负向来说，大学教师对于学生心智品质、思想空间、灵魂格局的影响不是简单依仗于固定化的文本知识和有限教育言说，而是一直心与心相碰撞、对话的过程。也并不能简单地认为这种教育过程就是只有受教育者会受益，因为后喻文化理论早就有所揭示年轻一代可以"反哺"年长一代的文化认知，更因为大学教师从教育过程中自我心灵得以敞开，在与学生交往中自我的问题得以显现或暴露；如此一来，其自身心灵中的阴暗或缺陷可能就得以纠正。从正向的教育成就来说，大学教师一是在不断创造新知识中获得内生动力，其心智品质本身就在伴随知识生产活动的深入而不断完善；二是在高深知识传递过程中，学生对大学教师所授知识的印证、理解建构起大学教师的职业价值；三是大学教师在改变学生的思想世界或精神面貌的同时，检验自己的生活方式、丰富和提升自己的心灵格局。这种教育成就带来的驱动是无法遏制的，是超越而引领性的。

　　总之，教育兴趣所关涉的四种驱动从基本欲求到精神完善都在不同程度地驱动着教育行动，尽管驱动方式有所不同。如果说教育兴趣的意志向度所承载的教育良知、教育困惑是内生驱动的话，那么教育兴趣的追求向度所关切的教育欲求、教育成就就是外生驱动。如前所述，教育行动是复杂的，并不可能由单一教育兴趣所驱动。在有些教育场域中，大学教师可能由某些因素直接驱动而产生教育行动；在另一些场域中，大学教师则可能由一些因素间接驱动而引发教育行动。在整体教育行动过程中，有些因素可能是持续性的驱动因素，有些则是间歇性的驱动因素。前者的代表有教育良知，后者的代表则有教育欲求。从教育行动的具体来看，言说行动和身体行动也有不同的驱动能量和因素，但无论如何，教育兴趣承载着教育行动的驱动工具是不争的事实。

二、教育兴趣作为大学教师教育观念的形成条件

　　教育观念通常被认为是大学教师对教育事物的认识和看法。这种理解是在认识论视角下谈论教育观念，实质是将观念的意涵迁移于教育观念。教育观念至少有三个特点：第一，教育观念是大学教师主体对教育世界中的客观所产生的表象或印象；第二，教育观念是与教育客观事务相对应的东西，只要作为教育观念就不会是教育客观事务，教育客观事务也不可能是教育观念；第三，教育观念是凝结或已成的社会意识，而不是个体的个别、随意的意识。显然，从认识论立场来理解教育观念与从活动论或行动中来理解教育观念有着一定的差异。静观中的直观伴随着主体对客体的审思，而在活动中的直观则包含主体的情感、意志、利益诉求等多种因素；

如果仅从认识论来理解教育观念，即主要依靠概念分析等知性活动就不能完全把握和解释教育观念。因为教育观念的生发主体和作用对象都在变化，行动一旦停止，教育观念就由活的主体意识转化为"静态的意识"[①]（即教育思想）。其实，如果还沿袭以往静观地对教育观念分析，就无异于将研究拘束于微观层面的概念框架之中，难以从深度上进行反思教育生活。教育观念的主体是大学教师自身这个教育行动者，而非大学教师作为思想者而存在。"观念从根本上说是私人的，它关乎生活，本质上与真理无关，而与行动有关。"[②]进而言之，对教育观念的理解要摆脱客观主义的认识论束缚，结合行动论的体验视角，既将其认定为一种基于对教育现象的认识所形成的系统化、理论化的观念形态，又要理解其作为大学教师教育生活实践中动态地演化的潜意识，才有可能真正把握教育观念的内涵及其实质。正是从这个意义上说，教育兴趣作为大学教师主体侧的意识过程，是大学教师教育观念的形成条件，对其对象、内容、形态等方面有重要影响。

从总体上说，教育观念的对象就是教育实践。既然教育实践作为教育观念的资料来源，那么大学教师主体的意识作用就成为至关重要的条件因素。以此来看，教育兴趣以其教育意向作用就构筑成教育实践对象的前提设定。首先，并不是所有的人、事都可以纳入教育世界，也不是所有教育世界中的客观因素可以成为大学教师实践对象。也就是说，一方面，大学教师要开启心灵朝向于教育世界的意识。因为没有心灵朝向于教育，就不会有相关教育意识活动的开启，教育兴趣的生发第一步就取决于教育意向能否生成。另一方面，大学教师要依据其自身经验和客观条件而判断哪些对象是其教育实践对象，从而为其教育实践设定明确的准则。这里，教育兴趣进一步通过内在的意识活动而与外在的客观行动相互作用进一步将"心力"（主体的理智、情感等）聚焦教育实践对象，从而为教育观念的内容设定创造有利条件。在教育实践对象的面向和选择上，教育兴趣既作为驱动者开启教育意识，又作为意识工具供主体把握教育场域中的对象。

---

① 鲁克俭.论内化于行动的观念［J］.现代哲学，2020（02）：1-7.

② 鲁克俭.论内化于行动的观念［J］.现代哲学，2020（02）：1-7.

如果从心灵活动的立场来看，这里的教育观念尚未形成，还不能有效指导大学教师的教育行动。同样，客观意义上的教育行动也未能发生，教育观念虽然可以被意识到，但主要处于潜意识水平，不被主体所意识到。但是正是教育兴趣所激发的"下意识"的教育观念，对大学教师自身影响较为深远。因为此时的教育观念被主体认为是一种理所当然的真理性存在，它有很强的稳固性，很难在短时间内有所改变①。虽然这种下意识的教育观念还不能称为教育观念，只能认定为"前教育意识"，但其中蕴含着主体的人性基本预设和教育体验的印象记忆，不是概念化的意识现象，却是为教育观念的意向方向提前做出了设定。

接下来看教育兴趣对于教育观念内容生成的重要作用。这里有必要先明确如何理解教育观念内容的问题。从一般意义上来说，教育观念内容无非是教育实践对象在大学教师主体意识中的反映，也就是各种对教育事务的理解或看法。这只是叙述了教育观念内容生成的结果，并未能充分展现教育观念内容的生成过程。并且，对于教育观念内容的表达方式可以有教育思想、教育价值、教育信念、教育理念等不同说法，不足以切中大学教师自体为何需要教育观念本身，更不足言明大学教师以何种方式获得教育观念。从根本上说，基于认识论的视角就会重视教育观念内容的体系化、系统化的结构显现，而对于行动论的视角来说，"只有内化于行动中的思想，才是观念"②，教育观念不是教育思想，也不是教育信念、教育价值、教育理念等形态。行动论视角强调的是主体的自我证成，即对于大学教师教育生活中的教育观念不是简单的认识事物与反映客体的映射关系，而是个性化意识与客观世界的互动作用关系。因此，对于大学教师而言，教育观念的内容生成可以理解为大学教师不断生成教育意义或者赋予教育意义的过程。这里的教育观念内容不仅包括客观而固定的教育思想意识，而且带有情感色彩的教育理解。回到教育观念的内容本身即"教育意义"来看，一方面，教育意义是大学教师对自我教育实践的意义赋予，也就是一种教育意义的自我确认，只不过这种确认需要以具体的教育观念内容为载

---

① 李召存.关于教育观念的理论思考[J].教育理论与实践,2002(06):6-10.

② 鲁克俭.论内化于行动的观念[J].现代哲学,2020(02):1-7.

体；另一方面，教育意义是大学教师诉诸教育实践的价值评价工具。在教育实践中，大学教师要运用到效用评价、道德评价甚至审美评价，这些评价活动是个体性的，无论其评价对象和范畴有多广，但评价本身所导源的对象是大学教师主体及其教育实践事物。值得注意的是，这里所说的赋予意义是在大学教师教育行动中生成的，而不是在个体沉思中构造出来的。

承上所言，教育观念不仅涉及大学教师的认识还有情感与欲求，实际上是要诉诸大学教师的心灵世界，即大学教师在获得教育观念内容即证成教育意义的过程中，教育观念关切到大学教师对于教育世界的心灵给予。而以康德而论，心灵能力包括认识能力、愉快和不快的情感能力和欲求能力[①]。如果承认心灵作为一种意义系统制约着教育意识对意义的生成和理解，那么教育兴趣就是大学教师对于教育世界的内在设定，因为教育兴趣是大学教师心灵作用于教育世界的整体表征。据此来看，教育兴趣以持续而整体的方式观照着大学教师的教育实践，其中，教育观念只是其心灵世界局部的反映或表象。

最后，我们来看教育观念演化中的教育兴趣。教育观念的变化关涉教育观念的形态与结构。就教育观念的形态而言，有学者认为存在"理论形态"的教育观念、"制度形态"的教育观念和"社会心理形态"的教育观念[②]。不难看出，这种分类是基于整体的教育观念而面向不同主体的存在形态，能够帮助我们认识教育观念的价值效用领域，对个体而言，这些不同形态的教育观念或者是外在于自身或者是生发于主体；主体对于教育观念有不同的价值诉求，而教育观念有不同的价值特性。不过这种分类并未能充分反映教育观念的变化，因此还有必要分析教育观念的结构。"教育观念是具有联系和相互作用的网络状的观念系统"[③]，从逻辑上来看，教育观念包括基本的教育观念和推演的教育观念；从观念的确信程度来看，教育观念又包括核心教育观念和边缘教育观念。由此可见，教育观念形态演化实际上涉及三个方面的因素。其一，教育观念的存在场域，即教育观念在

---

① 康德.康德著作全集：第9卷[M].李秋零,主编.北京：中国人民大学出版社,2013：5.

② 李召存.关于教育观念的理论思考[J].教育理论与实践,2002(06)：6-10.

③ 高潇怡,庞丽娟.论教师教育观念的本质与结构[J].社会科学战线,2009(03)：250-253.

不同的时空场域中可以以不同的形态呈现，也可以不同的方式为主体所建构、认识或接纳。其二，教育观念的理性逻辑，即教育观念因其质料来源于教育实践对象，其内容本身的组织要遵循教育的理论与实践逻辑。至少不是归属于教育实践世界的事务所产生的观念不应纳入教育观念体系，而且就教育观念本身的认识属性而言，不是具体而个别的教育实践事务所产生的意识印象就是教育观念，而应是抽象而整体的教育实践事务所产生的类意识印象才是教育观念。其三，教育观念的心灵接纳，即教育观念最终要付诸教育主体的心灵世界，依其在心灵中的位置而定，显现出不同的形态是情理之中。

既然教育观念的形态是受制于大学教师主体的心智系统，那么可以进一步简化为外显性的教育观念和内隐性的教育观念。以内隐与外显的二分示来简要揭示教育兴趣对于教育观念形态的演化可能更为直观。无论是教育观念以什么形态存在为主体所识别，不外乎定性而确定化和非定性而不确定化的形式。所谓定性是指教育观念的具体指向对象及其内容是固定的，而确定化是指教育观念的内容形式可以以显性的形式表现出来，比如语言文字或符号。而所谓非定性则是指教育观念的具体指向对象及其内容并不固定，可能是混杂的；相应地，非确定化就是指教育观念的内容形式以一种内隐性缄默知识"寄居"于大学教师心灵，甚至不被观念主体所意识到。从教育兴趣的立场来看，教育观念包含了认知、情感和动机的成分，对大学教师的教育行动起着重要的影响。一方面，教育兴趣在心灵深处将以往的学习和教育体验与时代教育需求、主体的人性假设相融渗，使教育意识或印象显相为内隐性教育观念形态；另一方面，教育兴趣亦可以在感性认识和理性逻辑的基础上，将当下的教育价值与理解显现为外显的教育观念形态。这两个方面是相互融渗、交织在一起而循环不断的过程，也就是说，大学教师主体在教育实践过程中，教育观念的外显与内隐是融贯联系、不断往返的过程，有些曾经不明显或不自觉的前教育意识在特殊的教育场域下被激发而向主体显现，而不断重复的教育行动中蕴藏的价值判断伴随教育观念的内化而沉潜于心灵深处，成为教育观念体系的核心单元。在这样的演化过程中，大学教师主体正是以教育兴趣为条件才能把握来自主体自身和外部世界的刺激，将这些内外的知觉统整起来而不断丰富自身的教育观念。

三、教育兴趣作为大学教师教育体验的意向联结

在教育生活中不可避免涉及教育体验，教育体验实际上就是教育生活对教师的主体显现。换言之，对于大学教师主体而言，教育体验构筑起教育生活的情感和意义，既是教育情感展现的无限场域，又是教育意义的绵延载体。鉴于教育体验分属于体验，是大学教师从事教育实践而获得的独特生命体验，因而这里有必要在分析教育体验之前简要介绍人们对于体验的认识，以便明确教育体验的认识立场，进一步理解教育体验的意蕴。

"体验"概念的提出是德国近代哲学对于认识论的重要贡献，其代表人物包括狄尔泰、伽达默尔、胡塞尔等，根源与认识论长期存在的客观主义和主观主义的对立有关。简要来说，首先是近代哲学之父笛卡尔高扬主体理性，他开宗明义地提出怀疑的重要性，并怀疑精神和方法来追求认识的确定性，从而确立对象性思维，笛卡尔用普遍怀疑的方法，提出"我思即我在"，并认为思想实体就是一切观念的一般的共相，在论证实体及实体间关系的基础上，构建了属于自己的形而上学体系。后来的哲学家工作基础都无法绕开笛卡尔，要么站在主体向度，要么站在客体向度，要么企图超越主客二元对立的立场，在认识论上都不约而同地受到感性与理性的对峙的重要影响。笛卡尔所开创的认识论转向与自然科学发展的进程密不可分，也正是自然科学领域内以数学和物理学等学科的重大进展推动了人类理性的空前发展。在此基础上，又逐渐强化了人们对于理性和客观主义的认识立场。"成也萧何，败也萧何"，也正是自然科学的对于不确定性现象的理解和发现，在物理学领域中的量子论影响了人们对于确定性、客观性的理性认识方式，从而反省主客融合的认识方式。

体验哲学的提出正是基于这样宏大的认识论转变。狄尔泰作为生命哲学的重要开拓者，基于为相对自然科学而立的精神科学寻求有效方法论的"痴迷"而提出体验的概念。其出发点在于，以人为研究对象的精神科学不可能像自然科学那样存在稳定和可以精确测量的对象，也不可能像后者那样得到

完全精确和确定的知识。我们不能置身事外通过建立假设来演绎、论证、验证研究精神世界，在他所界定的精神科学领域内，所有的概念都存在于人的生命体验之中，因为生命本身就是一个相互关联的整体而存在。于是，就认识而言，在精神科学之内，就要通过体验来达到认识，所有体验都有其相同之处，即主体要通过亲身经历、实践来认识周围事物；就存在而言，体验本身就是以身体之，以心验之，是人存在的基本方式。

现在来看教育体验。顾名思义，教育体验就是大学教师从事教育活动的体验。这种字面的理解界定了教育体验的生发场域，突出了教育体验之"教育归属"。因为大学教师作为个体在日常生活体验之中还存在其他业余生活体验，教育体验作为日常生活体验的重要构成只是其职业活动体验，虽然归属于其日常生活体验，但也有别于日常生活体验。从教育体验所涉及的主题来看，教育体验同样包含生活体验中常见主题，有情感体验、审美体验和道德体验等不同主题或领域体验。

至此，我们仍然无法对教育体验予以完整的界定。究其原因，还在于体验或教育体验本身的认识立场不同，就会有不同的意涵界定。因此，有必要从不同理解立场来分别陈述教育体验。从直观经验立场来说，教育体验就是大学教师从事教育活动的体会或经历。其中，包括大学教师对于教育对象、教育事务的身心感受和行动举止。以教育世界为对象的直接经验和间接经验就是教育体验的全部内容。从审美立场来看，教育体验是大学教师参与教育活动过程中通过情感、想象、直觉活动等路径达到的独特境界。就理想意义而言，大学教师在教育体验中可通达"主客相融、物我相通、自在合乐"的意境。从认识论立场来看，教育体验是理解大学教师从事教育活动的独特方式。教育体验是一种在主客未分的状态下把握教育实践的方式，而且教育体验本身就是一种主观事实，大学教师可以依靠内省来感知它。从存在论立场来看，教育体验是大学教师在教育职业活动中的存在方式，即大学教师因教育体验而识别、感知、获得教育情感和意义，体认到教育世界对于主体的意蕴，是其生命体验的重要构成。

大学教师主体通过自我意识的意向联结而获得教育体验。联结是主体的一种自发运动能力，是由自我出发的表象之一①。兴趣就是这种主动生发的表象，而教育兴趣就是大学教师诉诸教育世界的意向联结。教育体验是大学教师参与教育事务的意义统一体，其中，既有关于教育的记忆物，也有与即将实施的教育行动的意向生成；在教育体验之中总是教育情感与教育观念交织在一起的。教育兴趣对于教育审美体验和教育良知体验的联结作用表现得最为淋漓尽致。

教育审美体验是大学教师通过对于教育实践所提供的感性材料加以审美想象构成的体验。这种体验的特殊之处就在于联想和想象。对于大学教师而言，教育想象是他们在自身的精神世界中所进行的一种源于教育情境而又高于教育情境的意向构造。不过，这种教育意向构造是在大学教师教育情感的激发下进行的，即支配其教育想象或联想的力量是情感而不是理智。并且，大学教师只有进入教育体验状态，教育想象才能得以维持。教育兴趣在教育审美体验之中，存在两个维度的意向联结，一是教育意象，二是教育意境，这两者有一定联系和区别：它们都是主观与客观统一的产物，都是情与物的结合体；但从形式上看，教育意象与具体的教育客体对象（人或物）相关，教育意境则与抽象的教育意蕴对应。教育兴趣为大学教师提供具体的意向客体，从而使教育情境与教育客体对象产生联系起来，否则，大学教师面对的就是与教育无关的普通客体，而不是浸润大学教师主体教育情感的教育客体，也就不可能产生教育意象。同样，教育兴趣为大学教师为追求深度的教育意境提供持续的联结力量，使其从一般的教育意境体验过渡到深刻的教育意境体验得以可能。大学教师能够在职业生涯中通过一定的努力和反省从而感知到这种教育审美体验的变化历程，对于前者（教育意象）而言，作为初任大学教师对于教育实践活动中的审美意象可能不会留意，即不会形成有意识的教育意象，但随着其职业发展和教育投入逐渐增多，就会积累形成明确的教育意象感知体验，也就是说在教育实践过程中对越来越多的教育情境产生审美体验；与此同时，也会获得不断深入的教育意境体验。而实现这一切的主要因素不在于外部刺激，而在于大学教师主体因素，归结起来又是其教育兴趣的意向联结不断

---

① 康德.康德著作全集：第5卷[M].李秋零，译.北京：中国人民大学出版社，2013：102.

生成和拓展的结果。

教育良知体验是大学教师通过实践理性对于其自身教育实践的评价体验。之所以采纳"良知"概念而表达成教育良知，一是因为教育理性有产生"要使人达到理性的教育"的歧义之嫌，二是因为良知能够充分反映大学教师主体人性的意蕴，教育良知具有伦理意味，更具有生命意味，是关于大学教师职业生命体验的独特存在的表达。教育良知体验包括教育行动体验和教育规范体验。前者是指向实然层面的实际教育行动现象而产生的体验，后者是指向应然层面的理想教育行动取向要求与前者相比较而生成的体验。教育行动体验包括外显的教育言说或行为选择和内在的心理反应，即大学教师参与教育实践而生成的表象、判断和情感活动等。显然要清晰地表达教育行动体验是不可能的，因为无论是概念还是行为或者体验式表达都不足以准确反映大学教师在教育世界中的丰富心理感触。但大学教师主体要完整地拥有教育行动体验就需要教育兴趣的联结作用。教育兴趣始终全程地伴随着大学教师参与教育行动的全过程，既是教育行动的驱动力，也是教育观念形成的重要条件，因而是教育行动体验的集合力量。反之，没有教育兴趣的参与，教育行动就会异化或变质为一般的主体间行动，失去教育行动的教育品性，也就不构成实际的教育体验。

相对而言，人们比较注重教育行动体验而容易遗忘教育规范体验。教育规范体验是大学教师基于教育理想而对内在良知的考验，是对于既有的教育实践历程的再评价的体验。这种体验的生发实际上反映了大学教师作为教育者对于教育世界的理想诉求，是教育兴趣的内在驱力的合理反映。这种教育兴趣的内生力量就是大学教师主体良知的不竭动力，是大学教师主体的人性对于自身和教育对象乃至教育世界完善的希望。如果没有这种良知追求，教育事务就会沦落到庸俗而平常事务，大学教育就会失去其本有的超越价值。

以上是从理论维度分别解释教育兴趣对于教育体验的联结机制。在经验层面综合来看，大学教师的教育兴趣的意向联结表征为帕尔默所说的联合能力，即教育兴趣对于教学中的知识与情境、学生与自我等的联结，还有教育中的智慧与德性、情境与任务、文化与人的联结。"优秀教师具有联合能力。他们能够将自己、所教学科和学生编织成复杂的联系网，以便学生能够学会去编织一个他们自己的世界。好教师的联合不在于他们的方法，而在于他们的心灵"[①]。

教育体验是与大学教师生命范畴相通的，它是构成大学教师职业精神世界的细胞。教育体验并不是大学教师个体对自身实践经验的简单体认或经历，而是将自我个别性放在"个别—普遍"的关系中获得的深层领悟。这种普遍取向包括两个方面，一是自我教育意义的体验流的普遍性，即教育意义之所以被大学教师所承认和接纳，是建立在教育实践的不同体验及其相互关系的基础之上，比如大学教师是在教学环节体认到知识对于学习者的启迪意义，是在科研指导中体认到自身理解对于学习者的重要参考，是在实践交流中体认到教育与日常言说的不同意蕴，是在学生管理中体认到制度的教育价值；二是大学教师自我的体验会被放置于与共通的教育体验流的普遍性之中，其教育体验是能够与其他教育主体所交互和理解。如果没有这种共通的可能性，其教育体验就窄化为纯粹的个人经验而无法分享。因此，教育体验的联系就需要中介，其中教育兴趣就充当这种媒介作用。教育兴趣作为教育体验的意向联结的理由就在于教育价值或意义的确认。如果说，大学教师教育行动表征的是其教育生活的"实显性"表征，大学教师教育观念表征的是其教育生活的"客观性"特征，那么，教育体验尤其是教育审美体验与教育良知体验表征的是其教育的"理想性"特征，指向的是大学教师主动完善自身和大学教育的价值关切。

本章小结

教育兴趣对于大学教师而言具有动力性和超越性的功能，是大学教师职业发展和实践研究的重要视点。从教师主体世界来看，教育兴趣是学术世界所应关注的核心概念；从其职业实践来说，教育兴趣是内在动因；从其职业发展而言，教育兴趣是重要支点。然而，与教育兴趣相关的概念

① 帕尔默.教学勇气: 漫步教师心灵 [M].吴国珍, 译.上海: 华东师范大学出版社, 2005: 3.

也不少：教育趣味是教育兴趣的日常表达，教育情感是教育兴趣的直观显现，教育意识是教育兴趣的生发条件，教育信念是教育兴趣的积极体认。以往的教育兴趣的理解主要关注于其表象一侧，而未能充分认识到其意向一侧。实际上，教育兴趣是大学教师在认识或处理教育事务而产生的意向与表象，既可在教育实践中直观显现为教育情感，也可在教师心灵中理性抽象为教育意向。教育兴趣不仅要生发出教育关切，还关联着大学教师对教育实践的审美诉求，帮助其通达教育意境；教育兴趣作为融贯于教育体验的意向联结，既在教育生活中存显也助益于教育生活。因此，完整地理解和研究教育兴趣可以从教育情感、教育意向、教育意境等三个方面展开。

第二章　大学教师教育兴趣的感性显现

如前所述，以往教育兴趣的研究主要基于实证主义哲学视域的，以因果关系和客观规律为对象，研究重在以问卷、实验、量表等工具得出标准化的、静态的数据。面对教育兴趣这样一个富有生命气息、动态显现的主题，仅仅从定量的、标准的研究难以真实还原其精神全貌，对理解动态的教育兴趣就显得有些僵化。因此，大学教师教育兴趣研究应当更关注微观、个体的教育体验历程，关注大学教师教育实践中发生的细致的、真切的互动以及主体间的交互影响。为了深入了解大学教师教育兴趣的实践表征，笔者在查阅了大量文献之后拟定了初步的半结构访谈提纲（访谈提纲详见附录），涵盖两个部分，一是个人基础信息部分，包括大学教师的个体信息、受教育经历、生活基本情况、教师职业选择过程等；二是教师执教与职业发展过程，包括教师执教体验、教育教学、科研工作、职称评定、教育轶事、职业规划等问题。在经过初次访谈之后又相应地修改了个别问题，并对提问方式做了调整。譬如，放弃了追问大学教师执教正向体验和负向体验的提问方式，而是在具体交流时根据实际情况请访谈者讲述自己感到满意、快乐或痛苦、郁闷的教育经历或体会。还有对个别老师的访谈还增加了一些问题，如追问其学习规划或科研旨趣等，其目的还在于深究其背后的动机与教育兴趣的关联。

第一节　大学教师教育兴趣的情感显现

本研究访谈对象为在岗在编且实际承担大学教育教学工作的大学教

师。由于大部分大学教师教育教学工作时间较为灵活，要寻找合适的访谈对象非常不容易。因此，研究选择方便抽样的方式，一是请指导老师推荐合适样本，并在访谈过程中请求访谈对象推荐相关调查人员，帮助研究者以"滚雪球"的方式来增加调查样本；二是筛选一些研究者的同事，征得他们同意后邀请其参加调查。从第一次访谈到最后一次访谈持续近2个月，最终获得16位访谈对象。这些教师涵盖10个学科门类，既有28岁新入职的教师，也有年近65岁的资深教授、博导，还有兼任行政职务的教授代表（有关访谈对象的具体情况详见表2.1）。笔者在每次访谈开始前都会向访谈对象提供访谈说明信，以保证访谈对象充分了解本研究的目的、意义和用途等；承诺严格遵守匿名和保密原则；保障其权益不受到损害。

表2.1 访谈对象基本情况

编码	性别	职称	年龄	学历	学科	访谈时间	访谈地点
T1	女	副教授	55	本科	英美文学	2019-10-24	某咖啡馆
T2	女	教授	65	博士	教育学	2019-10-10	办公室
T3	男	教授	46	博士	地理学	2019-10-09	办公室
T4	女	讲师	37	硕士	教育学	2019-09-27	研究生宿舍
T5	男	副教授	50	硕士	汉语言文学	2019-10-18	办公室
T6	男	助教	30	博士	金属材料学	2019-10-12	办公室
T7	男	副教授	40	硕士	法学	2019-10-24	研究生宿舍
T8	男	教授	55	博士	物理化学	2019-10-16	办公室
T9	男	副教授	46	博士	音乐学	2019-09-30	办公室
T10	男	讲师	40	硕士	法学	2019-10-03	办公室
T11	女	助教	29	硕士	法语言文学	2019-10-24	办公室
T12	女	讲师	40	硕士	教育学	2019-10-19	研究生宿舍
T13	男	教授	46	博士	考古学	2019-09-28	办公室
T14	女	副教授	46	本科	英语教育	2019-10-17	办公室
T15	男	副教授	35	博士	教育学	2019-10-25	办公室
T16	男	副教授	37	硕士	教育学	2019-09-25	研究生宿舍

笔者一共整理出10余万字的文字材料。首先，笔者对其中一份资料进行开放式编码，把所有编码和定义单都写到一张纸上，比如，业余爱好、教师职业选择、学习经历、父母教育、教学工作、科研成绩等，在这个过程中，笔者始终将自己抛入资料中，即放下心中的思路或框架，全面接纳访谈资料。其次，笔者开始轴心编码工作。处理第一份访谈资料编码的过程给我一个感触，那就是基本上明确了大学教师教育兴趣访谈中会谈及的主要问题或现象，但这些零碎的编码或词条还要有更清晰的归属关系，否则无法分析这么多语音资料。为此，笔者首先将大学教师教育兴趣的"事实"与"言说"两个维度区分开来，即明确哪些是访谈者所说的兴趣表现（有可感触到的事实表现），哪些是观念层面的想象或推论。在此基础上，结合理出教育兴趣的四个二级编码：呈现方式、影响因素、类型特征、演化特征。再次，将前面第一份"开放式编码"进行优化，在整体处理资料的过程中不断完善三级编码工作。比如，以影响因素为例，最初的"父母教育影响"和"个体学习情况"就合并为"个体经历"，与"个体素质""个体资本""个体信念"共同构成"教师个体因素"这个三级编码。最后，随着访谈的信息趋于饱和，笔者需要综合权衡以优化编码框架。有时还要删除、简化部分编码，以便聚集到研究主题上来。经过这些工作之后，得出以下调查结果。

一、课程教学：大学教师教育情感表达的"主阵地"

对大学教师而言，课程教学是其核心职责。因此，研究之初我就确定要调查那些实际承担教育教学工作任务的教师。为了考察这些教师在课程教学中的教育情感，笔者首先了解其教学工作量。在被问及"您承担的教育教学工作任务"时，大部分教师对自己的课程教学任务都能非常熟悉，如数家珍。有一位教师（T1）表示自己20多年来的教学课时量始终居于其学院第一，而T12教师则令人印象深刻，在她到大学工作以后授课共计22门次。她说："这13年的工作，我也在问自己时间去哪了，今年评职称一梳理，发现自己上了这么多门课，不禁吓了一跳"。在这16位访谈对象中，除了一位刚入职T6教师未授课之外，其余都有不同程度的教育教学任务。

其次，笔者还想了解这些教师对于课程教学的态度。大学教师对授课的认识和理解决定着其教育情感，也影响着其教育教学的投入。关于这个问题，T8老师是这样回答的："你说你是一个大学老师，今天没有课，明天没有课，一学期没有课，一年两年都没有课，总觉得好像不在大学，是在研究所工作，感觉不得劲，会被遗忘没有存在感似的"。尽管有些老师反映自己的课程教学负担比较重，但对大学课程教学工作的重要性还是高度认同的。T1老师还说："我这么多年来就喜欢上课，你到我们学院随便问，我没别的优势，就是课时量始终名列前茅"。

再次，有必要关心大学教师对于课程教学的投入情况。众所周知，在大学中的教学评价和考核难以真正量化，对大学教师的发展尚不能构成真正的"威胁"。因此，"教学就是个良心活"（T10）。对大学课程与教学的投入，T8老师告诉笔者："我刚参加工作接上这门课时，就决定要把它上好，通过反复听我的'师傅'上课，买资料，编练习册，把各种公式做成简表。到上课时，我基本不用带书，带了也不会翻，全靠自己的记忆在黑板上演算，一堂课下来，一黑板的板书，满身粉尘。学生满意的眼神告诉我，效果还不错。"另一个T2老师亦是如此，说她在当年教《有机化学》时，基本做到把教学内容熟记于心、脱口即出，并且她还表示，经过大量、充分的准备之后，教学工作再也不会有什么障碍或困难。可见，大学课程教学的投入是保障教学质量的基础，也是反映其教育情感的最核心指标。

最后，笔者还想知道他们对授课的体验如何。为了印证授课的内容、对象、数量、强度等是否会影响授课教师的体验，从而影响其教育情感。笔者在访谈时设计了一个问题：请您讲述教学发展过程中令您印象深刻的感受或故事。有些教师对此，有许多话要说，比如T4老师认为："我上课最快乐的感觉就是，我站在教室中间，所有学生的目光都注视着我，这种被需要被认可的感受无比幸福"。T14老师则说，"我有一次上语音学，听到下课铃声，跟学生说休息下，学生告诉我两节课都结束了。天哪，我怎么完全没有听到课间休息的铃声呢，这时才感觉是有点累了。尽管如此，心里感觉还是挺舒服的。这样的课堂是教师与学生共在的课堂，是高度沉浸于学习的课堂，怎能让人忘记呢"。

欢乐、笑声是愉悦的体验。与此相对，还有疲惫、倦怠的感受。T16老师告诉我，学院里只要别人不上的难课、杂课都会推给他这个年轻教师，而他又不好拒绝。这些年来精力和热情全被这些琐碎、无序的课程教学工作耗尽了激情、兴趣。T7老师所承担的是公共思政课，他说，由于自己所在的学校层次不高，学生学习积极性、主动性也不好，加上这种公共课人数多，每次授课都是100多人的大课，讲课效果很难保证。每次上课过程都挺难受的。由此可见，大学教师执教体验与其教育情感相互影响，也就是说，如何对待你的课程以及对其是否有真正的兴趣，这些不是一成不变的，而是受具体的课程教学过程而影响。无论如何，通过这些调查，笔者发现大学教师教育情感表达的主阵地是课程与教学。

二、科研指导：大学教师教育情感分化的"检验场"

自1810年洪堡提出科学研究要成为现代大学的重要职能之后，大学教师教书育人的主阵地就不再局限于课程教学之内，还要在科学研究过程中培育人才，简称科研育人。科研育人与研究生教育还是存在明显的差异的。后者是一种教育阶段的划分，前者则重在强调大学教师在科研过程中对学生的指导。两者的联系在于目前大部分高校的科研指导还是以服务研究生教育为主。科研指导作为大学教师执教的重要工作，其意义在于开拓了高校育人新领域，而这种意义又与大学的时代使命相契合。换而言之，大学进行科学研究是国家和社会赋予其引领发展的创新职责，在此过程中培养人才是相得益彰的事情。

然而，从理论上明确了科研指导与大学教师执教的关系是一回事，从实践中了解大学教师在科研指导过程中的教育情感又是另一回事。在最初的访谈中，笔者没有明确将科研指导作为一个主要考察维度，但是在与T3老师交流过程中发现，他很少聊到课程教学中的困惑、快乐等体验，似乎觉得课程教学中的教育好像不存在问题或者不太感兴趣，而一旦聊到他的科研工作时，他便神采飞扬可以一直叙述下去。这个"突发情况"打破了笔者原来的设计，笔者想起对于这些以科研为主要旨趣的教师而言，是否要了解他们在科研过程中如何教育学生的。因此，笔者索性在访谈进行到一半时，将主题转换到科研育人上来。后来，访谈得以顺利进行，而且收效不错。从T3老师的表述中，笔者也更全面地理解了他由对科研的热爱以及在科研过程中对学生的严格要求，特别是他还提及在与校外科研部门合作培养学生的成功经验，在他的联合培养模式之下，每年都有学生获评优秀论文和国家奖学金，这在学院里已经成为一个口碑，研究生新生经口耳相传，都特别愿意选择他做导师。T3老师对科研指导的教育情感与T2老师相互印证，T2老师说她在突破教学障碍获得教学乐趣之后转向通过科研来培养学生，因为这个过程好像更有意思、更有挑战性、更有成就感，当然她明确地表示仍然爱课程教学，从参加工作到现在30多年来从未离开过本科教学实践。

大学教师因自身科研能力强而有资质带研究生，这又为其科研育人创造了更好的条件。但有的教师却未必是这样的，在访谈T1、T4、T5、T6、T10、T11、T12、T16过程中，谈及大学教师的科研指导，他们在这方面能表达自己实践的东西非常单薄，只是个别教师谈到过指导本科毕业论文过程中的耐心以及对学生的鼓励。这个结果主要有三种原因：一是教师还没有开始在大学里做科研工作或几乎不做科研，如T1、T5、T6、T10、T11；二是笔者所采访的对象有一部分还未系统地接受过科研训练或没有资格培养研究生（T4、T12）；三是教师忙于自身的科研发展，对科研指导的认识不够，大部分仅仅强调对学生科研能力培养（T15、T16）。

访谈中发现，并不是所有大学教师都同时胜任科研与教学工作。另外，人的精力是有限的，教学与科研两种工作都需要投入，只要重视一方，必然会忽略一方，要真正平衡是非常困难的。何况大学教师的身心健康、专业素养、价值取向、发展评价等多种因素都影响其投入。据T8老师所述，他回忆起他所在的大学是从2000年开始重视科研量化评价，在此之后他身边的教师开始重视科研论文发表，也就"忽略"了教学，而在科研过程中指导学生的成长毕竟是大学中一部分老师的事情。这是否说明，对于大学教师执教而言，其兴趣的指向的分化开始有了分野，一部分教师的教育情感重在课程教学育人，另一部分教师的教育情感则重在通过自身科研和指导学生科研过程中育人。换句话说，科研指导成为大学教育情感分化的"检验场"。

三、学生管理：大学教师教育情感升华的"中枢站"

大学教师往往还要承担学生管理工作或者兼任辅导员角色。这种情况在我国大学是非常普遍的。从学生的立场来看，如果要回忆起大学中印象最深刻的老师，我们往往会提起大学班主任或辅导员。这个教师角色非常重要，以至于在许多人心中无法抹去。有文献研究表明[1]，我国大学辅导员制度长期以来是大学教师兼任，真正成立专业化辅导员队伍还是在2000年之后，颁布于2004年的《中共中央国务院关于进一步加强和改进大学生思想政治教育的意见》，该文件明确指出：思想政治教育工作队伍是加强和改进大学生思想政治教育的组织保证。[2]自此以后，大学教师作为班主任或思想政治教育工作的意义与使命得到了强化。实际上，大学教师作为学生管理或服务者，其实质上还是从事学生发展相关的教育实践活动，因而其中必然有教育情感的反映。鉴于此，笔者在访谈中设置了"您是否有学生管理或班级管理经历"问题，旨在了解这方面的情况。

访谈发现，由于教师的年龄和职业发展历程、学校具体管理制度的差异，对此问题的回答没有统一性可言。比如，T1、T2、T5、T8四位50岁以上的教师均反映他们只是在刚参加工作时说做过这方面的工作。而笔者所在的学校则对大学教师评价出了专门的规定，如在申请晋升职称时必须要有相关大学班主任工作经历。因此，笔者所访谈的几位同事都有班级管理经历。

为了深入了解在学生管理中大学教师教育情感中的具体表现，笔者与访谈对象交流了学生管理工作的态度和体验两个方面的问题。T8老师表示，自己曾经刚刚留校时做过一年专任辅导员，总觉得这些工作是繁杂

---

① 段其波.高校辅导员制度的历史变迁与优化发展[J].学校党建与思想教育, 2017(10)：65-67.

② 中共中央国务院印发《关于进一步加强和改进大学生思想政治教育的意见》[EB/OL].(2004-10-15).http://www.moe.gov.cn/jyb_xwfb/gzdt_gzdt/moe_1485/tnull_3939.html.

的，与学习和学术没多大关系，如搞些活动、完成领导交代的任务和检查学生日常行为规范等。他的观点反映了大部分教师对班主任工作的心态，即如果没有特别的激励机制，大学教师尤其是年龄比学生大许多的教师不会愿意做这方面的工作，也不愿意从这个角度去教育或影响学生。与其相反的是T10老师，他乐意承担班主任工作。他说："我现在已经担任了两届班主任，做班主任最大的好处就是自己带班的学生好像是自己的兵。"并且他表示，做大学班主任与中小学班主任不同，因为大学生理性思维高度发展，但人生阅历还不够丰富，判断能力尚有待提高，在这个阶段的学习方式、职业规划、情感纠结等问题都需要大学教师予以合理引导。因此，他每次在开学初和期末以及班级中有特殊情况的时候，会有针对性地设计主题班会，以发挥班主任的教育职责。

在此过程中，有苦也会有乐。乐的是看见学生考研、考公务员、就业、创业获得较好的发展，苦的是有的学生毕业后就失去联系了，再也不会提及自己当年的班主任。这种情感和精力上的付出没有得到合理回报总是会有不舒服的体验。T4老师对此深以为然，她说："只要评奖助学金时，我就会被学生骂得狗血淋头，我特别不擅长处理这些鸡零狗碎的事情，如果可以我绝不会做班主任"。从教师个人的体验来看，上述看法的确可以理解。但从理想的大学教师信念来看，大学教师教育情感包含对大学生学习之外的价值引导、精神启迪，这是教师教育兴趣升华的中枢站。总之，教育情感之于教师职业实践无论如何强调都不为过，教师只有热爱教育事业，才可能成为一个优秀教师[①]。

四、实践交往：大学教师教育情感回归的"标志域"

教育世界无论是有意或无意，总是存在一定的意图或指向。而生活世界则更为宏大，也更为无序，相对来说也更为真实。大学教师不可能处处执教，也不可能处处为人师。因此，回到真实的生活实践和交往中，更能反映一个人的原初面貌和真实状态。对大学教师执教的理解也不能缺失这

---

① 苏霍姆林斯基.把整个心灵献给孩子[M].唐其慈, 毕淑之, 译.天津: 天津人民出版社, 1981: 207-208.

个重要的环节。就此而言，实践交往是大学教师教育情感回归生活的"标志域"。

为此，笔者在访谈中设置了"您与学生、同事交流情况""您在从业过程中印象深刻的故事或人物""您的生活状态或未来打算"等问题，根据访谈对象的实际情况而挖掘相关信息。结果发现，大学教师教育情感在实践交往中呈现两极分化的现象，主要呈现三种情况。一是大学教师因热爱与他人交往（其他师生）而提升自己的教育情感乃至丰富自己的教育意义。T12老师就是比较理想型的大学教师，她对笔者说："从大学实习起，我就爱上了教师职业，至今我还与21年前那个实习班的学生保持联系，其中有好几位对我个人的生活情况非常了解，我们保持着密切的联系和交往。除此之外，我带研究生不会只要求他们死读书，还会告诉他们要慎重考虑个人情况、生活规划，平常我爱与他们交流，在过教师节或元旦等节日时会与他们聚会，甚至偶尔兴致来了，还会自己下厨请他们到我家吃饭。我觉得这才是真正的教育，生活和教育从来不是分开的。"

二是大学教师因个人性格特性、家庭经济、居住条件等因素而封闭自我，从某种程度上说是客观性因素影响了其执教视野和情趣。T4老师由于家不在学校所在地，加上身体健康近几年不太理想，特别是性格原因使其很少与其他同事交流，几乎没有社会交往活动。她在访谈中哭着说："你知道吧，大学教师在外人看起来挺光鲜的，但是其实你走上街一看，其实就是一个普通人，我不知道是不是我的错觉，还是我待在象牙塔之内待惯了，也懒得与其他人交流，觉得在自己的世界里更有意思，毕竟别人不可能帮你处理家庭问题和身体问题，一切还要靠自己。你说你家庭都搞不好，还人前人后地教书育人，别人能信吗？"

三是大学教师将自身生活与职业生活截然对立，主观地对执教行动兴趣限定于固定的时空之内，人为地阻隔了更丰富的执教意义生成。T7老师在聊及与学生交流时，明确地表示："我从不与学生交流太多。我问你，你影响学生是通过学识还是通过你对他们的好或关心来影响，如果是后者，我觉得这就不合适，因为这是不是纯粹的师道，而我坚持的就是师道。不瞒你说，我会刻意地与学生保持距离，有些神秘感。对同事也如此，除了公开课研讨之外，我基本上不与他们交流，因为大家关注的东西不一样，没什么共同话题可讲，而与领导交流，更没有意义，你想达到什么目的……"他这番陈述虽然有激进之处，不免刻画了许多大学教师职业生活的大致面貌。我身为大学教师，对大学教师实践交往境况也有自己的观察和感受。在日常工作和生活中，有许多同事碍于术业阻隔或趣味差异，难以交往，只能保持距离；与学生交往则只能随缘。一方面，许多大学教师居住地与学校相隔甚远，与学生交往非常不方便，只有授课期间才有一点点时间，另一方面，有些大学教师无心于学生身上，既可能是年龄的代沟所致，又有可能对师生交往本身的价值和意义的否定影响。

第二节　大学教师教育兴趣的情感变化

大学教师执教工作不是一成不变的，随着自身经历、工作任务、工作条件、工作时间、工作对象等方面的变化，其教育情感也会发生变化。根据调查结果，笔者发现大学教师教育情感在范围、立场、强度上都有不同程度的变化，具体来说有横向延展、纵向跃迁、强度改变三个方面。

一、大学教师教育情感的横向延展

访谈中，大学教师都谈到自己的教育情感转移和延展。T14老师说："我参加工作时，主要上一些技能型课程，如语音学，公共英语课；再后来开始上词汇学、高级英语阅读、写作、英美文学等课程，在把外语学院的课程全上一遍之后，发现在边教边学的过程中，自己的知识面更广了，对英语教育的理解也更深了。"同样，T12老师也表示："我这些年来，总共上了20多门课程，甚至心理学专业中的《统计与测量》我都硬着头皮上完了，那时候发现自己真爱学习……不过通过上这些课，我找到比较适合自己的方向"。课程教学任务的变化（多为门次的增加）在新教师身上尤为明显，有两点背景值得注意，其一是新教师在初入职若干年内的地位较低，劳动强度相对较大；其二是教师在有些学校、学院发展过程中规模扩张引进了大量的新教师，因教师资源紧张的缘故，使个别教师兼任了多门课程。无论主观还是客观的原因，其结果就是教师的教育教学经历得到了扩充和延展。

除了课程教学任务的改变引起大学教师教育情感的横向延展之外，还有班级管理、社会实践、科研指导甚至行政事务的改变。有的老师谈道："我在入职以后做班主任，那时候也没有成家，比学生也大不了几岁，整天与学生打成一片，班上只要有哪个同学不上课，我第一时间就了解到这个信息，就会去找他聊天"（T10），这位老师表示，因为做班主任的缘故，所以在平时的课程教学中特别注意引导学生的职业规划、学习方式，也因此更了解学生，课也上得更接"地气"。但并不是每一个老师都喜欢其他类型的教育实践活动，比如T12老师就对前些年学院里承担的培训工作不太满意，认为那三年的假期全被培训工作占据了，而且平时由于要组织培训和与其他校内外人员沟通耗费了她很多精力，也影响了她的课程教学质量。对此，T16老师也有同感，他说入职10年来换了好几个部门，从学工部门到宣传部门甚至到政府挂职，这些工作虽然拓展了他的人生经历，但更多的是带来了精力的分解。

从这些老师的表述中，笔者总结为两种教育情感的延展，一种是课程教学内的延展，一种是课程教学外的延展。前者，表面上来看是课程教学任务的增多，即课程领域、教学任务更为多样化；实际上还有更深入的延展，那就是对课程知识面的拓展和教学方式的改变。对此，T1老师就告诉我，在给不同的学生授课时，她会特别注意这些对象之间的差异和互补性，比如，她有时候会以博士生的课程教学中的学生反应来启发硕士或本科生的学习；甚至上一节课中的精彩语句也会搬迁到下一节课中来。这种对知识的横向迁移以及教学方式的调整实际上促成了实质上的教育情感横向延展，有效提升了大学教师的教学水平。后者，即课程教学外的延展对大学教师的影响就因人而异。因为，有的工作并不是教师主动、乐意去涉猎的，其认知和理解也就难免存在差异。更为重要的是，这些延展还存在是否与其自身职业发展的阶段和特征相适应、相匹配的问题。

二、大学教师教育情感的纵深跃迁

访谈中有一资深教授（T2）谈到其教育教学发展过程时，由于教育教学基本功比较扎实和教育教学投入比较充分，其兴趣转向科研指导。这触发了笔者对于大学教师教育情感的另一个变化方向的思考：既然大学教师觉得教学不再是问题，其关注点会转向哪里呢，是否都转向自身科研发展或者指导学生科研呢；为什么大学教师觉得教育教学不再成为阻碍他们发展的领域呢，其内在改变在于哪里？带着这些问题，笔者开始有意识地调查不同的访谈对象。结果发现，大学教师教育情感的确存在纵深跃迁的情况。具体而形象地说，是指大学教师在执教过程中不断地钻研自身所关注的领域，对其中的学问脉络与渊源了如指掌，对一些新知的构建方式特别熟悉，对不同学习对象的需求和特点能充分把握；在此基础上，其教育兴趣则转向更为深邃和高远的领域，有可能是攻克更难的学术前沿问题，也有可能从事不同层次的学术管理工作。

关于教育情感的不断深化，有位教师谈道："我以前主要上基础课，叫《物理化学》，就是化学专业考研究生都要考的课，但现在我不再上了，原因是现在学科专业的发展，物理化学已经成为省级重点学科，专业也分得更细了，很多新老师也要上这个课，而且学生规模也扩大了，不能全我一个人上啊。一方面他们也要通过教学工作来锻炼自己；另一方面，我现在的教学主要以研究生教育这一块为主，所授的课程也相应变为《高等物理化学》，内容和深度与本科的《物理化学》也有所不同……随着自己教学的不断深化也促进了自己的科研发展，有些在教学上的想法和在科研上的思路有相互印证之处，因为你要把教学讲深讲透，就必然要带着科研的态度和思维去授课，你想那些自己有东西、出过书的老师讲课能与没出过书的老师一样吗……"（T8）从这位教师的表述中可以发现，其教育情感的纵深改变对于其职业生涯的意义和价值。因为求真已经成为他对科研和教学的共同价值追求，在这种认识的推动下，他的执教历程也不断完善。

关于教育情感的不断跃迁，T13老师深有感触，他说："我做了5年分管教学的副院长，现在分管科研管理工作，还曾经在政府部门工作过一段时间。刚刚来到这所学校时，主要精力用于自己的教学和科研工作，想着如何把自己的研究兴趣和长处融于教学工作中，也会在教学中传递自己的一些个人在求学阶段所学到的严谨、务实的学习价值观，所以我认为对学生不严格要求是不行的。后来，我做教学副院长时，就开始力推教授要给本科生上课，比教育部出台文件要早好几年呢。在那一段时间，我又主抓了大学生实习实训工作。因为我认为大学生的实践训练相比理论学习环节更为薄弱，为此我与同事们联系实习实践基地，到不同单位去商谈合作培养的协议，后来效果有明显改善。如今，我的工作除了给本科生、研究生上课之外，白天我主要负责科研行政管理工作，现在经常关注的是我所在的学科、学校的科研成果、项目、平台的问题。你知道我很少发朋友圈的，但是只要我们学校获得了国字头的项目，我一定会宣传一下"。由此可见，T13老师教育情感随着其工作平台的升迁也有相应的跳跃，从个人层面的课程教学到学院层面的教学管理乃至学校层次的科研管理及学科规划等不同层次的视野转换。其实，笔者在综合这些访谈对象的表述后发现，有些教师即使没有工作职务或平台的升迁，其教育情感的跃迁现象会仍然存在，而这种教师往往表露出的更强的使命感和更宽广的眼界，其自身也是在某些方面表现非常卓越的人。

三、大学教师教育情感的强度渐变

大学教师在教育工作中的状态和感受与其教育兴趣强度直接相关。因为一旦大学教师对具体的教育教学工作产生或转移了教育情感，衡量其教育投入和质量的关键指征就变为大学教师教育情感的程度发生了什么样的变化。并且从大学教师职业生涯周期来看，教育情感的改变还能够反映大学教师教育情感与教育觉悟的建构过程。

然而，大学教师教育情感强度毕竟是一个抽象的界定。从访谈交流的信息中如何判断大学教师的教育情感强度是否发生了改变，则还需要一些更为具体的分解和转换工作。首先，笔者按照一般事务量的变化趋势绘制了一张简图（见图2.1），以便更为直观地呈现大学教师教育情感强度的变化情况。鉴于大学教师在执教前对教育实践的理解或兴趣不可能一无所知或毫无兴趣，笔者将大学教师教育情感的起点标示于零点之上；而考虑到教育情感增强和衰减的两种强度变化方向以及实际变化方式，以2条直线、3条曲线来表示大学教师教育情感强度变化走向。A与E直线只是一个理论上的参照，即随着执教时间的积累，大学教师教育情感有稳定的节律地增强或衰减，但这并不可能符合现实情况。B、C、D三条曲线是根据访谈调查结果而绘制的大学教师教育情感动态变化历程。

其次，要将不同大学教师个案的归入不同的变化类型还要涉及更为详细的综合判断。因为大学教师教育情感的表现绝不能仅仅从访谈对象的简单描述中得出结论，而要根据其访谈过程中其他信息来综合判断。这就要考虑三个方面的标准：一是被访谈者否有亲历的教育体验，特别是相应的教育行动和教育故事；二是在交谈中被访谈者能够释放或表达出对教育的真切理解或浓郁的教育情感，并且能否令其他人也有共同的感知和理解；三是通过具体的时间节点或事件来界定访谈者的教育情感是否增强或衰减，或者有这方面变化的趋势。

最后，笔者先剔除2位刚入职的教师，再将这三个标准的连接起来，并印证于笔者所访谈的14位教师，将他们的教育情感强度变化情况归为三个类别：一类是在执教历程中经历曲折波动但总体上越来越热爱执教的3位教师（T4、T5、T14）；第二类是在执教历程中理性或平和地对待执教工作的5位教师（T1、T2、T3、T7、T13）；第三类是在执教过程中有可能对执教工作兴趣不浓或转移的6位教师（T9、T10、T15、T16、T8、T12）。需要说明的是，这种划分是非常粗糙的，只是相对的划分，不可能完全准确；并且这些分类只是为了暂时叙述调查结果的方便，并不代表什么意图，更不可能否定和代表教师教育情感的真实变化过程。综合来看，笔者发现对教育情感极为浓烈的老师是必然经过许多挫折或困难，而且真正热爱教育教学的老师也并是"随时可见"。这是因为在大学中，要真正实现科研和教学优秀，且能够妥善处理好两者的关系的确非常艰难。另外，大学教师对于执教的理解还存在多样化的差异，而从认识执教的重要性到经受长时间的执教实践检验还需要经历许多复杂因素，在此过程中，教育情感不可能不受到影响。

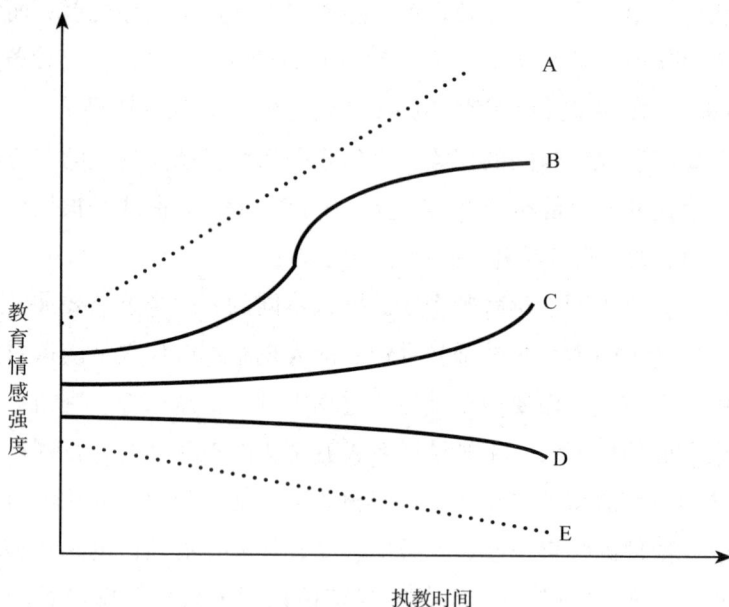

图2.1　大学教师教育情感强度渐变示意图

第三节　大学教师生发教育情感的影响因素

如前所述，大学教师教育情感的呈现和变化情况回答了大学教师教育情感"是什么"的问题，但对于大学教师教育情感受什么因素影响——"为什么"的问题尚不明晰，而这恰恰反映着认识和理解事物的更深层次需求，因而厘清各种影响大学教育情感因素之间的关系和挖掘其内在生发逻辑尤为必要。鉴于大学教师教育情感生发受主客体交互影响，笔者将大学教师教育情感受什么因素可分解为四个子问题，包括大学教师经历（主要是受教育经历）如何影响教育情感的生发、大学教师素质与教育情感的关联、大学教师工作量如何影响教育情感的迁移、大学教师工作环境如何影响教育情感的变化。

一、大学教师个体经历是教育情感生发的重要基础

个体经历蕴藏着对职业发展具有重要参考价值的经验[①]。也就是说，经历本身就是一笔人生财富。对大学教师而言，从其成长经历和学习经历来反观教育行动是一种溯源性理解方式，具有特别重要的意义。在笔者所调查的16位老师中，有8位出身于教师、军人、医生家庭，他们对其父母重视教育的程度都高度认可，并对此心存感激。其中，T2老师告诉我："父母都是教师，从小对学习要求特别严格，我在学习上也一直非常优秀，基本上没有让父母操过心。"T13的父亲是军人，参加过对越自卫反击战，退伍后在村里做治保主任，一直干到68岁才退休，在村里拥有非常好的口碑。他说："我父亲对工作的认真负责、兢兢业业直接影响了我的工作方式"。同样，T8老师的父母都是医生，在问及为什么不选择从医时，他说："父母整天不'着'家，做医生还是不如做老师自由"。从他的表述中，笔者明白了他为什么要选择做教师，再结合其办公室设施整整齐齐的摆放方式，不难理解其父母的处事方式对其影响深远。

而那些不是农民家庭或普通职工家庭的大学教师谈及家庭教育的影响时，主要有两个特征令我印象深刻，一是父母的为人处世的德性修养给予其现在的奠基性作用。比如，T9老师谈到一句他父亲经常教导他的话："宁人负我，毋我负人"；他表示，多年来教育工作中遇到烦恼、矛盾或冲突时，始终用这句话提醒自己要善待学生、同事。二是来自家庭宽松的环境提供了自由发展的空间。T5老师说："父母没有什么文化，也不会什么教育，只是带着我们劳动。小时候，家里穷，整天就是劳作；但父母总是非常包容我们的个性，几乎不会责骂我们，我印象中，我母亲从来没有跟别人红过脸。他们总是尽最大的能力供我们上学……在家里有什么事情都有商有量，反正，我们家的氛围特别好，大家都彼此非常关心"。这位教师在言谈中流露出无比幸福的神情，不能不让人体会到他对原来家庭的

---

① Julia Klug, Simone Bruder, Bernhard Schmitz. Which variables predict teachers diagnostic competence when diagnosing students'learning behavior at different stages of a teacher's career? [J]. Teachers and Teaching, 2016, 22（4）: 461-484.

深深怀念，以此来解释他那平和谦逊的教育风格，又何曾不是受其父母影响呢。

如果说家庭中父母给予子女的教育是提供从业的基质和为人的底色，那后来的学校教育经历则为其从业提供了示范，也会其精神追求拓宽了想象的空间。在16位老师中有6位表示自己当年的学习表现优秀，成绩突出，深得教师喜欢。T1老师说："如果高中有保送名额的话，哪怕只有一个指标，那指定会是我保送上大学"。学习成绩优秀的背后既有个人资质和努力的因素，还有教师的辛勤付出。这种直接的影响就改变了有些教师的人生选择。T5老师就是这样的代表，他非常明确地表示，选择中文专业完全是受求学历程上的几位语文教师的影响。他特别强调高中语文教师的作用："我记得有一天语文老师下课后把我留下来，跟我说，以后你有空就到我家去补课。我到他家后，他拿出自己整理的100篇文言文，通篇没有标点符号的那种，让我诵读、理解，三年下来，他教我断句，理解古文字，使的语文水平得到了飞跃。这就是给我加小灶啊！但高考填志愿时，由于我英语成绩也不错，填了当时比较时髦的外语专业，当我把这个消息告诉他时，他脸上立刻表露出失落的神态。我意识到自己做错了选择，马上到教务处改了志愿，再告诉他时，他特别高兴。后来我才知道，他是北大中文系毕业，是著名语言学家王力先生的高足。我能在求学阶段遇见这样的名师，何其有幸啊……"由此可见，这位高中语文老师对T5老师的职业选择和教育情感的激发都产生了深远影响。

好老师的影响对学生的震撼和启迪往往持久而深刻。对此，T15老师回忆起来："如果我没有遇见大学那位公共课老师，我就不知道大课还可以这样上，那个时候，公共课大家都在做自己的事情，没人听课，但大二这门思想道德修养公共课老师却十分特别，第一，他说是中国人民大学毕业的高才生，这点对我们这些地方师专的学生而言，就特别敬佩；第二，他上课时经常搞小组合作教学，有时还分组辩论，他的课我们没法睡觉或看闲书，主要是他知识面太广了，引经据典。我想要是能成为这样的老师才会受人尊敬和喜欢"。

个体经历中除了特殊的环境和人物的影响之外，还有经历本身的丰富程度也会影响人的内心世界。从这个角度来看，丰富的个体经历对于其教育情感的生发尤为重要。调查发现，大学教师个体经历存在两个方面的丰富。一是丰富的学习经历对于教育的理解有显著的影响，进而激发其教育情感。在这些访谈对象中，大部分都有多个层次的求学经历，其中8名教师取得博士学位，还有2名教师有海外学习经历。二是丰富的工作经历有助于建立起对于教育的价值有深度的认同，从而确认执教的意义。在问及："您在教育教学中最深刻的体验或难以忘怀的故事时"，那些工龄20年以上的教师有许多教育经历或故事可以分享，而且讲述也特别生动，其中有一位老师还以自己曾经在政府部门工作的经历与现在的教育经历进行比较，解释了目前他对大学执教的喜好。相比之下，另外几位刚参加工作或工龄较短的教师则更为单薄，对教育的认知更多地关注于自我的认同层面。这个结果与教师人格研究发现是一致的，即年龄和教龄对教师人格的重要因素[1]。总之，每个人的生活都有很多故事，或喜或忧，或平淡或新奇，但正是由于许多这些故事构建起了当下的认知与生活，也会影响未来。

二、大学教师职业素质是教育情感调节的重要保障

教师职业素质是"教师为完成教育教学任务所应具备的心理和行为品质的基本条件"[2]。教师素质包括教师职业道德、教育理念、知识、能力、教师的个性品质或人格特质；是身心与行为的统一[3]。大学教师执教过程不可避免会遇到各种困惑、困难，也会遭遇不同的教育教学情境，并且在不同职业生涯阶段的身心状态也会有起伏波动，因而大学教师素质对其教育情感的调节就显得尤为重要。

首先，大学教师的教育价值理解对教育情感的稳定有重要调节作用。教师在教育教学中可能会自觉或不自觉地践行一些教育理念，其实蕴含着其自身对某些教育价值的理解或认同。比如，T1老师谈到她如何避免在重复的教学任务中陷入职业倦怠："我的秘诀就是在每一堂课开始时，带

① 郭成, 阴山燕, 张冀.中国近二十年来教师人格研究述评 [J].心理科学, 2005 (04)：937-940.

② 顾明远.教育大辞典 (卷2) [Z].上海：上海教育科学出版社, 1990: 16.

③ 谢安邦, 朱宇波.教师素质的范畴和结构探析 [J].教师教育研究, 2007 (02)：1-5.

着愉悦的心情主动问候学生，让彼此有个良好的心理情境，你想学生不高兴，你的课能上好吗。反过来，即使自己确实有不高兴的事情，如果让学生高兴了，自己可能也就会转移或忘记了不高兴。跟学生搞好关系并不是功利的，是为了让自己的教学顺利有效地进行。"可见，T1老师对于教育教学情境的重视的确使其保持了教育情感的稳定性，正因为如此，她多年来对于教育教学从来不感到畏惧或厌倦，相反，每年的课时量都是第一。实际上，她这种重视师生情感交流的观念与情境教育理论也相吻合：情是教育的魂①。

其次，大学教师的教育技能对挖掘教育情感有重要调节作用。每个教师在教育教学过程中总是会遇到一些瓶颈期，包括思想枯竭、知识僵化、手段单一、对象多元等方面影响，如何突破并挖掘新的教育情感，其核心还在于教育技能水平的提升。在访谈中，T9老师给我很大的启发，他谈到他在教授《西方音乐史》这门课程中的做法："这门课对于许多我们这个专业课的学生来说，都属于理论性强的课程，兴趣不大。为此，我从课程价值入手激发他们的学习兴趣。讲这些东西时不能生硬地说一二三，我通过历史上的故事和自己的考研考博的经历，告诉学生这门课程的意义和生动性，当然要做到这些首先自己要有兴趣。另外，在平时的课堂教学中，我还会经常从中西音乐的对比角度启发学生，有时候讲到某个作曲家时，即兴也示范一段中国的相似作品，使课堂不会那么呆板。你光讲理论肯定不行啊。"其实，如果T9老师不关注自己的教育技能提升，他就不会有这些意识和能力，也就难以从理论教学中挖掘出更丰富的教育乐趣。

最后，大学教师的个性或人格特质完善或提升教育情感的品质有重要调节作用。有学者研究表明，中国人的人格分为7个维度，包括外向型、人际关系、行事风格、才干、情绪性、善良、处事态度②。每个维度又有具体的含义，比如热情、合群，利他、坚韧等。教师的执教过程实际上就是一种人格的示范过程，在这个过程中随着自身修养的不断完善，其教育情感

---

① 李吉林.情感：情境教育理论构建的命脉[J].教育研究,2011(7):65.
② 王登峰.中西方人格结构的理论和实证比较[J].北京大学学报(哲学社会科学版),2003(5):109-120.

的品质也在提升。比如，T2老师就是一位拥有较真完美型人格的老师。她非常热爱舞蹈和音乐，每次给人的印象就是干净、整齐，在几十年的教育教学中，从来不曾主动缺过一次课，对每一个学生的论文，都是反复亲自修改，用她的话说："改到让学生崩溃"。学生经过这种近乎苛刻、完美的要求，在一两年内就能够在国外高水平学术期刊上发表论文。这些学生的成就又反过来促进了其执教的兴趣。再如，T9老师身上的坚韧品质令笔者印象深刻，他说自己初中补习过一年，高考复读过两年，考研究生遇到单位领导阻挠又耽误了一年，读博时小孩小，承受亲情煎熬和学业压力。可以说，正是这种坚韧意志使他有信心从容面对执教中的复杂问题，从而为其职业发展也奠定了坚实的基础。综上，教师素质特别是优秀人格特质与其教育情感的完善或提升有直接关系。这与国内外有关卓越品质的研究结果是一致的。陈黎明等人就对我国优秀教师所具有的品质作了如下归纳：仪表美、赞美、温和、讲课生动、关心、耐心、真诚、认真负责、信任、幽默、奉献精神[①]。曾经当选为美国顶级教师的阿兰·保罗·哈斯克维茨则认为："永不自满、高期待与严要求、培养学生独立精神、知识渊博且了解学生、有幽默感、有洞察力、有灵活性、方法多样、精益求精、不循规蹈矩、沟通能力高超等是优秀教师的特质"[②]。

三、大学教师工作负荷是教育情感迁移的重要条件

就大学教师执教而言，影响其教育情感的因素有工作时间、工作性质、工作负荷。目前大部分高校核算教师工作量的主要依据是教育部关于《高等学校教师工作量试行办法》中的规定，其中主要测算的是教学工作量。其实，大学教师所从事的工作主要包括教学、科研和社会服务三部分。由于这些工作各自具有不同性质，仅仅从时间单一尺度去评价大学教师工作量既不准确也不恰当。更重要的是，大学教师自身对工作负荷的感受和理解也是变化的，与职业生涯不同时期、学校性质、学科差异都有密

①　陈黎明.优秀教师具有哪些价值品质?——价值情感现象学视阈下的体验研究[J].教育科学研究,
　　2017(10)：42-47.

②　哈斯克维茨.优秀教师最显著的个特征[J].教育理论与实践,2008(4)：13-14.

切联系。

首先，大学教师工作时间的灵活性对其教育情感的分配影响较大。身处于大学内的教师对自身的工作自由度比较认可，这与大学教师普遍追求工作的自主性有关，直接原因还在于大学知识生产、传播的性质决定。但正是大学教师工作的自由度导致了工作时间的灵活性，进而又引发工作时间的不断延伸于固定时空之外，即从更广阔的时空范围耗费工作精力，也就对教育情感的分配带来显著的影响。访谈中，T7老师的陈述极具代表性，他说："我连续十年都没有过一个完整的春节，甚至没有哪一年春晚从头到尾看完了。不是自己在读书、写本子，就是在帮我爱人修改本子①"。T13老师则谈道："我白天都要坐班处理行政事务，在前几年小孩上大学前都是晚上吃完饭后，在陪孩子写作业时备课，也算是给他一个示范榜样，呵呵……现在每周六固定召开研究生读书会，了解学生的学习进展，你说累不累？但尽管如此，我还是非常享受大学教育教学工作"。

其次，大学教师工作性质的复杂性对其教育情感的调整影响明显。对此，T11老师谈道："我要同时教法语和英语，在备这两门课程时，既要准备大量的资料，还要在关注最新的相关资讯，以让自己的教学具有时代感；最难的是这两门课程的学生学习基础不同，公共英语课常常要讲一些基础的语法知识，这无形中又不得不加大了备课的难度，另外，有时候自己上课时不由自主地会产生语言干扰现象"。除了来自课程教学任务的难度，还有来自教学与科研的平衡问题。T8老师说："我在上本科生和研究生的课程，要考虑不同的难度，不同的思路，对前者更侧重基础知识，对后者更注重批判性思维训练。但上课归上课，我的精力还是要用在科研上，有时候虽然在教学上引用一些科研上的进展，但自己的科研和学生的科研指导还不是一回事……"另外，社会服务也给大学教师教育情感带来影响，T3老师谈道："在带学生与其他单位合作科研时，就要常常费许多心思教育为人处世之道，遇到懂事的学生还好，遇到不明事理的学生，总是老操心"。

---

① "本子"就是课题申请书.

最后，大学教师工作负荷承受力的差异性对其教育情感的转移影响深远。每个人对工作的承受力是不同的，而不同学科和不同大学的教师工作负荷又会有所差异。在笔者所访谈的一所教学研究型大学中，有两位教师表示现在的科研压力非常大，一年一考核的量化评价对教育教学工作激情影响较大，精力严重透支。尽管如此，另一位资深副教授则对执教继续保持着热情，她说："我知道我不是做科研的料，我就安心把书教好"（T14）。

总之，大学教师工作负荷对教育情感的迁移有明显的影响，这些结果与其他已有实证研究发现也是一致的。比如，有学者调查发现大学教师教学、科研、服务权重为4：4.5：1.5，指出对教学工作量的要求和加大科研评价比重对教师的偏好与行为起到了调节作用[①]。另有学者认为，我国研究型大学教师的学术工作并非外界所认为的那么轻松自在，他们的工作时间不仅远远高于《中华人民共和国劳动法》规定的标准工时，还常常溢出固定上班时间，与其他家庭时间、休闲时间并没有明确的界限。在具体的工作时间分配上，我国研究型大学教师在科学研究上花费的时间最多，而教学时间相对不足[②]。

四、大学教师工作环境是教育情感变化的重要诱因

大学教师在具体的环境中工作，其教育情感强度的改变必然会与工作环境的状况相关联。大学教师工作环境包括内、外环境两个部分、四个层次：第一，是大学组织外部环境，比如，教育政策与文化、大学教师的社会地位；第二，是工作环境的客观物质方面，包括校园设施、教育教学技术设备等；第三，是大学教师发展与评价制度方面；第四，是心态、士气、氛围等精神或文化层面。第一层是外部环境，其他三个层次与大学教师直接体验更密切的内部环境。依据这四个维度，笔者在访谈调查中梳理了工作环境对大学教师执教的具体影响。

---

① 沈红.中国大学教师发展状况——基于"2014中国大学教师调查"的分析[J].高等教育研究,2016（2）：37-46.

② 付梦芸.柯罗诺斯之困[D].上海：华东师范大学博士学位论文,2016：180.

首先，大学组织外部环境变迁对大学教师教育情感整体水平具有潜移默化的影响。众所周知，我国大学外部环境随着社会发展而不断变迁，比较突出的特征是：我国高等教育与西方发达国家二战后相似，在历经十余年规模扩张之后亦陷入了教育教学质量危机。就大学教师执教而言，其影响来自三个方面：一是大学快速发展带来的教育资源稀缺矛盾更加突出，二是大学应对国家和社会引领发展和创新科技需求的使命中对人才培养职能的忽略，造成了大学的分化分层和"科研漂移"现象，三是大学教师在市场经济背景下面对多元价值观的冲突，特别是功利主义、拜金主义的诱惑和干扰。对此，T2老师感触特别深："我30年前参加工作时，根本不可以直接上课，要跟着一个资历更深的教授听课，帮他改作业，做助教。那个时候我们都觉得教书育人是非常神圣的事情，不像现在很多教师随便应付上课，特别是有了PPT之后，有些教师直接从'照本宣科'变了'照片宣科'。"

其次，大学教师执教物质条件对大学教师教育情感有直接影响。调查发现，大学教师对自身大学的执教条件非常关心。有多位教师表示选择做大学教师既是受理想意义上的象牙塔的影响，也有对大学内高水平仪器、高端实验室、丰富的藏书资源等条件性因素的向往。T12老师说："我在教中学时，就梦寐以求什么时候能够有机会到大学进修，在参加自学考试和一些外出学习的机会时，我总爱去那个城市中的大学走一走，去感受那里的气息。大学里有年轻的学子，有青春的味道，处处有我向往的风景。"教育教学需要一定的物质条件和场所。正是如此，卓越的大学为了激励师生投身于教学活动，尤其是不遗余力地改善个性化学习活动所需的学习环境。

再次，大学教师执教相关发展与评价制度对大学教师教育情感调适起重要作用。制度对人的导向作用是非常明显的。大学内近年来表现的忽略教学而偏重科研的现象与相关制度密不可分。T10老师表示："教书就是个良心活，没办法量化，无论你投入多少，都是无底洞，到年终一算，还是科研绩效。"许多研究都已经表明，教学和科研的关联是复杂的。教学可以促进科研，科研也可以教学，这只是理想意义上的推论；实践中，许多教师限于学科性质、教育任务、对象的差异，两者之间的关联并不一定十分密切。以教学为例，可以说卓越的研究未必就代表卓越的教学，同样，有些卓越的教学还不一定需要高深的研究。更为重要的是，大学执教并不仅仅限于课堂教学工作。因此，现行大学教师教育情感发生迁移甚至漠然不能不引起大学管理者的重视。

最后，大学教师执教的人际环境对维持教育情感有重要影响。教师的职业发展与工作中的人际环境有关。其一，人际关系影响工作状态，进而对教师职业角色的定位、调适有重要影响。比如，T14老师说："每个人都需要别人尊重、认可，教师更加爱面子……我在同事眼中是一个非常知性、认真的人，在学生眼中是一个和蔼可亲的老师，曾经有好几次××大学外语学院要挖我过去，但我还是舍不得这里的同事和学生，人到了一定年纪仿佛就会习惯了一个地方。"其二，人际环境中所构建起的学习资源有利于教师教育情感的拓展。对此，T8老师表示："感谢学院领导和同事的支持，同意我去进修。那个时候进修是非常不容易的，如果不是那次进修，我也不会有机会接触最前沿的学术领域，也不会明白自己与同行的差距。"这两位教师都不约而同地对自身所获得的人际环境支持表示了感激；可以理解的是，如果换一种环境，其自身发展机遇又会是另一种情况。

综上可见，教育情感给予大学教师职业发展以动力。不过这仍然只是一种形象化的表达和设想。大学教师真正要想教好书、提高教学质量，还需要教师具有深层次的教育意向。更进一步说，动力因素只是形象地展现了单向度的发展过程，无法呈现大学教师发展的双向甚至多向机制；另外，动力作用或动力机制更适用于描述教师发展的某个结果，即参照于以往的水平或某个常模，考察教师发展动力的作用大小和方式就非常有意义，但它无法解释大学教师执教的内在逻辑和复杂流程，并且对大学教师执教意向、投入乃至体验都无法用"力"来衡量。因此，从情感的角度理解大学教师执教只是一种相对直观、简洁的认识路径。其实，大学教师执教过程与大学教师发展过程有相关联之处，比如大学教师教学和科研的发展历程与其执教过程是紧密联系在一起的。假如要研究大学教师发展的作用机制，动力因素就是非常好的选择，但如果要全面解释大学教育教学、大学教师执教的问题，就有必要进一步关注大学教师教育兴趣变化与大学教师发展范式调整的问题。

研究大学教师教育兴趣最终是为了促进和服务于大学教师发展。如前所述，大学教师教育兴趣有横向拓展、纵深跃迁、强度改变等三种变化。从更为微观的差异视角来看，大学教师不同群体的教育兴趣变化还有以下特点。首先，大学青年教师尤其是新入职教师的教育兴趣由模糊向清晰的转变，这种变化可能是趋于增强，也可能是趋于衰减，甚至也有可能非常明确地拒斥教育教学。其次，大学中年教师的教育兴趣趋于稳定，其教育兴趣可能聚集于课程教学或科研指导等某项具体的工作中，也可能全面地分配于综合性教育教学任务上，或者相对游离于教育教学之外。最后，大学资深教师随着执教历程的沉淀，其教育兴趣分化为两种极端情况，一是更加热爱教育教学，二是教育兴趣逐渐消退。

大学教师教育兴趣随其职业生涯的变化情况为调整大学教师发展范式提供了一定依据。第一，大学教师发展范式需要从宏观向微观不断下移。也就是说，既要关注大学教师发展的宏观政策、投入等外部系统问题，还要关注大学教师发展的内在机理问题。第二，大学教师发展范式需要从统一向差异化转变，即大学教师群体、个体的差异性在职业过程中都会表现出来，无论其执教还是其他方面。正视个体化、差异性的需求，才是解决大学教师发展的瓶颈所在。第三，大学要由被动的教师发展范式向主动的教师发展范式转变。长期以来，大学教师作为知识活动的提供者和教育教学进程的主导者，对教育教学活动的投入享有支配性权利，大学管理部门和大学教师发展的文化也不可避免受到这种习惯影响，对大学教师发展的主动性重视不够；现在从全面提升大学教育、大学人才培养水平推动社会发展的战略高度出发，大学教师发展的价值取向和方式就不得不做出调整。简而言之，外烁式大学教师发展格局需要向内生自发式转向，这也是新时代我国高等教育发展的新要求。

本章小结

　　大学教师教育兴趣的感性表现为教育情感，其教育情感可能在课程教学、科研指导、学生管理、实践交往等教育行动中显现。调查发现，大学教师的教育情感会受到个体经历、职业素质、工作负荷、工作环境等因素影响，在强度和领域上会伴随其教育实践生涯发生不同程度的变化。通过对教育兴趣的直观分析表明，大学教师基于教育绩效或客体情境刺激而产生的教育兴趣不够稳定，容易受制于外在客观条件具有依附性。因此，不能简单凭借教育情感表征而衡量大学教师的教育兴趣。

第三章 大学教师教育兴趣的理性表象

如果说教育情感是大学教师对于教育世界的心理反应，那么这种心理反应本身还有内源性因素。因为同样的"刺激"对于不同教师的心理有不同的反应，有的大学教师可能无动于衷，有的大学教师则激情澎湃。显然，这与主体心智取向及其处置过程有密切关联。教育情感本身与一般身心情感有较大的不同也在于其"教育品性"，这种教育品性除了内含滋养师生人文情感的因素之外，还有"长善救失"的教育理性蕴于其中。因此从教育兴趣的表象显现来看，教育情感与教育意向是教育兴趣的一体两面，从外在的显现来看，大学教师的教育兴趣表征出教育情感，从内在的意识活动来看，大学教师的教育兴趣隐身为教育意向。

教育意向既然作为教育兴趣的内在向度而存在，其存在与生发的特点、基础、影响力就有必要纳入考察对象。其一，教育意向的生发必然有一定的条件和基础支持。即使浅表地理解，教育意向作为大学教师主体对大学教育的理性认识也需要一定的条件；更何况从深层的理论逻辑来看，与教育意向对象的关系建构居于哪个向度，是一种什么样的关系，具有什么样的品质值得追问。其二，教育意向的特征属性对于教育兴趣的品性是否有直接影响。教育意向作为生发于教育实践过程中的理性体认，与其他实践意向的区别何在，对于教育实践过程的具体影响体现于哪些方面。其三，教育意向的效力与教育兴趣的存续、变化直接关联。大学教师的教育兴趣可能即兴而生，也可能无迹可寻，还有可能一如既往地永葆初心。概而言之，教育兴趣研究不能仅从表面的情感表象来解释，需要分析大学教师主体意识的体认过程，理性地解析教育意向的生发、特征和影响是诠释大学教师教育兴趣生发的理性向度的内在需求。

第一节　大学教师教育兴趣的意向生成

成为一个学习者，尤其是一个优秀的学习者，是困难的，其困难既表现在对于学习的困难的不断克服和超越，又表现在对于自身所设定的目标的执着追求。然而，成为一个优秀的教育者和成为一个优秀的学习者相比，除了克服优秀学习者所要经历的困难，还有三方面的困难要跨越：一是从学习者向教育者的身份转换困难，二是从一般的教育工作者向成熟型的教育者的发展困难，三是主体间关系的理解和转换困难。这些困难实际上折射出成师之难，也映现了教育意向的生成过程。解析大学教师的教育意向生成问题正是基于上述比较视野，因为教育者包括大学教师，都是经由学习者向教育者的身份转变而来，并且在教育者与学习者的双重身份中不断前行成为一个优秀的教育者。这里主要分析大学教师教育意向的生成基础、方向、过程等三方面的问题。

一、大学教师教育意向的生成基础

意向生成是主体心智的活动，与其身心状态、意识活动的范围、条件、取向直接相关。大学教师具有教育意向意味着其心系于教育，亦即心思活动关联于教育，既包括教育对象、事务、过程等具体的客体和环节，还意指抽象的教育观念或理念、教育制度等非客观实在的教育想象。大学教师只有心思系于大学教育，才有可能开启想象教育、关注教育、期待教育、实施教育的主体意识和行为。因此，大学教师生成教育意向建基于三个条件：一是大学教师主体身在教育场域，二是大学教师心灵要对教育场域敞开，三是大学教师主体对教育良知的持守。第一个方面可以简称为"教有所依"，第二个方面则可以简化为"教从其心"，第三个方面则概括成"教由其仁"。

从"教有所依"来看，大学教师主体在场是大学教师生成教育意向的基础，也规定了教育意向生成的范围是教育场域。假如大学教师心思无涉于教育，亦即大学教师对教育场域缺席，其教育意向也就无法生成。大学教师主体在场包括三种在场状态：一是大学教师的感官或肉身在教育场域之中，二是大学教师以工具为中介作用或"出席"于教育场域，三是大学教师身心投入地在教育场域。显然，这三种分类是从理论上的划分，从某种意义上是一种故意的设定，在现实中可能不具有适切性。但是，大学教师"身在心不在"或"身心分离"的在场表现并不能说不存在。大学教师"在场"实际上有两种含义：一是具有在场的合理状态，二是表现在场的实际行动。前者是指大学教师在教育场域时，身体和心理均做好了参与教育实践的准备；后者是指大学教师在教育过程中，身心参与教育实践，而不是心不在焉。

如果我们将"在场"二字分开，那么特定的教育环境即为"场"，但能否实现"在"则取决于作为能动主体的大学教师能否让身体和心理共同参与教育实践的准备和展开过程。因此，大学教师"在场"实际上揭示了其教育意向生成需要教师主体与教育环境的交互作用。

大学教育场域不仅包括传统意义相对固定的学校空间和班级场域，还包括以信息技术带来的虚拟空间。人工智能时代，大学教育场域得以打破时间和空间的限制，通过设置虚拟空间创设教育情境，对传统的教育方式提出了新的机遇和挑战。相应地，对大学教师在场和缺席也提供了更为便捷的可能。由是，判断大学教师是否在教育场域，并不能从静态的身体在场来判断，也不能简单地分析大学教师与教育场域的关系。因为复杂的人性需求和现代技术手段的拟合既改变了大学教师在场的时空条件，也改变了大学教师自身审视教育场域的形式和价值取向，从而带来了新的适应和超越困境。一方面，大学教育空间不仅仅是客观的物理时空；另一方面，教育空间范围和存在方式的变化使其充斥着复杂的社会关系、权力和秩序，所以大学教育场域在大学教师、学生、环境、知识之间的交互作用中呈现更为丰富的内涵和意义，并时刻影响着大学教育活动的顺利开展和发展。

简言之，大学教师"在场"就是"大学教师在教育环境中"的感觉、意识、体验和状态等。它主要由三部分构成：一是空间在场，即大学教师身体与教育环境的空间关系；二是参与感，指大学教师对于教育环境的沉浸感；三是真实感，即教育环境赋予大学教师的真实程度。这些因素共同影响大学教师"在场"关系的建立与维持，从而直接影响大学教师的教育意向。

大学教师"在场"是从教师与教育场域的关系角度确证有无关联，但更进一步的要求是"教从其心"，亦即大学教师的心灵要对教育场域保持敞开状态。这不仅包含了深度的"在场"体验，还意味着教师心灵对教育过程、教育对象等建立起联结的可能性，还规定着教师心灵对于教育世界视域的开启以及教育运思的发生。以大学教师行动发生的时间为尺度，教育意向生成主要诉诸教育行动未发生前的心灵活动，包括大学教师所见、所闻和所思，并不涵盖其所行。依此而看，大学教师对于教育场域的敞开就有三个向度，即"所见、所闻、所思"。大学教师"所闻与所见"可以概括为大学教师感官通道的信息摄入，"所思"则是大学教师主体理智对于外部世界的信息处置。也就是说，大学教师对教育场域的心灵敞开既要有对教育场域所闻与所见的信息摄取，还要有对教育场域的事物与自身关联等方面的理智致思。

表面上看，大学教师在场就自然而然会感受、吸纳相关教育信息。实际上，人不仅存在信息感知能力的差别，还存在感知信息的方向的差异，否则就不存在"熟视无睹"和"闻所未闻"的现象。对于身处于复杂大学教育场域的大学教师而言，同样如此。有些只关心其教育教学进程的完成；有些会注意其自身的学科前沿知识和学习者的匹配、适应情况；有些不仅重视大学生的学习发展，还关注其综合素质、人格等方面的变化；还有些大学教师的视野不拘泥于本学科、部门的教育教学，还关切整个学术体系和学术职业的演进动态。正是由于心灵感受通道的敞开方式、程度不同，大学教师的致思方向就有相应的分野。由此可见，大学教师的价值取向、致思路径会影响其感知教育场域的各类信息。

就其致思向度的敞开而言，大学教师所思既由其所需决定，也受外部刺激影响，换言之，大学教师对教育致思既有内在本性的因素，也有外在条件的关联，更有内外因应的复合影响。因此，致思的敞开程度并不是一成不变的，在新入职的职业生涯初期，大学教师面向教育世界的敞开对象以外部教育任务、规范的要求主导，对其自我的教育心智需求的理解和加工未必清晰和深刻。但一个从未真正对教育场域敞开的大学教师，即使其职业生涯取得辉煌成就，其致思教育的敞开程度未必就高于那些虽然初入职但具有高度教育意向自觉的大学教师。就一般而言，致思的敞开能力会随其教育效能、教育体验的改善不断优化。大学教师所思与所感相互影响，并对其教育意向的生成具有重要作用。一方面，大学教师所接受的信息为其教育意向生成提供"质料"，其所感受的方向既反映也影响其所思的方向；另一方面，大学教师所思的能力和方向也影响其选择的感觉方式，从而决定其教育体验的内容。

大学教师教育意向不仅仅在致思教育中展开，还与致意或致情于教育有关，后者可归入"教由其仁"。"教由其仁"之"仁"实际上是教育仁爱。教育仁爱发端于"仁"，在儒学中，仁是主体与他者关系规范的内在预设，仁爱是其思想的内在精髓。自古以来，人们对教师要有仁爱之心有着广泛的体认，仁爱也是政治、道德、文化的共同理想。

"教由其仁"之所以是大学教师生成教育意向的基础或源泉，其一，教育仁爱内在规定着教育意向生成的条件。教育意向关涉教育事务，而教育事务维系和进展依赖于教育者的仁爱之心。这种爱不是亲缘、肉体之爱，而是普遍意义上的教育仁爱。唯有教育者的仁爱才能构筑起其教育良知。大学教师的教育仁爱表现在对学习者成长和发展的关爱，表现在对教育主体间教育交往的亲挚，表现在对教育进程的善意加持。社会活动需要一定的人性预设，教育实践的开展亦如此。大学教师对自我和他者的人性的预设决定了其教育仁爱的生成和程度。视人性之恶为基础信念者的大学教师在教育价值取向上偏爱惩恶扬善，持教育规范论；视人性之善为基础信念者的大学教师则在教育价值取向上偏重长善救失，持教育德性发展论；视人性无善无恶者的大学教师则在教育取向上倚重教育环境等后天的改造，持教育条件塑造论。但无论是哪一种人性预设、教育取向的预设都要指向立德树人所应蕴含的仁爱；否则，大学教育活动就沦为知识交易、知识生产，大学教师的教育职业属性亦无所依托。

其二，教育仁爱内在地决定教育意向生成的力度。大学教育与基础教育相比，有许多联系和区别。联系在于大学教育也是以知识活动为中介或载体的理智教育，区别在于大学教育的抽象性、知识活动的范围要较基础教育更为精深宽广。因此，大学教育或高等教育往往被视为基于高深知识活动为逻辑起点的专业教育。这种理智程度更高的教育实践必然要求更高水平的理性介入，相应地其教育意向的生成就会经过更复杂的知识判断、价值选择、理性抉择。但是无论多么精深的理性教育，都不可能疏离人的感性向度。换言之，教育的理性与感性是一体两面的存在，没有情感的介入就无法真正开展教育。如果说教育是人与人之间灵魂的交互影响，那么大学教师对学生的教育影响是建立于情感与理性双向复合的影响基础上，否则就异化为理性知识流动下的专业训练或模仿，不是真正意义上的教育。情感融入于教育意向生成内在导源于大学教师的教育仁爱，也正是其教育仁爱持续内隐地影响理性判断。从某种意义上，人的生活亦因情而动，理智从来只会让人困惑，而情感才会令人痛苦。于大学教师教育意向而言，唯有教育仁爱才令大学教师的教育信念走向坚定，使其产生热爱教育的定力和淡泊名利的坚守，这内在影响到大学教育实践的质量。

其三，教育仁爱影响大学教师教育意向生成的层次。仁有三种层次，一是爱己为仁，二是爱人为仁，三是爱万物为仁。这是一种由自我本体向天下万物的博爱进程，既反映着深刻的天人合一的哲学理念，还蕴含着丰富的社会、个体运行规范。仁爱的三种层次映射于教育仁爱就具现为三种教育意向：第一种是大学教师为自我得失所虑，在职业生存的仁爱之境中重视主体自身的感受与体验；第二种是大学教师为学生的成长与发展所思，在职业发展的仁爱之境中关注教育对象的实际获得感和自身成就感；第三种是大学教师为超越自身学科教育范畴的发展所谋，在职业生活的仁爱之境中关切大学教育的时代演进和具体意蕴。这三种教育意向均受到大学教师的教育仁爱规定而发展。承前所述，大学教师不同层次的仁爱不仅反映其心灵敞开样态，影响其视域朝向和致思方向，还内在地规定、限制其教育意向的格局，对其为师之境有着持久而深刻的影响。

总之，大学教师的"在场与否、心灵敞开与否、仁爱所指"从根本上为教育意向的生成奠定了基础，从立足点来看，大学教师是否身心俱融于教育场域是其教育意向生成的前提假定；从方法过程来看，大学教师心灵与对教育场域的关系决定教育意向生成的基础原则，大学教师主体心灵如何开放其感受通道与如何处理各种教育信息影响教育意向生成的内容质料；从方向层次来看，大学教师教育仁爱为其教育意向的生成范围与层次做了根本规定，大学教师的教育仁爱既是教育意向生成的条件也是内在源泉。

二、大学教师教育意向的生成向度

大学教师只有先治学才能授学，亦即先成为学习者才能成为教育者。作为治学和授学的专业人员，大学教师与学术有着天然的联系，其教育意向的生成就不可不涉及治学。就治学而言，有为己之学和为人之学之别，所谓"古之学者为己，今之学者为人"（《论语·宪问》）。其中"为己之学"旨在提高自己，然后推己及人，"己欲立而立人"，以修齐治国之效；而"为人之学"则是炫耀自己，给别人看，"终至于丧己"而无益人。如果说治学意向的选择与生成存在两个截然相对立的向度，即为己与为人；那么授学意向即教育意向的生成是否相应地存在这两个对立的向度呢？显然，这样直接比附存在一定的误区。其一，治学未必要授学，两者是一种先后的逻辑关系，既然逻辑上存在地位差异，其取向分野就会有所区别；其二，授学包含治学的要求，但又异于治学的要求，甚至可以说单纯授学而言是治学的归宿。因此，授学的生成向度与其有交联或重叠之处，但未必全然一致。

超越此种误区理解大学教师教育意向的生成向度，我们认为要从大学教师的职业身份建构过程来解释。虽然大学教师通常经过漫长的学习经历获得一定学术身份就可以直接获得大学教师职业身份，但理想或完整意义上的大学教师职业身份的建构和自我确认绝不仅仅是外在身份符号的赋予，而在于大学教师自身对于职业价值的体认和实践。因此，大学教师的教育意向生成实际上包含了两个相互关联的向度，即外在职业身份赋予和内在职业身份确认，简单地说就是内在与外在两个向度。与治学意向相区别的是，为己之学与为人之学是一种对立性的区分。内在和外在向度的教育意向导源于治学取向的分野，虽然这两个向度本身并不是对立关系而是相互连接的关系。

首先要考察大学教师教育意向生成的外在向度，亦即考察大学如何拥有大学教师职业身份，在此过程中要关联的对象有哪些。依照大学教师作为学习者转向教育者时的体验逻辑，其意向的外在向度主要包括大学教育对象、教育内容、教育实施、教育职业等四个方面的内容。

其一，大学教师要面对的是大学教育对象。从主体构成来看，大学教育对象主体不仅包括大学生，还包括其他在大学内的学习者。因为大学内接受教育的不完全是一般意义上的大学生、研究生，还包括其他身处大学内的学习者。虽然这些学习者的主要职责是学习或接受教育，但其身份并不完全以学习者而存在于大学，只是相对于接受教育而言，大学教师的教育意向是以其学习者身份为对象，而不是以一般的社会公民身份或其他身份形象来对待。澄清大学教育对象主体及其身份，并不是空穴来风或捕风捉影，实质在于检视大学教师的教育意向的确立基础，从教育的内在要求确认工作对象。反之，如果大学教师的教育意向生成不以大学教育对象为对象，也不以大学教育对象的学习和发展为教育宗旨，那么所生成的教育行动就可能异化，不成其为教育，大学教师与其教育对象的关系也会受到影响。

其二，大学教师开展教育所要处理的是教育内容，亦即其教育意向通常以教育内容为靶向。偏离教育内容的教育意向可能归属于教育，但不构成核心教育意向。这里诉诸的大学教育内容并不仅仅指涉狭义上的学科范畴内的教育知识，还有整体的教育目的。这里借鉴叶澜教授对教育内涵的概括："教天地人事，育生命自觉"。实际上，大学教育内容也包括两个方面，一是成人，二是成事。就成事而言，主要围绕学科教育教学任务而生成教育意向，以学科知识逻辑为规定；就成人而言，主要围绕大学教育对象的身心发展而生成教育意向，以其个体身心发展逻辑为依循。尽管两种意向是交融在一起，但从内涵的角度来看，两者是平行关联而影响教育意向的生成。纯粹的单一向度的教育意向不足以支撑大学教师成为合格的教师。这就是人们常说"既要为经师亦要为人师"或教书育人的价值与意义，即大学教师不但对知识授受有意向，还要对培养学生成为身心健全的人而付出心力。

其三，大学教师需要围绕教育实施而生成教育意向。所谓教育实施包括教育技术与方法、教育过程等诸环节。每位大学教师都清楚自己所从事的教育教学工作最终要付诸实施，从完全没有开展过教育教学工作的茫然，到胜任教育教学的欢喜，再到研究和创造新教育教学意境的幸福，都要依赖于具体的教育实施。因此，对教育实施的想象、担忧、期待、关切、构想是其教育意向的主要成分。其实，大学人才培养质量的内涵就在于教育实施。因为大学教育质量与大学教育实施环节直接相关，而从根源上还要追溯大学教师对教育实施的教育意向。

其四，大学教师对教育职业会产生整体的教育意向。大学教师对大学教育的理解既包括微观的教育教学过程，也涵盖宏观的教育职业文化体验。大学教师对教育职业的意向包括大学教育环境和大学文化。这个向度首先代表着大学教师对于大学存在和发展的重视，只要选择大学教育职业的大学教师一般都会具备这种意向。该意向事关大学教师职业的认同和意义，是其立身之所。这一意向的具体化就是大学教师对大学教师职业形象与地位予以审视。其中，既有对大学教师职业的社会承认和历史传统认知，还有大学教师现实的职业声望、环境的考量。综上可见，在外在向度的教育意向生成过程中，教育对象、教育内容、教育实施是基础性的因素，对大学教育职业的意向是关键性的因素。没有基础因素，不成为教育；而没有关键因素也就不能有力推动大学教师走向教育。

如果说大学教师教育意向生成的外在向度事关教育的外在事功，那么大学教师教育意向生成的内在向度就关乎大学教师主体的内心世界。如果大学教师视教育实践过程是一种对生命体验的过程，那么同样是教育教学，就不会只是为知识而上课，教育实践进程就不只是等待学生记住某些概念、定律，答对一些问题，做对几个练习题。在这样的教育体验中，大学教师只会变得紧张、烦恼、焦躁，甚至痛苦，幸福被等待无情地遮蔽。虽然头脑是满的，但内心却是空的；虽然时间是满的，但内在精神生命是空的。反之，同样是教育，那些具有内在向度关切生命体验的大学教师，就会享受课程、教学、互动等教育实践中的美好。"他在课堂上彻底放松，全身心地走进课堂，走近学生，同学生一起去探索，去研究，和学生情绪相融、心心相印。他会打开自己的生命，把问题生活化、知识过程化、学习体验化"。①

其实，大学教师作为知识分子的传统就具有重视修身或重视内心世界的完善的"天职"。因此，大学教师教育意向的内在向度是基于生命体验立场而确定的，具体包括大学教师情感、意义、精神三个方面。大学教师在教育实践的直接体验有两种：一是情感上的体验，二是价值上的关切。就教师情感而言，大学教师之所以感受到紧张、烦恼、焦躁，甚至痛苦和幸福，实际上是不同层次地反映其教育教学的深度与广度。一方面，从学生反馈中可以印证教师自身的教育成效；另一方面，教师对教学的意向作用于教育对象后反射于内心就产生一定情感体验。大学教师的教育意向生成从内在直观角度而言，首先要面向的是情感向度。这种情感虽然生成于教育场域中的各类外部刺激，但最后由主体自身生成、感受。对情感的教育意向实际上从感性层面构筑起教师内心世界的底色。换言之，大学教师因教育情感的特质而形塑其教育教学风格，影响其教育境界。

就教育意向的生成而言，意义属于价值范畴，承载着充实教育意向的功能。虽然大学教育体验是以情感为主要表征，但由于大学教育实践毕竟是以知识传授为内容和过程的理智活动，不可能不涉及教育意义。倘若没有教育意义的支撑，大学教师的教育意向就陷入虚无。大学教师教育意向面向的意义既有对于自身价值的认识与理解，又有对于大学教育教学过程和大学教育对象的价值认识。大学教师对于自身价值的确认需要在他者身上得到反馈，即从主体间关系实现。这既是教育作为一种社会活动的人性价值需要，也是大学教师职业作为一种社会职业的个体体认需要。由此来看，从外在的大学教育价值的认同到大学教师主体对教育价值的确认过程是其教育意向生成的基本方向。

尽管情感与意义分别从感性和理性为大学教师教育意向提供了质料，但从完整的生命体验需求和发展意愿来看，大学教师作为完整的人还要将

---

① 　向兴华，钟精华.教师的幸福在哪里［J］.教书育人，2014（07）：32-34.

两者融合起来，这就反映在对于教育精神的意向上。大学教师对教育精神的意向不仅要求融合教育情感与教育意向的分裂和对立之势，还要超越原有教育意向层次走向更为丰富、灵动和高远的教育意向。具体表现有以下三点。一是大学教师自身作为教师的职业人格完善。教师职业人格尤其是职业形象的认同与被认同，是大学教师对于知识分子的社会承认和自我确认，主要表现在大学教师情感应对、思维认知等心智模式的建构。二是大学教师职业道德修养提升。"修身齐家平天下"既是古人对于君子德行发展的理想描述，也是对于知识分子的德行外显与实践的应用路径。这种道德修养尺度对于当代大学教师职业道德修养发展而言同样具有重要影响和启示，因为大学教师不仅在职业实践过程，还在日常生活中面对不同领域不同类型的矛盾，尤其是与自我的相处，与外界的关联无不关涉职业道德修养问题。三是大学教师职业自我的实现。没有人愿意生活在别人的影子之中，都要成为自己。于大学教师而言，经由人格完善、道德实践等环节最终要实现更理想却真实的自我个性。总之，大学教师教育精神既蕴于个性也需要反映个性并使他者感知和理解，这种综合的教育意向实际上不仅对大学教师教育实践具有超越价值，而且对其日常生活具有引领功能。

三、大学教师教育意向的生成过程

前文主要阐述大学教师教育意的生成基础和向度，意在揭示大学教师教育意向的生成前提条件和可能方向，其实质是论证大学教师生成教育意向如何心"系"于教育。"教有所依""教从其心""教由其仁"论述的是教育意向生成过程的主体心灵与教育场域的关联；大学教师情感、意义、精神描述的是主体心灵向内与教育世界的联结；大学教育对象、内容、实施、职业阐述的是大学教师主体心灵向外作用于教育实践的视点。然而，大学教师生成教育意向不仅要心"系"于教育，还要心"动"于教育。所谓"心动"就是"意动"。显然，大学教师要对教育有所意向就是一种意动。如果说大学教师在教育实践过程中产生教育情感体验更多是主观情感的生发，是对教育事务"刺激"的因应；那么真正的教育意向生成就意味着大学教师理性人格对于教育场域的发生，不仅仅局限于个体情感层面的意动，还要对教育世界产生稳定的意向联结。

理性人格不仅包孕着各类情感，而且是朝向理性思维、价值判断、理想观念和美好生活的心灵显现。因为理性人格，大学教师职业实践才有可能成为汇聚教育意识或意念的寓所。暂且不论简单或直观意义上的教育意识，大学教师生成教育意向离不开教育意念的生成。因为"意"是"心之所发"①，教育意向的生成其实是教育意念的发作。"教育意念的发生是与人类价值观念和生命关怀意识的自觉联系在一起的"②，也就是说，教育意念与社会生活和个体生活相关。在社会生活中，社会价值观念构筑起人的主观世界，有些成为既定的社会文化传统而被不同性质的方式传递。在个体生活中，有生命关怀的意念因素；所谓"养不教、父之过""教不严，师之惰"是外在社会规范的强制，但关爱、期待、重视年轻一代的善意形成并不完全出于社会生活。对大学教师而言，其教育意念的生发虽然不同于父母关爱、抚育子女的自觉，还是受到各种既有的社会观念形态影响，毕竟大学教师作为社会个体和职业劳动者生活于社会中，其教育意念不可能无中生有。

由此可见，大学教师教育意向生成既融渗了其自身的先天因素，也包藏了后天的因素。人将自身理想付诸职业实践，其实质是先通过内心意念的纯化与提升而后应用于外在事理的过程。大学教师作为知识分子，其教育意向生成就意味着其内心"意指"于教育世界中的对象。也就是说，大学教师在思维和精神层次的活动中指向大学教育世界，既可能在知觉、思想、回忆、想象、期望之中，也可能在欲望、情感之中。经由"意指"而后"意动"，大学教师才有可能具体而真实地面向教育事务，其教育实践行动才得以发生。

大学教师生成教育意向既有主动建构而指涉对象的过程，又有被给予或驱动的过程。就前者而言，大学教师主动关注、走向教育事务，体现了

---

① 单虹泽."意"的多重维度：阳明哲学中"意"概念的逻辑展开［J］.大连理工大学学报（社会科学版），2018，39（05）：117-122.

② 刘庆昌.教育意念的结构——基于教育本体论的视角［J］.华东师范大学学报（教育科学版），2019，37（04）：57-71.

一种对教育世界的自觉认同过程。但现实中却还有存在相反的情况，即大学教师在并不是自觉或有意地"走向"教育，而是受到某种无意识的刺激或诱因而产生了明确的教育意向或者形成了新的教育意向。假如在一次美术教学中，"当我觉得画面的色调有些暗淡而试图把画中人物的影子画成红色，从而活跃画面；结果那些红色的影子出乎意料地造成了更有魅力的悲剧感"①。因为原初有关红色对于画面的意义的理解经过偶然的改变，教育意向也有所变化。再如，在一次与学生的寻常课堂交流中，原本对话范畴限于学科教学知识框架之中，但在随意的对话中发现某个学生积极向上的心态，从而令教师原本无意施教的意向就得到转变。大学教师只要留心就会发现类似的事例并不鲜见。由此也说明大学教师的教育意向生成方式有两种，一种是即时、偶然的生成，另一种是持久、有意的生成。前者是"临时起意"，后者称为"蕴思起意"。如果这种推断成立的话，那么可以提醒我们：教育意向不是固定存在的，是大学教师在成长过程中构思和选择而生成的。

实际上，无论是主动还是被动地生成教育意向，无论是内生还是外生地生成教育意向，这些讨论还是停留于大学教师教育意向的生成方式上。还有必要追问一些更为实质的问题：大学教师具有教育意向的实质是什么？为何要生成教育意向？没有教育意向对于教育实践意味着什么？要回答这些问题，就要考虑大学教师作为教师职业个体和普通社会个体这两个方面来评价其教育意向的价值和目的是什么。

首先，从普遍的人的立场来看，行动者的行动意向，不仅包含外显的行为或肢体行动，还包括内心的心理活动，无论哪一种行动意向对于主体来说都是自觉或能意识到的，也就是说是由主体而认识到的，是其自主的行为。这种行动意向指向已经发生和即将发生的事件的价值态度，如果是接纳和认同，那么这种意向就是正向的；反之，如果是拒绝和排斥，那么这种意向就没有生成或者是负向的。可见，大学教师生成教育意向就是从正向的角度对于教育实践意义的承认、接纳、体悟，因为负向的意向没有意义。因此，教育意向的实质就是大学教师对于教育意义的体认而见诸主

① 赵汀阳.不纯粹的现象学 [J].哲学研究, 1999（06）：54-59.

动赋予其心身的态度转变，这种转变的"刺激物"可能来自于主体之外，也可能来自主体自身的观念如某种先天善意或良知，也就是我们通常所说的"教育良知"。

　　大学教师生成教育意向的结果是对于教育世界的意义的认同和确认。但教育意义要进入大学教师主体心灵，还需要借助一定的符号工具或形式。例如，我们关于"大海"的思想，可以由感觉引起，如看到大海，也可以由符号引起，如读到"大海"这个词；然而进入意识的不可能是大海本身或别的什么东西，只能是大海的直观现象或意义。也就是说要成为主体意识的对象，通常是具有现象学意义的"形式"。对于大学教师的教育意向而言，这种教育意义的形式可能是一种语词、语境、情态、事象、意境等，可能通过在不同的时空样式中才能显现，如果没有显现就无从被主体所识见而体认。换言之，大学教师教育意向的生成就是教育意义的获得、赋予、阐明。

　　从教育意义的形式显现或被给予来看，大学教师的视域对教育对象的联结尤为重要。借鉴现象学思想，意向活动的结果是意向对象，它核心内容是经由主体选择和赋意而完成。因此，意向对象是被给予的。大学教师教育意向对象以教育意义形式作为教育实践事物在主体心灵中的对应物，从而成为心智活动的元素。这表明，大学教师教育意向生成的方式是"内接外引"。所谓内接外引，就是大学教师成长中有关于学习和教育的生命体验，在教育场域中对自身心灵产生刺激和互动后生成教育意义，并经过主体的理智判断而选择、建构起教育意向。大学教师教育意向的生成过程不是一个孤立的或单向度的过程，而是既指向大学教师自身的生命体验，又与其所处时代的文化脉络发生联系。由于大学教师的视域在朝向教育场域时既是局限的，又是流动的，因而其教育意向的生成过程既与教育意向对象的演变过程有关，还与其自身视界的转换有密切联系。从教育意义的被给予来看，大学教师的教育意向生成涉及三个要素：教育者、教育事件、教育意义相关者。其中，教育者和教育意义是教育意向生成的立义相关项，教育事件则是教育意向生成的被给予相关项。综上可见，大学教师教育意向正是由这方面要素以"内接外引"的方式来生成。

最后，有必要阐述大学教师生成教育意向的状态。如前所述，大学教师的教育意向包含着主体的认识和意动过程，其实质是教育意义的被给予和再确认。但从主体认识视角来看，这种意向生成的过程是将教育意义从意识的边缘移至意识的中心①。原因在于，大学教师生成教育意向是一种去遮蔽的过程。这种遮蔽一方面是指大学教师感知教育事务的能力，另一方面是大学教师实施教育事务的能力。虽然教育意义的闻见为教育意向生成提供重要契机，但教育者自向的感知与处置能力的显现是其关键。大学教师之所以能聚焦教育意义，明确教育意向的对象，更重要的是对内心意向与诉求的明晰化，也就是去蔽的过程。如果说，在感性世界中，教育兴趣主要见诸教育情感的生成和显现，主要因应于教师个体的直觉判断；那么在知性或理智世界中，教育兴趣是理性存在者对教育法则的教育体认意向。与感性主导的教育兴趣相比，大学教师经由理性向度生发的教育兴趣独立于教育意向对象，从而不再依赖于教育实践对象或场域条件，也就不再需要借助大学教师教育情感就能规定其教育意向，实际上是为其教育兴趣的生发提供了更为稳固的基础。

第二节　大学教师教育兴趣的意向特征

从对大学教师教育意向的完整理解来看，既包括认识大学教师教育意向如何生成，还要洞晓大学教师教育意向具有哪些特征，以便理解大学教师教育意向的功能。大学教师教育意向的特征既反映大学教师自身的意向状态，还与其职业理解、教育实践、教育信念关联。我们不能仅仅从概念上认识教育意向的生成过程，一是并不深入而全面地刻画教育意向本身的全貌，甚至有一厢情愿之嫌，二是教育意向本身并不是静止而待诠释的概念，是一种丰富的心灵活动过程，必然会有所显相，也就有其表征。进而言之，理解大学教师教育意向的特征就是要把大学教师"心系"和"心

---

① 姚城，陈亚军.从意识的边缘到思想的对象——论威廉·詹姆士的意向性学说[J].福建论坛（人文社会科学版），2019（11）：86-93.

动"于大学教育的独特品性揭示出来。因此首先有必要回顾大学教师生成教育意向的过程，对其进行反思、抽象而总结，从而提取出意向生成的过程和内容的特征；另外，为了印证这种概括是否准确合理，还要与大学教师其他实践意向进行比较。为了行文方便，这里不介绍繁琐的分析而直接言明大学教师教育意向特征：从大学教师教育意向的生成逻辑来看，大学教师教育意向具有关联性；从大学教师教育意向的作用方式来看，大学教师教育意向具有内隐性；从大学教师教育意向的变化特点来看，大学教师教育意向具有动态性。

一、大学教师教育意向的关联性

心灵活动与心理反应相比，不仅仅是在方向上存在区别，即一个是主体生发，一个是主体受动；还存在联系上的差异，即心理反应是单向度的联结于外部世界，而心灵活动往往是多向度联系于主观与客观世界。大学教师教育兴趣具有心灵活动属性，这就决定其教育意向的生成具有关联性。之所以说关联性，又是因为教育意向的理性逻辑；也就是说教育意向主要是大学教师理智活动于教育世界的表象，尽管其中不乏"感性"因素影响。一方面，从认识论视角来看大学教师的教育意向归属于思维活动范畴，合乎理性逻辑；另一方面，从实践论视角来看大学教师教育行动是教育意向作用结果，即是主体思维或教育意识的外在显现，所谓"心之所思、行之所向"。因此，从理性层面来诠释大学教师教育意向特征是最为有效的路径。反之，如果从感性立场或从教师日常实践活动的经验层面来探索，就无法面对变化的教育场域，只能局部、片面地理解其教育意向，也就不能全面刻画教育意向特征。

大学教师实施教育教学活动具有实践品性。显然，这种实践品性并不是否定大学教育的内容和大学教育的规律的理性思维，而是意在强化大学教师自身意动和实施教育行动的实践立场。本书所关注的大学教师何以诲人不倦，就是在这一立场上来明确缘何大学教师具有这种职业意向、工作状态、职业品质，是要通过什么样的条件或受哪些因素作用才能促进大学教师朝向这种"理想境况"。就此而言，大学教师教育意向的关联性体现在教育实践的多向联系中。第一，从教育实践条件来看。首先进入大学教师视界的无外乎是教育对象、教育内容、教育环境这三种具体的刺激者。教育意向与感性因素的关联从某种意义上不为人所重视，在大学文化研究中被一笔带过，或者在大学物质文化层面被简单理解。事实上，人们对大学文化的向往与大学教育场域的直观感受有关。许多大学生毕业后不愿离开大学校园，即使被迫离开也要选择在离大学不远的地方开始创业或工作；或者即使大学周边环境不理想或没有创业的条件，也要在闲暇时到心灵向往的大学进修或游览。大学校园不仅美在环境，还美在人文。从某种程度上说，大学教师对这些教育实践条件的感性表象产生兴趣，也反映着对理想生活的愿景。如此来看，大学教师因为大学教育场域的关联而生成教育意向确有其实。

第二，从教育内容的理性逻辑来看，大学教师教育意向关联大学教育知识体系的逻辑。首先，大学教师教育意向与其所从事的学科知识活动产生联结。大学教师的教育教学是依托学科知识载体而展开的实践活动。既然大学教师的职业劳动遵循学科逻辑，那么其教育意向就要以知识或理智为对象。由于学科设定了学科知识的问题与边界，规定了学科知识活动的价值取向，大学教师教育实践中的所言所思都系于学科范畴。从大学教师入职前的学科知识资本积累过程来看，大学教师在长期的学术训练过程中，学科文化规训使其对学科的基本精神和信念的理解不断深入，也会对其教育意向产生重要影响。其次，大学教师的教育意向与其所从事学科的发展逻辑具有"合取的联结"。所谓合取的联结是相对于析取的联结而言，这是离散数学中常用的一个概念，意指两个或多个事件往往同时发生就是合取，相当于集合中的交集。两个或多个事件中只要有一个事件发生即可就是析取，相当于集合中的并集。合取的联结意味着，大学教师生成教育意向需要内在地将学科知识发展逻辑与教育实践逻辑联结起来。大学教师不论是模仿其他教师的教育方法，还是反省、回忆曾经受到过的教育经历，都需要将两种逻辑连接起来，这种合取实际上是由学习者向教育者身份转变的需要。如果没有这种合取的联结就不可能产生实质性的教育意向，也就无法开展教育实践。最后，大学教师教育意向还要与自身所从事的学科知识发生析取的联结。这种析取的联结是学科知识内容和目标落实于教育范畴的内在需要。因为大学教师对于其教育对象的影响而言可能是多方面的，但就教育职业意向而言，需要因循学科知识逻辑而立德树人，因此要围绕知识的育人功能而厘定具体的教育内容；既是大学教师职业的内涵规定，也是教育实施的前提条件。

第三，从教育实施过程来看，大学教师教育意向关联大学教师对教育情境的决策、设计、实施，体现着大学教师对于教育事态的判断和教育取向的选择。教育实践能力和智慧是评价大学教师是否胜任教师的重要尺度。大学教师对教育情境的理解和对教育事态的判断关联着教育意向。教育实施的具体情境千变万化，不仅有教育中的主体心灵状态，还有变化的教育环境等条件因素影响，控制、适应客观的教育条件固然容易，但要掌握自身和步入学生心灵以及综合创造教育影响就十分复杂。以教育交往为例，大学教师教育意向不仅要考虑到课堂教学中复杂对象的教育情境，还可能在日常交流中对学生施加教育影响。可见，大学教师教育意向与教育事态的进展的联结确有必要，因为无论是哪一种教育情境都存在变化的可能，唯有理性的教育取向才能在变中把握不变。正因如此，教育兴趣的理性生发实际上包括了对教育价值的理性洞悉，是深层次大学教师专业发展要求，其中蕴含着初任教师可能不具备的教育智慧。这又源于大学教师教育意向对教育世界的联结。

第四，从教育过程反馈来看，大学教师教育意向关联大学教师对教育的审视、评价、修正等思维形式与环节。大学教师教育意向不仅仅关照教育实施范畴，还关联教育实施之后的反馈环节。教育体验是教师生命体验的重要内容，是一条绵延不息的河流，涓涓细流或激情澎湃只是其流动的状态，而不变的是流动本身。据此来看，大学教师教育意向对教育过程的回溯、评价、修正具有重要意义。这种关联比较集中体现在大学教师反思过程中。从一般意义上说，教师反思是教师专业发展的基本范式。即教师通过反思自身的教育教学过程，对其得与失、成与败的理解进行总结，从而提升教育实践能力和智慧。从具体的意义来说，大学教师的反省还包含了对于其教育意向的检视与平衡。这既包括对教育实施效果的实在反馈的评价，还包括教师自我心灵对教育价值或效能的再评价。在当前大学教师文化发展滑向工具理性的形势下，大学教师的教育意向诉诸自我教育评价是强化大学教师专业发展内在尺度的必然要求，也是一种合乎大学教师生命体验的重要诉求。

对于大学教师个体而言，有两种重要的意向一直持久地影响其职业生涯。一是学习意向，另一种便是教育意向。比较这两种意向可以更加深入地论证教育意向的关联性。就学习意向而言，是大学教师解决自身困惑或需求的向外索取信息等资源要素的活动意向，是由主体向外的单向度联系。教育意向则是大学教师在完成学习意向的基础之上向他者（教育对象）的信息给予的活动意向，具有主体向内与向外的双重关联。如果说学习意向主要是在学习意愿和活动发生时存在联系，那么，一旦学习活动结束或学习活动未发生，这种联系就被切断。相反，教育意向的关联总是相对持久地保持，即使在教育活动结束之后，大学教师仍然会回顾、总结自己的教育过程，对教育进行反省，以便为后续教育实践做准备（这本身是一种教育意向），这对自我的教育效能可能促进作用（对主体而言，这种反思是一种教育意向，而不是学习意向）。如此看来，大学教师教育意向的关联就十分复杂，即不仅仅与以大学教师以往的教育体验和现实的教育场域有联系，还与即将发生的教育实践以及与其他教师的教育意向产生联系。从理性逻辑来看，大学教师的教育意向的关联性体现在大学教师对实践客体的认识与掌握过程之中。也正是因为大学教师教育意向的关联性而使得大学教师教育兴趣的生发具有自身逻辑。

二、大学教师教育意向的内隐性

所谓教育意向的内隐性，是指教育意向本身具有不可言说之处，其具体作用方式难以被主体识见。教育意向内隐于大学教师教育行动，对大学教师产生潜在影响。一方面，这种内隐特征只能通过教育活动来体现，尤其是只能通过外在语言和行为表象来体认；另一方面，这种内隐特征对于大学教师自身的影响是持久而潜在的。鉴于前者比较容易理解，因为教育意向作为大学教师意识活动成分要展现于教育言说和行为，所以这种内隐性容易理解，在此不必着力追究。而对于后者，亦即大学教师主体对于教育意向的内隐性作用有必要深入探讨，其一，以往关于教育者自身的意识活动多持客观主义立场，企图以自然实在观取向把握其规律，从而难以跳出客观实在论的认识框架，主要坚持的是心理实证主义方法。事实上，理解教育者的意向需要立足其主体体验的直观立场，借鉴现象学方法来寻求明证性，以充分观照教育意向"为何内隐""内隐于何处"以及"怎样内隐"。其二，对教育意向的主体研究要以关涉心灵本体的具身认知，不能从静态和旁观者视角切入。这就要求研究者的自身体验和他者体验要交互，从而达到共通性和普遍性的理解。大学教师心灵朝向教育维度的顺序依次是直觉、情感、智慧、精神。因此，理解教育意向的内隐性有必要围绕大学教师的心灵作用于教育意向的结构来展开，亦即教育直觉、教育情感、教育理智、教育精神等四个方面。

所谓教育直觉就是教育者在处理教育事务过程时未经思考的及时应对。教育直觉是大学教师面向教育世界的第一层"反应"。为何说教育直觉是教育意向的内隐性呈现呢？因为教育直觉是根源于大学教师前期的教育体验，主要由先前的教育意向储存于大学教师意识中，并被叠加到当前教育事务或对象上的结果。以大学教师对学生毕业论文的指导为例，当一位同学在列举数个选题请其指导时，该老师在短暂的交流中随即逐个评价，对各个选题进行肯定或否定的判断。这种教育直觉既与该教师自身在先的学习与研究体验有关，还与大学教师以往对学生的了解有关，这些综合的体验促成其当下的教育判断行为。若追问这位老师如何做出这种教育判断的，该老师就不能明确、完整地陈述当时的教育言说过程中所持有的具体尺度或依据，至多"事后"依据某些显性科研知识再言说，而这已经说明以往的教育意向的内隐性作用已经发生了。类似的例子还有很多。诚然，并不是所有的教育直觉所付诸的教育行动不可言说，但教育意向对于教育直觉的影响是一种内蕴于个体生命体验的过程，以往的教育体验总会持久地影响着大学教师教育实践。

就教育情感而言，大学教师对教育情感的意向性是通过主体间交流对话而生成，其中有主体参与，也是由言语或行为而显现。大学教师要面对多位学生，在教师与不同学生对话交往中会展现不同态度倾向，有些态度可能源于深思熟虑的理性推断，有些则是即兴的直觉反应，但不论是哪一种都会流露出教师的教育情感。在《论语·侍座》中，孔子与学生那段精彩的对话能够很好地反映教育情感中教育意向的内隐性。孔子与弟子们交流人生志向问题，在依次问询子路、冉有、公西华之后，曾点说："莫春者，春服既成，冠者五六人，童子六七人，浴乎沂，风乎舞雩，咏而归。"此时，孔子喟然叹曰："吾与点也！"这段对话既形象地展现了孔子内心长久以来的理想诉求，也揭示了一个事实，即孔子原本也没有像曾点那样清晰的理想信念，或者没有能够将其表达出来。可以说，孔子的心灵意向是与学生们交流，尤其是曾点的启发下生成的。因此，大学教师教育情感内蕴的教育意向并不是一开始就十分明确，而是通过与学生交往、对话才得以显现与明晰。

就教育智慧而言，大学教师的教育智慧既有自知而自省甚至自觉的一面，又有无意识、自动地判断的一面。前者表现深刻、严正、抽象的教育理性，后者表现灵动、智慧、具体的教育灵感或机智。对于大学教师教育智慧的生成过程，就其意向作用而言却难以指陈。其一，教育机智的不确定性。面对复杂多变的教育对象和教育情境，大学教师要合理应对既需要一般的教育技能和规范，也需要临场的教育机智。原有的教育经验包含已有的教育意向和能力是决定因素，但这种影响究竟是教育技能或素养主导，还是生活常识主导就无从判断。其二，教育理性的生成性。大学教师的教育理性在实践中不断提升，并且其教育理性的素养提升过程与教育意向的影响不可分离。大学教师要表现教育实践胜任力，就要不仅学习学科知识，还要在教育意向的作用下不断调适其自身的教育理性，寻求适合自己与教育情境的教育方式。在此过程中，其实教育意向的影响是潜在的。但长期以来不被大学教师研究者所重视。人们习惯于从教师专业发展的外在技能、态度来提升其教育理性，这实际上印证了教育意向的内隐性。

就教育精神而言，教育精神是大学教师实践逻辑的最高显现或最高追求，不仅包含着教育直觉、教育情感、教育理智，更是教师付诸教育实践的心灵外显。教育精神是大学教师教育体验的综合显现，是"教育智慧与教育情感的统一[①]"。教育意向对教育精神的影响与作用方式是内隐的。一方面，大学教师对于教育的理解是逐渐建构的，即使在成为大学教师之前具有某种坚定的教育信念，但其身心应对教育实践意向也会在具体的职业实践历程中不断变化，这种变化有时候并不一定是自觉的或自知的。另一方面，大学教师的教育意向不可能具体而准确地作用于教育精神的某一环节或某一阶段。更重要的是，大学教师的教育情感、教育智慧、教育精神相互关联的，共同生发和影响教育体验，所以要对其中的教育意向进行条分缕析是不可能的。

综上，大学教师教育意向所持有的内隐性反映了教育兴趣的作用方式是潜在于教育活动过程中，既可即时性地对大学教师自身或教育对象心身施加一定影响，也可持久地对大学教师心灵产生作用。概括起来，大学教师教育意向之所以具有内隐性，一是与教育主体心灵的意识结构有关，作为教育者的心灵施加于教育，大学教师不仅仅从直觉到情感，还会在智慧与精神层面关注、参与教育实践，这些不同维度的意识活动交互关联，既不尽能言说，也无法实在地把握；二是与教育世界变化有关，由教育事件、事态构成的教育世界不仅有人，还有物，还有人与人、人与物的复杂关联。相比于有意识能言说的教育世界而言，无意识的教育体验也非常真实、丰富。唯一不同的是它内隐地存在于大学教师心灵。

三、大学教师教育意向的动态性

教育意向是大学教师意识活动于教育实践的内在经验，是其教育体验的重要构件。既然是一种经验，就具有经验的变化而不是实在事物的静态特征。因此，仅从经验的本义来理解，大学教师教育意向具有动态性。这种动态性一方面指明大学教师主体意识或心灵对于教育之事的主观能动性，即不是以被动性地静态应对教育事务；另一方面又意指了大学教师教育意向内容的变化。即不仅教育意向的生成向度有所变化，而且教育意向的成分也会流变。理解大学教师教育意向的动态性具有重要意义。其一，从主体研究立场来看，教育意向本身的演化特点是大学教师主体研究的重

---

① 刘庆昌.教育家必先具有教育精神[J].江苏教育研究，2010（06）：11-13.

要内容，大学教师教育意向动态性的全面阐释有助于反映教育兴趣的重要特征。教育意向作为大学教师教育兴趣的理性表象，其变动必然影响教育兴趣的生发。其二，从实践的应用层面来看，大学教师职业生涯的生命体验历程与其教育意向演化相互交织在一起，揭示其动态性有助于更好地澄清大学教师付诸教育世界的意向变化，对于大学教师职业体认具有一定启发意义。这就要求我们探索教育意向动态性蕴于何处。

大学教师教育意向的动态性主要源于"个体构念、价值多元、教育活动"三个方面。首先来看大学教师个体构念对教育意向的影响。个体构念是社会心理学中的概念，意指"每个人都是科学家那样理解、控制和预测外部世界，预测是人们活动的动力和根本目的[①]"。教育意向是大学教师主体构念的"行动"显现。这里的主体构念，是指大学教师对教育世界的看法、解析和意义建构的过程。大学教师教育意向无论指涉外在教育客体还是自我意识世界，都是一种个体构念的行动或联结过程，既有认识和评价的理性成分，也有情意参与的感性因素。只要主体生命体验存在，个体就会被动或主动地改变认识，反过来又改变构念。以大学教师认识教育场域为例，大学教师从初任教师转变到具有胜任力教师的过程，其中新的自我形象和原有预设的个体构念不断改变，这种转变可能是在第一次课堂教学中发生，也可能要经由相当长一段时间才能得到领悟。但大学教师个体构念作用的确使其教育意向内容与结构发生变化。

其次，价值多元对于教育意向的影响。在大学校园中，价值观念的多样性表现在很多领域。就教育实践的直接关联价值而言，主要有教师和学生的价值观的差异，教育的内在价值与外部规范价值的分别，教育场域内与外部的主体价值分殊等等。差别源于多样性，多样性不一定就产生对立，但一定会带来变化。因为多样性不同于同一性，而共同价值立场和形式的本质是同一性，同一性所谋求的是稳定。大学教育场域内外的多元价值取向对大学教师教育意向的影响就不一而同，有的直接影响教育行动过程，有的则改变大学教师的自我职业认同，有的则左右大学教师群体实践。一言以蔽之，大学

---

① Rafaeli-Mor E, Steinberg J.Self-complexity and well-being: A review and research synthesis [J]. Personality and Social Psychology Review, 2002, 6(1): 31-58.

教师会受到时代的价值流变和局部环境的需求影响。

最后，教育活动对大学教师教育意向的影响最为直接，也最为具体。在教育活动范畴中，大学教师与学生之间的主体交互是根本影响。一则大学教师教育意向的确认或印证只有经过具体的教育实践才有可能，凭空想象的观念只有付诸其他主体的心灵，从他人的承认中检测、论证自己的想法是否适切、合理、有效。二则大学学习者的反馈不仅从学理逻辑上反映其学习程度的变化，而且从情意互动中使所有在场主体感知到教育活动的内在意义。这种意义的确认和再识别对于大学教师的教育意向具有导向、调适的作用。换言之，没有师生主体间的心灵交互，教师和学生都无法深度体认到教育的内在价值。另外，在教育活动范畴中，教育客体对大学教师教育意向的影响也不可忽视。不可否认大学教育实施的要素是人，但要完成教育，就必然要经由物的中介而成事。其中有"教育技术、教育硬件、教育环境"等教育客体因素介入才有可能。尽管"物"唯有融入于"事"，才呈现其意义①，但教育客体本身不是静态的，对人的影响是变化的。因此，无论从哪个方面来看，教育活动的变化特性就对教育意向的动态性有直接关联。

以上主要论证大学教师教育意向具有动态性的缘由，但对于其动态性的具体表现并未完全涉及。而详细描述这种动态性，需要寻找一个合适的尺度。就大学教师教育意向生成的条件来说，以时间体验为尺度来表现其动态性可能最为贴切。原因在于，教育意向发展依托于主体心灵而言，在职业生涯中展现教育意向合乎教育实践逻辑。据此，依循大学教师教育意向的动态性呈现"教育意向更替""教育意向流逝""教育意向转向"三种方式。

第一，大学教师教育意向更替最为常见。这种更替意味着新教育意向替代或替换旧的教育意向。教育意向的更替与教师自我认识密切相关。大学教师个体的世界观、人生观以及自己的教育效能感等方面共同建构起自我职业认知，对如何度过职业生涯有重要影响。因此，大学教师最初的教育意向主要围绕其自我实现的需求而生成，也就是说原有的教育意向主要

---

① 杨国荣.基于"事"的世界[J].哲学研究, 2016(11): 76-84+129.

是为了确认自己是否合适、胜任大学教师职业身份的意向。随着教育实践经验的逐渐丰富，大学教师教育意向不再停留于原有的自我向度，对所在学科、学校、学术文化的理解会赋予其教育意向以新的内容，从而充实了教育意向。相应地，大学教师的教育观念体系也会发生变化。对大学教师专业发展而言，这种教育意向的更新过程是提升教育实践素养的内在驱动力。

第二，大学教师教育意向流逝表现更为隐匿。所谓教育意向的流逝是大学教师主体不再保持原有的教育意向，也没有生成新的教育意向，极端的表现是对教育予以排斥，或者对教育不予关注。显然，这只是理论推导而不是真实的实践反映。毕竟大学教师不可能不关注大学教育实践。尽管在实践中极端的教育意向流逝不可能发生，但大学教师主体对于教育意向的拒斥却完全有可能。由于大学教师职业道德规范的外在约束，这种流逝也不可能表现于教育行动中。究其缘由，一方面，大学教育是人际交互的社会活动，在师生主体间关系建构过程中，文化融通、价值差异、利益取舍、个体身心状态等多种因素都会影响教育意向。另一方面，大学教师职业实践的复杂意向可能稀释教育意向。面对诸多工作任务、对象，教育意向仅以教育伦理来保障力不从心。因此，许多大学教师以科研为圭臬，"唯研为师"，其教育意向流逝就成为普遍的事实。

第三，大学教师因教育范式或教育观念而发生教育意向的转向。宏观上，教育价值有不同取向，如理想主义、现实主义、人文主义、实用主义、经验主义等。在微观上，大学教师的教育教学设计、过程、方式都可能在接触不同的教育价值取向影响之后有所变化。比如，在承担通识教育课程的大学教师中，有的原来可能坚持理想主义取向，但囿于现实的生源水平、教育条件、课程与教学制度等因素，最后转向实用主义，在课程与教学中以获得社会职业资格为主要目的。再如，有些大学教师原来持有强烈的人本主义取向的教育观念，但在功利主义驱使下也难免受到工具理性的教育观影响。相应地，其教育意向主要朝向就从关注人的综合素养发展出发，聚焦人的思维品质、技能水平发展等。当然，与之相反的转向也极有可能发生。因此，综合来看，大学教师教育意向的转向并不罕见。

如果只纯粹地探讨大学教师教育意向的变化方式，还可以将其概括为：渐进与嬗变、内化与外显。从教育意向的变化程度而言，渐进的变化是程度较轻的，嬗变的变化是程度较突然的。从教育意向的变化方向来考虑，内化主要是将外在观念变为主体内心所认同并持守的观念，外显则是将主体所主张的价值观念外显于其教育决策、教育行动、教育评价等方面。大学教师教育意向是形成教师自我的关键因素。由于大学教师职业生涯历程和教育实践场域的变化，大学教师要形成一定的教育意向需要各种条件，要持守某种教育意向还需要意志和理智参与。因此，大学教师教育意向的关联性反映了大学教师教育意向生成过程的复杂关联，大学教师教育意向的内隐性体现了大学教师教育意向的烦琐绵密的联结，大学教师教育意向的动态性则呈现了大学教师教育意向演化的变化无常。

第三节　对大学教师教育兴趣理性表象的审思

认识事物有两种向度，一是向前的认识，伴随和促进着主体的实践过程，另一种是向后的认识，亦即反思，主要发生于主体实践过程之后。这种形象的分类并不是要强化时空尺度的对立，而是意在强调两种向度的关联之处。认识与反思认识是有较大差别的，突出地表现在两者的目的不同。前者旨在探究事物，后者旨在理解认识本身以及认识对事物的准确性和适切性等，既是对认识的评价，又是对事物的重新再认识，是以前者为基础的综合认识。尽管如此，两者紧密关联。其一，两者都是主体思维活动的重要组成部分，不能相互替代，也不可或缺。其二，两者相互交织关联、不可分割。对认识而言，反思的认识亦融贯于认识本身；对反思的认识而言，其内容、对象是认识已经发生或已经完成了的内容和对象，亦即是反思是一种对认识的再认识。

以上所述旨在引介对大学教师教育意向反思的必要性。因为本章第一节和第二节分别阐述了大学教师教育意向的生成和特征，实际上是对于大学教师教育意向的直接认识。但是对其反思的认识并没有完成。这种反思除了一般意义上的完整理解事物的功能之外，就教育意向这种"内在知觉"过程而言，还有更重要的意义在于，一是通过反思教育意向来探索大学教师主体关切教育意识的体验逻辑；二是通过反思教育意向来印证前文有关大学教师教育意向的设定。但要顺利完成这种反思，有必要具体选择合适的路径。在此，结合大学教育实际，我们选择对教育意向反思从层次类型、取向立义、理性限度三个方面展开。在层次类型的反思中，主要是考察教育意向的定位起点；在取向立义中，主要是审视教育意向的具体内容和对象；在理性限度中，主要评判教育意向的影响范围。

一、大学教师教育意向的层次类型

从认识论上来说，大学教师生成教育意向是一种认识活动，发生于实践教育和对实践教育的反思之中。在这两个环节中，都存在教育意向。过去，人们偏重从教育行为的动机视角关注大学教师主体实践教育的意向；其实，在对实践教育的反思之中同样会生成新的教育意向，并且这两种意向交织在一起，既相互区别又相互联系。尽管如此，还是有必要进行澄清。因为模糊地混淆两种教育意向不利于明晰各自的边界和意义，而完全对立两种联系也无助于教师主体的认识和实践。从主体实践立场来看，教育意向的类型有必要进行区别对待。

在大学教师主体世界中，我们可以看到应对教育存在两种差别明显的反应方式，即一种是直觉式，另一种是自觉式。这里将教育意向相应地分为直觉式教育意向和自觉式教育意向。这种分类依据在于大学教师主体对于教育世界的反应方式和水平的差异。

所谓直觉式教育意向，是指大学教师在教育场域中面对教育对象、教育事件、教育方式等不同"客体"时，不假思索地产生了教育理解，做出了教育应对，直接把握了其关注的教育情境。这里的教育场域中既包括了实践教育和实践教育之后的整个时空场域，并不局限于前者，亦即一般意义上关于生成教育机智的教育意向。还包括对教育教学实施之后对于教育价值、观众、方式、过程、效果等等的概念式理解、自明式直观及把握。因此，直觉式教育意向的核心是不假思索地生成，不在于生成方式或应对方式的快与慢。因为在大学教师在反思教育的过程中，也存在直觉式地把握教育世界中的客体，从而生成教育意向，但这个过程可能是缓慢的，也许数日、数年后顿悟而获得。

直觉式教育意向是大学教师主体在教育世界中最为直接或者首先就会面对的意识现象。试想大学教师第一次站上讲台施教之时，以往准备的丰富学术理解或者习得的人生经验对有些教育情境可能是适用的，但对于有些突然的教育事态可能是无效的，在这种情况下，继续实施教育的意向不可能经过复杂、长时间的推断而生，只有直觉式教育意向维系教育进程。例如，在某位大学教师第一次与学生见面时，精心准备好开场白旨在吸引学生、寻求学生的认同时，还未开口，就迎来教室角落里的一声冷笑或一道不屑的目光，该位教师所做出的心理反应对其后面的演说以及将要进行的教育活动有一定影响。在这个处置过程中，即时的教育意向一定是内生的直觉式反应。如果该教师天性温和、心胸宽广，对刚才那种不友善的反应可能会包容，选择忽略，保持原有的教育热情；反之，如果该教师天性好强、内心刚愎，可能立刻就会作出批判、指责等建构教师权威的言行。不论哪一种应对方式，都事实上生成了直觉式教育意向。

直觉式教育意向显然不仅仅表现于大学教师应对突发的教育情境中，还存在于教育价值观念选择和教育内容设计等其他教育环节之中。诚然，这些方面都是不可分开的。以教育内容设计而言，大学教师无论是突然改变教育设计还是有意而为的教育设计，有可能都是受其内心直觉式教育意向所左右，而不是经过反复论证、推理所为。一方面，存在时间和条件上的不允许，另一方面，更有可能许多教师就是依赖于直觉式教育意向，凭惯习主导教育过程。从理论上说，对于教育实践经验更为缺乏的新任教师以及某些以直觉体悟式学习范式为主导的学科教育而言，直觉式教育意向要占据主导地位；对于成熟期的专家型教师以及那些以理论思辨、理性思维主导的学科教育而言，自觉式教育意向要占据主导地位。虽然在现实中不可能完全存在符合这种情况的大学教师，但不可否认的是自觉式教育意向和直觉式教育意向存在一定差异。

自觉式教育意向是指大学教师对其自身所涉教育世界中的价值、客体、过程、情境、方式等内隐或外显的对象有意地朝向，而推动大学教师产生明确的理解、判断、行动。如果说，直觉式教育意向是大学教师对其所涉教育现象无意识而自动地朝向，那么，自觉式教育意向就是有意识且主动地朝向；自觉式教育意向所产生的影响是教育机智或教育者面向教育现象的心理态度和言行，是一种直接的身心反应；自觉式教育意向则对大学教师生成有逻辑、有理据、有基础、有条件的教育理性，引领其教育实践走向理智与德性兼容的发展方向。

在自觉式教育意向指引下，大学教师教育视域得以拓展。大学教师自身处于教育世界之中，既要面向教育中的实在现象，又要面对自我心中的真实观念。一方面要更为全面地把握那些自然、事实性的教育存在对象或现象，大学教师主体视域需要转换与超越才能扩大、丰富教育实践经验领域。举例而言，一个教师在习以为常的平淡教育教学中发现新的教育事实，或者步入学生的心灵世界就是一种教育视域的拓展。面对大学教师自身内在的意识世界而言，这种转向不仅仅是一种思维方向上的变换，更为重要的是对自我意识的重审。大学教师如果以机械唯物式的经验实在论思维方式忽略内在感知的重要意义和重要内容就永远无法倾听和收获到他者的心声，也无法体悟真切的教育体验。

在自觉式教育意向指引下，大学教师转变教育观念。在价值世界中，人的选择如果没有经由切身体认或理性论证，只能是随波逐流，对自身而言具有偶然性，可能信以为真，也可能信以为假；既可能有意义，也可能一无是处。因此，大学教师在处置教育事务需要教育观念或价值的抉择，况且教育实践本身就是一种价值实践。大学教师面对不同层次、不同类别的教育观念，要筛选、辨识、研究、理解、决断甚至建构就非常不容易。一是需要大学教师自身对于学科知识、文化所蕴含的价值体认，二是对大学所应提供的教育价值与大学生所需求进行平衡调适，三是对自身从事教育价值观念的学习、修正、提升等。这些教育观念的不断完善仅仅靠直觉式教育意向是不可能完成的。

在自觉式教育意向指引下，大学教师转变教育方式。首先，大学教师学习教育技术和方法是一个主动建构的学习过程。大学教师学习教育方式不是简单地模仿，因为教育方式要根据不同教育内容、教育对象、教育情境、教育条件的差异和变化做出调整；况且大学教育方式本身在不断演进，受到多种因素影响，这些都迫使大学教师主动学习。其次，大学教师在教育方式的选择中，一方面伴随着如前所述的教育视域、教育价值的体认或转变，另一方面融合着对于自身掌握教育方式的程度以及以往教育方式的综合反省。因此，既然存在不是本能地就能够掌握的教育方式，还有不是任意或偶然地就能应对的教育场域，那么大学教师不断完善其教育方式、提升其教育教学的基本技能就需要自觉式教育意向介入。

在自觉式教育意向指引下，大学教师深化教育体验。实际上，教育意向既是一种教育体验，又可作为教育体验的生成条件之一，没有教育意向就不存在教育体验。因为大学教师如果对教育无一定的意向，怎么可能产生关于教育的理想和感受。作为教育体验的一个环节，自觉式教育意向和直觉式教育意向都是必要组成构件。但是直觉式教育意向所承载或生成的教育体验以大学教师主体的直观心身反应为主，大多是不可言说的体验，甚至是主体无意识的教育体验。而自觉式教育意向所给予的是明确显现的教育观念、方式、判断、智慧、意境等，既对于不同主体间教育实践的理解具有重要意义，也为大学教师发展的深度认识提供契机，一方面不断将潜意识的教育体验显现化，另一方面将具有自明性、确定性的教育观念内化。在我们身边众多优秀大学教师身上，尽管不是每个人都能像教育学者一样陈述或贡献符合教育学学科的知识、概念，但其深刻的教育体验却能通过平常的表述能为他人所感知和理解，这与其自觉式教育意向和教育实践不无关系。

直觉式教育意向与自觉式教育意向既存在鲜明的对立、区别，又存在强力的互动、联系。从直觉式教育意向的生成而言，没有大量的教育实践，尤其是主动、自觉式教育意向指导下的教育实践，大学教师在面对教育情境、现象时就不会产生恰当的教育应对。正是大学教师在自觉式教育意向下的教育体验不断积淀，才有直觉式教育意向的涌现，从而有即时或恰当、准确而直接的教育智慧生成。同样，对于自觉式教育意向的生成，直觉式教育意向赋予大学教师亲挚教育本质、直面教育主体内心体验的契机，往往创生出新的教育意向，对自觉式教育意向的开拓与升华有着重要意义。无论哪一种教育意向，直接和间接地促进着大学教师身上的教育良知建构。与一般教师相比，拥有教育良知的大学教师一定是高度自觉式教育意向的实践者，也必定是能够妥善应对教育事务变化且拥有卓越直觉式教育意向的实践者。

二、大学教师教育意向的取向立义

"立义"源于刘勰《文心雕龙》："是立义选言，宜依经以树则"，意思是确立观点和主张[①]。立义取向及方式是现象学中的概念，关系到主体进入纯粹意识领域把握本质直观的路径。对大学教师生成教育意向而言，其取向立义实际上关涉大学教师的教育职业生活存在意义。因为，大学教师既要追问教育世界的意义，还要追寻自身之"在"教育世界的意义[②]。大学教师教育意向的取向立义决定其教育教学实践的基本立场、主张、动因。鉴于前文主要反思教育意向的关联，着眼于论证其生成逻辑和特点，对其教育意向内容本身的反思并没有深入，这里有必要对教育意向的意义给予分析，以便明晰大学教师教育意向的取向立义。

大学教师面向教育具有实施教育、理解教育、欣赏教育等三种意向。一般来说，人们主要关心实施教育的意向，即关注大学教师如何产生对教育事务的兴趣和意愿，何时何地以何种方式以心付诸教育实践。实际上，实施教育的意向建立在理解教育的意向基础上，也不能离开欣赏教育的意向。其一，大学教师成为教师之前的教育经历使其具有一定的理解教育和欣赏教育的体验，这些体验内在决定了其实施教育的意向基础。其二，实施教育的意向内在地与理解教育、欣赏教育的意向同处于教育体验之中。从完整而动态的教育生涯立场来看，仅仅注视实施教育的意向而不重视理解教育和欣赏教育的意向有失偏颇，只能将眼光停留于大学教师如何执教的行为和现象。

教育既是"成事"也是"成人"。所谓成事，是在"事—物"的维度里

---

① 倪梁康.胡塞尔现象学概念通释[M].上海：生活·读书·新知三联书店，1999：60.

② 杨国荣."事"与人的存在[J].中国社会科学，2019（07）：27-42+204-205.

包藏事实与价值、真与善、实然与应然的彼此对峙。成事就要做事，做事是在时间之维以目的、过程、结构为基本结构。教育作为"事"的具体展开，教育过程涉及教育的规范、程序、方式。所谓成人，是在"利己–利他"的维度里分化为己之教与为他之教。前者重在治学执教为己，既有利益关系上的个体欲求，也有人格上的提升；后者则重在以学术之道滋养、启迪他者，既关注成就他人智慧与德性的教，又视教育实践为公共学术事业。根据上述复合的价值取向，大学教师存在两种教育意向的取向立义方式，一种是"依己立义、为事而教"；另一种是"依学立义、为人而教"。

　　大学教师"依己立义、为事而教"究竟意味着什么？首先，我们来审视这种取向立义的形成逻辑。在大学教师获得职业身份认同的过程中，出于利己的职业生存意向并不令人感到惊奇。一方面，依己立义展现了大学教师谋求教师职业符号身份需要面对生存和发展的适切性问题，比如克服大学教育实践困难，提升教育教学素养和学术研究能力乃至职业人格修养。另一方面，依己立义体现社会对于大学教师职业劳动收益的承认。大学教师作为一种普通的社会职业，依己立义既合乎主体自身的实践逻辑也合乎外在的社会规范。在依己立义之下，教育既作为社会之事，又作为个体之事；既是教师职业劳动之事，又是学生学习发展之事。不论哪一种事，为事而教的取向都合情合理。

　　其次，既然大学教师持这种取向立义，那么在现实教育教学实践中，其教育意向朝向对象是自我，即自我在教育实践中的得与失。从利己的欲求出发，既有物质需求，也有精神需求。这种利己的欲求加诸教育之上，产生两种影响。从正面影响来看，大学教师一方面因为利己的诉求，对教育实践注入主观能动性，克服教育困难、处理教育事务；另一方面，大学教师以成事为核心取向，对教育工作就持有务实的职责意识，遵循教育的基本原则和规范，保障教育实践有效完成。但从负面影响来看，大学教师容易陷入功利主义：一种是明显功利性的教育，另一种是潜在功利性的教育。就前者而言，大学教师在内心设置具体而明确的教育期待，既是对于教育过程本身的结果做出预先的设定，也是对教育对自身的反馈和收益表现强烈的渴望。就后者而言，其表现形式之所以潜隐不彰显，既囿于大学文化场域的人文性，也与大学教师职业文化传统规训有关。

最后，在利己立义、为事而教的教育意向下，大学教师的教育实践体现主体偏好、客体依赖特点。其一，大学教育对于当下、现实的目标过于倚重而忽略教育本身的超越性和前瞻性。在教育价值确认、教育内容设计、教育方式选择等环节就事论事，对理想诉求不闻不问。其二，在个体欲求的控制之下，大学教师自身消解教育职业的神圣形象，遗忘教育之事的美与趣，对于知识和教育的技术化倍加推崇，而对于人、智慧、德性不予关注甚至排斥。于是，大学教师教育实践容易受制于庸俗的实用主义，在日常经验世界中不可自拔。

现在来看大学教师如何"依学立义、为人而教"。在讨论这种取向立义之前有必要先明确大学教育之事与学术之事的关系。大学教师因专深学术而立身。伴随社会职业的专业化进程，大学教师既以教师职业身份建构学术体系，也以专业化发展的方式从事大学教育。因此，学术之事和教育之事在大学教育范畴内是密不可分的。依学立义是指大学教师对学术、学科、学生的发展逻辑的深度体认和明确主张。从学术活动来，大学教育源于高深知识活动的创造，大学教育是大学学术活动的重要载体和基础。作为载体，大学教育为学术提供了传播的路径；作为基础，大学教育为学术提供了源源不断的新生主体。从学科发展来看，大学教育依托于学科平台，在一定的学科范畴内得以实施。大学教育与学科发展相互促进。从学生发展逻辑而言，大学教育旨在培养大学生丰富的知识、健全的人格、完善的精神。

大学教师施教必治学，治学即"为学"，包含为己与为人两个方面。从为己的方面来看，自我的合理利益获得是生存和发展的基础，对于自我的德性、人格、修养等精神向度的提升是大学教师的内在需求。从为人的方面来看，为己必然指向为他人。"为学"是不断延续、没有止境的过程。各种经典都指出为人与为己之间的辩证关联。对大学教师而言，依学立义的必然取向是为人而教。"为人之教"又可通俗简化为"成人之教"，意即既要在身心意义上"成人"，也要在道德、心智等整全意义上"成人"。大学教师对大学生这种"成人"之教就是要成就学生、完善学生、帮助学生，也就是"成人之美"①。

"依学立义、为人而教"的取向立义上与"依己立义、为事而教"相比有较大的差别。其一，在立意高度上，前者心系他者、向天下之学要高于后者的固守自我一隅。其二，在取向偏差上，前者仁爱及人，成全学生要优于教育成事的过程。其三，在性质分别上，前者因为心灵朝向既着眼于教育事境，还寻求教育中人的发展的意境或高度，对现实和未来怀有超越的意向，因而其视野具有超验层次，其所想象和实施的教育实践就具有卓越的可能性；后者则因为心灵沉陷于当下教育事务，仅仅关注教育进程的得失，被无休无止的主体欲求所控制，从而被日常教育所遇的经验所牵绊。

大学教师教育意向的取向立义非常重要，不同大学教师完成同样的教育教学工作，因为心灵取向立义而不同，就存在明显的分别。就教育而言，基于个体向度的立义无可厚非，但还需要超越大学教师的个体之维转向社会之维，既因为大学教育的社会规定性，又因为学术之事的内在逻辑规定。在个体之维和社会之维的互动中寻求大学教师教育实践的意义。在与教育对象的现实关联中，大学教师总是面临着为什么教、教什么、如何教等问题，这些问题分别涉及与自身的存在目的、存在方式、存在形态，而这些问题的回答影响其教育意向的生成和显现。

三、大学教师教育意向的理性限度

从广义上说，每个大学教师都有教育意向，但在学校教育体系内，不是人人都有做出教育实践承诺的资格和意愿，因而不是人人都会产生真切而具体的教育意向，只有真实的从教者才会产生真切的教育意向。教育意向离教育实践还有一段距离。就大学教师本身来说，内在的教育意向转化成教育行动的方式和可能都存在变数。因此，就会出现这样的情况：教育行动可以是有理由而无意向的。当一个大学教师的教育行动是出于职责而他自己却没有行动意愿的时候，可以说他的教育行动是有理由的，但却是无意向的。当一个教师走上讲台时，哪怕不想讲课，没有教育意向，也

① 涂可国.儒家成己成人说新解[J].甘肃社会科学，2018(03)：56-61.

仍然有义务要授课甚至和学生对话。因为他的职业性质决定了他授课的理由，这理由来自职业规范，而不是他的内在教育意向。因此，只有当他的教育意向与外在职业规范相一致的时候，才构成了持久的驱动力。由此可见，大学教师教育意向作为教育兴趣的重要表象具有非常深远的意蕴和作用机制。

大学教师教育意向作为教育兴趣的理性表象异于教育情感，在教育实践中显现为教育理解的逻辑化把握、教育过程的规范化设计、教育方式的合理化运用。大学教师建构教育观念既可能从经验出发，通过欲望、动机、情感等非理性形式来理解，具有偶然性；又可能从概念、判断、推理等理性向度掌握教育价值、教育信念、教育理念，寻求确定性和普遍性。后者就是教育意向的重要内容，要充分理解大学教师教育兴趣生发的理性向度，就要对于教育意向进行理性审思。这种逻辑把握有几个关键的步骤。一是要超越教师的自我欲求。这里并不是否认个体原有的认识和观念，而是要有教师身份的建构和转换意识，要有面向教育世界的整体视野，排斥或悬置不合乎教育实施的成见。二是要洞悉教育意向生发的内在逻辑。这种内在逻辑主要是学生发展和学科发展逻辑。三是面向具体的大学教育场域或任务情境。四是对教育意向的理性认识最终都要付诸教育实践验证。总之，大学教师教育意向的理性显现不是抽象缥缈、虚无所指的想象。

进一步来看，大学教师教育意向对教育实践的功能体现在定向、评价、调控三个方面。首先，大学教育实践一定是意图先行的东西。也就是说，大学教师的教育实践不是随意而发的行为应激表象，而是内蕴目的的行动。对于这种意图在先的实践活动，大学教师教育意向具有定向作用。一方面，在生成教育意向过程中，大学教师面向教育场域和教育事务已经在价值判断、目标厘定、方式选择等方面有了抉择；另一方面，教育实践本身的逻辑规定、价值规范都预设了基本的教育价值形态。实际上，无论大学教师以什么方式生成教育意向，其教育意向的定向作用都是固定的。只不过，生成教育意向对于大学教师主体的教育体验而言更为主动，为其发挥主观能动性提供了更为广阔的空间。试想，如果一个没有教育兴趣的教育实践活动，其教育进程的定向完全就是由教育内容本身或外在的条件规定，大学教师就无异于机器人。换言之，大学教师教育实践"指引"不是教育实践的条件和规程。教育的条件姑且不论，教育实践的规定或目的对大学教育的"指引"仍然要内化为大学教师主体的体认，最后还是要"交由"教育意向来完成。

其次，大学教师教育意向对教育实践具有评价作用。这里的评价包括自我评价和评价他者。教育意向具有评价作用在于内在的价值建构和尺度依据。在前文中提及过大学教师教育意向生成包括两个向度的联结，一是内在向度，另一个是外在向度。大学教师心灵内在向度的情感、意义、精神本身就蕴含着丰富的价值形态，而大学教育内容、对象、实施、职业本身体现教育实践的价值尺度。也就是说，大学教师在生成教育意向的过程中包括了价值认识和判断活动。因此，大学教师依据教育价值尺度，对自身在教育实践进行评价就再也正常不过。不仅如此，大学教师还会"评价"其他教师的教育实践。不过，这种评价不是显性的，尤其不是一般意义上的教育管理或发展评价。更准确地说，大学教师教育意向的评价与其说是评价，不如说是衡量或品味，即衡量或品鉴预想的教育和现实的教育。

最后，大学教师教育意向对教育实践具有调控作用。为了避免混淆概念，这里所说的教育实践包括即将发生的教育实践和正在发生的教育实践。对于前者的调控作用实际上包含在定向和评价之中。因为如果没有大学教师对教育事态的接纳和承认，所设想的教育实践行动就不会实施。面对即将发生的教育行动，教育意向的定向和评价的作用就不会显现。对于正在发生的教育实践而言，由于教育情境的变动不居，大学教师要依循外在的教育规程和内心的教育意向掌握教育进程。实际上，大学教师教育意向关涉教育经历的体验是以体验流的形式一直是存在于心灵。先前的教育意向持存于当下的教育体验，对后续或即时的教育情境变化进行调控。具体来说，大学教师会根据自身和学生的身心状态、学习方式、学习效果来选择适当的情感反应、思维方式、精力付出，一方面能够有效地监督和调控教育进程，另一方面验证原有或新生的教育意向。

教育意向是关涉价值判断、心灵意向、观念生活的理性表象。从大学教师生成教育意向的过程来看，没有主体经由理性确认的在教育场域的存在和存在方式，没有主体直觉或自觉的教育朝向，没有以仁爱情感为基础的教育旨归等，就不会显现明确的教育意向。从大学教师教育意向的实质来看，教育意向是大学教师主体对于教育意义的寻求、选择、确认、等待过程，在心灵朝向教育世界过程中，无论是主动或被动的教育意义的给予，都依赖于大学教师理性人格的显现。从大学教师教育意向本身的结构来看，大学教师通过先前的教育体验和习得的教育理解关联等教育事务，包括认识和意动两个环节，其教育意向内蕴着不同类型和层次的结构。在横向结构上，具有教育感知、教育判断、教育预设；在纵向结构上，具有教育理解、教育认同、教育体认等。一言以蔽之，教育意向是大学教师思维活动诉诸大学教育世界的内在图式。

大学教师教育意向对于其教育实践行为而言是"未发"的意识表象，但对于主体心理活动本身而言就是一种"已发"的意识活动。作为"未发"的意识表象，不能构成客体化行为，虽然其本身具体地指向了教育所涉的人、事、物。作为"已发"的意识活动，包括心灵的逻辑推断和情感作用两个方面。就逻辑推断而言，大学教师能理解和体验到教育事物的价值判断和朝向；就情感作用而言，大学教师能感知和体验到教育事物的欲求、好恶、爱恨、同情等。大学教师教育意向无论是未发还是已发，都是教育兴趣在理性向度的生发结果，正是这种理性特质决定了教育意向存在一定的局限性。

首先，大学教师教育意向依附于教育事境，对于客体化的教育对象、事实存在明显的依存关系。如前所述，教育意向有明确的对象，这种对象既可以是教师主体自身的情感、意义、精神，也可以是主体外在的教育对象、内容、实施甚至于教育职业本身的印象或状态。如果没有这些客体化的意识行为作为基础，大学教师教育意向就无所依托成为空泛的臆想。作为一种心理现象，大学教师教育意向是主体与教育世界交互的第一阶段。换言之，如果没有面对教育世界的相关对象，或者大学教师心理没有触动，教育意向就不可能发生。另外，大学教师教育意向并不仅仅局限于未发的教育行为，还对于正在实施的教育实践以及已经结束的教育实践都有关联，会持续不断地生成，但这些变化归根结底还在于对教育事境的依附关联。

其次，大学教师教育意向主要面向规范化的教育实践，具有明显的预设性。大学教育实践活动既有规范性的一面，也有变化性或不确定性的一面。就确定性来说，在大学教师教育意向生成要以学科知识的教育逻辑和学生发展的身心逻辑为依据，以教育实践要素为对象而生成教育意向，从而规范教育实施进程。就不确定性来说，虽然大学教师不能事先预见不确定性的教育情境或事态，但教育意向本身的运思和理智取向决定了教育意向的对象选择和朝向方式，而且大学教师会以潜意识和已有的教育意向体验予以应对。因此，大学教师教育意向的预设性质非常明显，反映在对于教育价值的理性抉择、教育过程的规范设计、教育方式的合理关切等方面。

最后，大学教师教育意向受制于教育理性，不能有效面对教师自我和教育对象主体更为丰富的情感或心灵世界。教育作为一种有准备的规范活动具有先导、示范的一面，也有想象、变化的一面。对于前者，大学教师可以事先遵循固定思维模式来应对，其教育意向的作用就主要体现在维系教育实践的理性功能上，但这也是针对教育进程而言。对于后者，大学教师对于主体间交互的心灵世界就"无所作为"。即在面对未知而变化的人的心灵世界，即使有明确朝向未来和主体间互动的教育意向，仍然只是空洞的想象，因为大学教育意境的生成和发展并不完全属于单一教育主体致思就能完成。所以，教育意向本身也不是全能的，是有局限的。相对于丰富的教育实践，大学教师教育意向只是一个微不足道的开始；而在广阔的教育世界中，未知的教育景象离大学教师教育意向更为遥远。

本章小结

教育意向作为教育兴趣的理性特质，是从大学教师主体的理性认识逻辑出发分析其生成过程和特征。大学教师生发教育兴趣依赖于教育意向的生成。其教育意向的生成需要建立在三个条件之上：一是大学教师主体身在教育场域，二是大学教师心灵要对教育场域敞开，三是大学教师持守教育良知。大学教师的教育意向具体又包括两个向度，其外在向度主要包括大学教育对象、教育内容、教育实施、教育职业等四个方面，其内在向度是指大学教师的生命情感、意义、精神等三个方面。无论是主动建构还是被动赋予，大学教师真正经由理性逻辑而建构的教育兴趣具有不受制于教育客体或情境的特点，不是单纯表征为教育情感。由于教育意向具有明确的主体性内容，在理性向度内的教育兴趣比在感性向度内的教育兴趣更具有持续性。然而，这种理性向度的教育兴趣容易使大学教师的教育实践趋向工具理性，因此，要实现教育活动中的自由和超越，大学教师需要追求教育意境。

第四章 大学教师教育兴趣的审美诉求

对大学教师而言，大学教育世界不仅是一个包括教育的事和物所组成的世界，而且是一个有生命的世界，更是一个有意味的世界，教育意境正是大学教师寻求有意味的教育的结果。因此，理解大学教师教育兴趣的审美关联有必要分析大学教师的教育审美诉求，对其审美意向、审美体验、审美想象做更为详细的理解，在此基础上，概括出大学教师教育意境的显现方式和类型特征。另外，为了完整地论证教育兴趣的审美意境，要全面对大学教师教育实践所涉的实践条件进行批判性分析，以充分诠释教育兴趣的审美向度。

第一节 大学教师教育兴趣的审美分析

如果要论证教育兴趣的审美关联，还得依从于审美和教育的内在尺度。从审美活动领域而言，有审美构想、审美创造、审美欣赏三个基本领域[①]。审美构想是指主体对于审美意象的想象和构思，是意识层面的先行；审美创造是指主体对于审美作品和形象的显现，是行动层面的实行；审美欣赏是指主体对于事物的审美判断，是纯粹的审美趣味感知和评价。这三个维度对应着一般意义上的审美过程，对于教育审美有重要借鉴意义。不过，由于教育活动与审美活动的相异之处，上述审美活动范畴并不能直接过渡到教育兴趣所涉的审美之中，一则因为审美活动相对于教育活动的本体而言是附属的；二则审美与教育的内在逻辑和依据有所不同，审美从属

---

① 宋国栋.论美学"空"范畴的产生、内涵及意义[J].中国文学研究, 2007(01): 12-16.

于心灵的自由，而教育从属于理论和实践双重逻辑。如果认同教育要朝向审美，需要建立在教育活动基础上而进行审美的逻辑规定，那么教育兴趣的审美诉求就可以从教育审美意识、教育审美意蕴、教育审美想象三个方面来理解。首先，教育审美意识是指大学教师对教育而言要产生审美意向，没有这种指向教育本身的审美意识，就不会欣赏到教育世界中的美，尤其是对教育本身的教育审美意向不会有自觉，也就没有创造或达致教育意境的可能。其次，教育审美必然有所意指或关涉的"对象"，我们可以暂且将其用教育审美意蕴而不是教育意象来表达。因为与静态的教育意象相比，教育毕竟是活动和过程性的。而且教育意蕴所能反映和蕴藏的内容更为丰富。最后，教育兴趣朝向教育审美不可能停留于感官向度的审美欣赏，必然要创造新的教育意境。因此，教育审美想象就是一个重要维度，表现着大学教师的审美创造行为。至此，教育兴趣的审美分析视界得以建立，从这三个方面综合理解和分析大学教师教育的审美向度比纯粹的审美范畴更有针对性和适切性。

一、大学教师的教育审美意识基于教育兴趣指向的审美欣赏

理解大学教师的教育审美意识有必要明晰教育兴趣本身的不同层次定位。按照教育兴趣是否与经验相关联，可以分为纯粹（先验）的教育兴趣和经验的教育兴趣。纯粹的教育兴趣源于理性的意志规定，因为与对象无关，所以不涉及主体的目的、欲求；因为无关客体，所以不涉及感性直观，也就不联结教育情感。也就是说，纯粹的教育兴趣是出于教育者理性预设的自由意志规定，是教育者对教育法则的内在意向。从教育者的主体立场来看，纯粹的教育兴趣与至善目的相结合，体现教育者在完善自身和他人的意图过程中追求至善的意志。

然而，教育本身属于经验世界的事务，是实践活动的一种，因而从先验理性的层次理解不足以完全诠释其现实的可能性。从感性经验层次来看，与先验理性的教育兴趣相对还有经验感性的教育兴趣。经验感性的教育兴趣依据其与教育目的关系独立与否而分为一般经验的教育兴趣、理性审美的教育兴趣和纯粹审美的教育兴趣。第一种以教育目的规定为根据，第二种以教育

者的理性意图即完善目的为根据，第三种则不以任何目的为根据。但这三者都通过教育情感来表征，是教育者在教育过程中心灵状态的反映，以教育意向、行动的结果和表象形式是否合乎教育目的为根据，从而判断是否能激起教育者主体的适意、是否是善的、是否引发愉快的情感。

对于一般经验的教育兴趣而言，其愉快取决于欲求能力的实现程度，源于两个方面：一是实现了教育目的的原有意图，二是教育行动及其过程中的情境引起了教育者的心灵愉悦。同样，这里的两种愉快既可以是一体的，也可以是分开的。

对于理性的教育兴趣而言，其愉快取决于完善意图，具体也可分为两个方面，一是教育者从一种成人之美的教育中升华了自身的人格性，二是教育者从对教育规则、教育义务的敬重感中体验到神圣的自尊感。同样，这里的两种愉快既可以是一体的，也可以是分开的。

对于审美的教育兴趣而言，其愉快以教育事务的表象是否激起教育者的愉快为标准，不考虑教育目的和具体教育事务的实存，是出于教育者心灵自由的愉悦。严格说来，审美的教育兴趣只能体现于教育参与主体间的游戏活动中，但由于人的游戏不可能没有目的，不可能没有理性参与，因而也具有教育意图，只是这种愉悦感不依附于教育目的。换言之，大学教师在处于游戏状态的教育活动和场景中能够体现会到与目的无关的纯粹审美的教育兴趣所带来的愉快，就像小孩彼此教育对方而产生的愉快情感一样。

上述观点从教育兴趣本身的定位取向说明了教育兴趣的审美特质或审美趣味的内在逻辑。其实，教育兴趣与审美趣味有着天然的渊源。从教育兴趣本身而言，教育审美是教育兴趣发展的方向。"兴趣"一词的原义就有"情感兴起、人物相应"的意思。兴趣从最早的"兴起"到文艺理论中的"自然感发"的创作手法，直至后来与情趣、趣味、旨趣、意象、意蕴关联起来作为美学理论的重要概念。因此，教育兴趣走向教育审美是符合兴趣的本质规定。况且从教育活动主体来看，教育过程的审美诉求与审美的教育目标都是成全人、发展人的重要内容。前者就是教育兴趣的审美意识亦即教育审美意识，后者正是一般意义上的美育。教育审美意识不仅仅对于教育对象而言有重要的培养审美鉴赏力功能，而且对于教育者自身而言是具有一种超越和享用价值，所谓超越就是对于日常重复的教育教学劳动程序、方式的超越，从审美创造中获得灵感。所谓享用，就是教育者对于教育过程的审美意象或意蕴的感知和欣赏。无论是教育者还是其教育对象，教育审美意识是产生教育审美的前提条件，都有助于其身心表达或释放。

从教育审美的角度来看，教育兴趣要实现教育审美或者要具有教育审美意识依赖于主体的自由意志，依赖于无功利的审美感知。正是教育兴趣源于教育者主体的自由使其审美意向得以可能，也正是审美的无功利品性使教育兴趣与其相契合。可以说，因为大学教师对教育的审美趣味本身就是基于审美欣赏的路径才得以可能，也就说明教育兴趣的审美路径是其内在取向；还可以说，因为大学教师教育兴趣与教育审美是相互关联的，既是大学教师在教育中的审美状态和活动的表征，又是大学教师对于教育自由的追求的体现。退而言之，大学教师如果对教育没有教育审美的理想诉求，又如何能够推动教育兴趣进一步发展，又如何能够不断提升教育效果，又如何令自己保持对教育实践的动力。因此，大学教师的教育审美理想具现于教育兴趣之中，就要通过教育审美意识来实现。这种教育审美意识体现大学教师对于无功利的教育的向往，也映现了对于教育过程参与主体身心自由的表达。

大学教师要形成教育审美意识需要一定的条件。其一，大学教师要对教育关涉的世界、生活有所体悟。教师自古以来就以传承学问之道而著称，学问之道乃源于人类世世代代对于宇宙万物的体察凝结，不仅如此，大学教师要将自己对于人生、学问的体悟溶渗于特定的教育载体和教育时空之中，在付诸教育实践过程中令教育对象有所启迪。这既是为师之道的内在职责，又是审美意识出现的明证。其二，大学教师要对教育现象有一定的审美欣赏。大学教师的体悟主要诉诸自身，而对于他者尤其是教育对象而言，审美欣赏是教育审美意识的重要显现。大学教师对于教育对象的言行举止、对于教育过程中的方式样态、对于教育情境的具体意涵是否有审美欣赏的态度至关重要。既关乎自身的教育立意，又关乎对教育对象的教育效果。不会审美欣赏的大学教师，也就不具备审美的眼光和视域，从而不能发现、体味教育世界中的独特的美丽景象。

大学教师的教育审美意识包括教育审美情感、教育审美意象、教育审美判断等诸要素统一形成的教育审美心理结构体。首先，教育审美情感是教育审美意识的前提。审美与情感是密不可分的，"没有情感体验就无法想象审美活动。"①大学教师的教育审美情感源于对教育的自然情感。这种自然情感是指对于教育对象、教育情景、教育内容、教育方式的个体心理反应，比如，大学教师对某些教育环境的喜好，对于某些教育内容的持久关注。诚然，没有自然情感就不会有审美情感。但是仅仅有自然情感是不够的，因为自然情感是出于主体狭义的欲求，而不具有主体间通达的普遍性。换言之，此教师对教育的自然情感无法与彼教师对教育的自然情感相互通约，各有所"好"，不能代表共同所"好"，更不能指明大家的"共同所好"。这种"共同所好"在教育实践中就是道德情感。大学教师对教育的自然情感经由道德情感才能上升至审美情感。这种道德情感是出于对教育法则或教育之道等抽象之象的认同与体认，通常表征为敬重。敬重教育的情感与自然喜好的情感相比更具有独立性，但与审美情感相比仍然依从于教育价值、伦理的规定。唯有教育的审美情感超越两者，成为一种纯形式化而通达、情景交融而入主体心灵的情感，其自由度非常宽广。大学教师因教育审美情感超越狭窄的个体欲求、教育功利，超越一般理性的教育价值规范，而实现自身与教育世界的相融相通，是一种无法言说的教育意境。一般来说，大学教师教育审美情感可以从向度上分为两种：一种是教育审美对象使教育者产生的美感，另一种是教育者向教育审美对象投射的情感。

其次，大学教师教育审美判断是教育审美意识的核心要素。所谓审美判断是指主体对于审美对象的把握与体会。在进入审美欣赏环节之后，教育兴趣就会演化为审美判断，并呈现不同形式。通常来说，审美判断包括美丑判断、层次判断、风格判断和理想判断四种类型②。关于教育审美对象美丑的判断是一种质的判断，是大学教师在教育审美活动中进行审美价值评判、表达教育审美趣味的最早形态，也是一切教育审美判断的最基本

① 张晶.审美情感·自然情感·道德情感[J].文艺理论研究, 2010(01): 75-81.
② 薛富兴.审美判断的古典形态与现代发展[J].学术研究, 2014(07): 131-139.

形态。关于教育审美层次判断是指对特定教育现象客体审美价值的程度判断，包括其所拥有的审美价值程度、级差，是一种量的判断，它是教育审美判断的第二种基本形态。关于教育审美风格判断，是大学教师对教育审美风格类型、归属的判断，以共同的教育文化、习俗和个体的审美趣味综合而成为评判尺度。关于教育审美理想是指以特定的时代中最高教育诉求和审美趣味为基础，将这种抽象理念转化为关于对象化形态的特定教育审美要求的判断。可见，大学教师教育审美判断显示明确的审美评价行为，是依赖于关涉教育的直觉和理智而做出的理性特质的意识行为，是教育兴趣趋向审美的关键显现。

最后，大学教师教育审美意象是教育审美意识的对象或内容成分。"意象是审美的重要范畴，既是审美活动的结晶又是对象。在生活中被称为'美'的感性形象，就是美学意义上的意象。其中的象，既包括物象、事象及其背景作为实象，还包括主体创造性的拟象，特别是在实象基础上想象力所创构的虚象。正是虚实结合，才共同组成与主体情意交融的整体'象'。而意，主要指主体的情意，包括情、理和情理统一，包括情感和意蕴。意与象两相交融，创构成审美的意象，即'美'。在审美活动对'美'的界定中，'美'是名词，而不是形容词或副词。美是意象，是主客、物我交融的成果"。[①]作为教育审美对象，既与一般审美对象有共同之处，也有其特殊之处。这种共同之处在于教育审美意象包含美的客观要素或属性，能够引起教育审美主体的美感或愉悦感。特殊之处在于教育审美意象既有现实存在的意象，又有虚拟想象的意象；既有既定的审美意象，又有生成或创造的审美意象。这种特殊性是源于教育实践的生成性和主体互动因素。无论哪一种教育审美意象都具有美的客观要素或属性，都具有满足审美主体所需要的审美价值。具体来说，大学教育审美意象从象的方面来说包括教育实施之事象与物象、教育活动之想象，从意的方面来说，指涉参与教育的主体的情感和意蕴。以上是从结构的视角来分析教育审美欣赏所涉的教育审美意象，其实从性质的视角来看，大学教师审美意象与教育主体的人生意象、艺术意象、教育事象三者相互关联，而这些内容又

---

① 朱志荣.论审美意象的创构[J].学术月刊，2014，46（05）：110-117.

要通过教育审美意蕴来表达。

　　大学教师教育兴趣指向的审美欣赏对于大学教师自身和教育实践而言具有重要意义。对其自身而言，审美的心灵活动有助于大学教师超越一般的日常事务性的教育劳动境况，从而感知、发觉原来未曾想象的教育意境，对拓展自己的生命体验而言提供了丰富的素材。对其教育实践而言，教育审美意识可以促进教育实践的形式和方式更为合理和优化，对于教育过程和效果的改善有重要的启示。值得注意的是，大学教师教育审美意识要与审美教育意识区分开来。审美教育意识是教育具体内容和过程中的审美范畴。而教育审美意识是超越一般的经验教育实践的审美体验，与教育兴趣的一般经验引起的愉快有所差异。因为一切经验中的教育兴趣要以教育事务对象为范围，与教育无关的表象形式即使也引起教育者心灵的愉快，也只是附属于教育的美，而不是教育本身的美，更不是教育审美创造的美。审美不是对现实模仿，因为"美不是现实的对象，用经验认识的方法来考察所谓美，既找不到美，也不能发现美的本质"①。对大学教师而言，如何摆脱当下现实经验世界的束缚，进入审美体验，实际上就是一个教育审美意识发生的问题。在这个过程中，大学教师的人生理想和审美诉求非常关键，它们是大学教师主体内心潜在的自由要求，是来自存在的召唤，是生存的超越性的冲动；在教育实践的刺激下，从无意识领域中发生并且转化为审美理想，改变教育实践本身。

二、大学教师的教育审美意蕴源于教育兴趣所含的审美体验

　　教育审美既然要诉诸体验，就有必要简要介绍体验的概念。在学术谱系中，关于体验的言说数不胜数，其中贡献较大者有狄尔泰、海德格尔、伽达默尔。狄尔泰赋予体验以认识论意义，视体验为意识与所与物的真实统一的融合状态。一是基于对自然科学对有机生命世界或精神现象的宰制而言，二是对于主客二元的对象化思维而言。在他看来，生命体验是被给予的而不是推导的，是作为意识与所与物的统一体成为构筑精神科学的前提。真正赋予体验以本体论的莫过于海德格尔，他从生存

---

① 杨春时.审美本质的发现[J].学术月刊, 2014, 46（05）: 102-109.

论视域出发批判传统哲学的形而上学，对人的存在及在世的本质结构是"烦""畏""死"三种状态切入存在的结构，揭示"无"的体验①，极大地丰富了哲学的视域。伽达默尔对于体验的贡献在于历史性视域融入体验概念之中。与前面两位哲学家出于同样反对主客二分认识论，他认为体验具有历史性，在生命体验中要考虑时间性和境域性才能诠释生命的整体意义。综上可见，体验的概念已经超越了一般的认识论意义，而成为生命存在的基础和方式，体验一方面是认识的直接源泉；另一方面，体验是主体自身在生存世界中的呈现，也是对象融于主体②。

体验具有生命性，也可以说体验就是生命体验，但究竟什么是审美体验呢？审美体验源于生命体验却不同于一般的生存体验。对生存体验而言，审美体验首先是一种自由的生存方式，其次也是一种具有超越的生存方式。生存体验则是受现实性条件规定和束缚具有局限性的生存方式，而审美体验突破了主体生存的现实性和局限性。审美体验通过充分的直觉、想象和情感活动来实现自由的生存方式；经过超越经验和理性逻辑判断达到审美意境而实现超越的生存方式③。

大学教师从事教育实践活动对其自身而言是一种体验，即教育作为其生命体验的重要组成部分，教育兴趣是大学教师生命体验指涉教育世界的内在表象。尽管教育体验并不等同于生命体验，而且教育体验作为一种生活体验不一定朝向审美体验；但是教育体验自身中却具有审美体验的可能基础和内在联系。首先，教育主体需要在教育事物之中寻求自由的状态，这种欲求最初仅仅表现在对于重复的教育劳动的摆脱，后来表现对教育实践的形式和状态的自在意境的追求。其次，教育情境具有审美形态的教育审美意象。既有参与教育主体的言说表达的动人之美，又有教育实施过程的背景和方式中存在的令人愉悦之处。不论是教育事象还是物象以及意象都有审美意象的存在，也就有审美意识活动及其体验的发生。如果说"审

---

① 张艳萍.海德格尔对实体主义的超越[J].云南民族学院学报（哲学社会科学版），1998（03）：3-5.

② 刘旭光.论体验：一个美学概念在中西汇通中的生成[J].复旦学报（社会科学版），2017，59（03）：104-112.

③ 陈伯海.生命体验和审美超越——论审美体验的由来与归趋[J].河北学刊，2011，31（04）：102-109.

美体验是主体与作为审美对象的审美客体构成的一种已然的融入和超越的内在状态"①，大学教师作为审美主体对于教育世界中的教育审美意象的把握或体验不仅仅作为教育的一种基本方式，而且是作为教育主体的职业生活意向的主动建构。换言之，大学教师教育审美体验与其教师职业意义的建构是统一的过程。最后，教育作为一种成全人、发展人的实践活动，指向的是未完成性和超越性，其价值取向与审美情趣是相契合的。没有审美教育的大学教育不是完整意义上的教育，只是工具意义上的教育；同样，没有教育审美体验的大学教师不是真实意义上的教育者，只是知识传递的"教育机器"。

在美学理论中，审美意象作为情物交融或情景交融的形态而存在并承载着主体的审美意蕴。但是，"审美并不停留于对象的感性外观之上，它还要透过其感性的外表，以深入领略其内在的意蕴，所以审美诸形态便不仅仅是'形态'，且要在感性形态里包容本真的生命内核，或者说，它就是生命自身的形态，是生命诸境界在审美形态上的显影"②。在大学教育中，教育审美意象作为可听、可视、可感的具体形态同样承载教育审美意蕴。对大学教师来说，教育审美意蕴的追求才是教育兴趣的内在旨归。原因在于，大学教育是一种生命关怀的实践，具有审美的体验基础，需要通达宇宙、生命、人生的审美意蕴。

严格来说，教育审美意蕴要呈现的大学教师实践教育的审美意义，既不是审美教育的意义，也不是一般审美活动的意义。这些意义之间尽管有交叉之处，但并不会重合。作为大学教育实践的实施者，大学教师教育审美意蕴源自三个方面，一是"教育之敬重"，二是"学术之诚朴"，三是"生命之融通"。之所以由这三方面的审美意蕴构成，乃是由教育及教育者自身的特点决定的。首先，大学教育是教育，大学教师是实践教育之师，依教育直道而行并得其韵味。其次，大学教育是依托于学术、知识、真理而教，学术活动是其内在规定，没有学术意蕴的大学教育不可想象。

① 万书元.论审美体验[J].江苏社会科学, 2006(04): 15-19.

② 陈伯海.琳琅满目的美世界——论审美诸形态[J].上海大学学报(社会科学版), 2011, 18(01): 36-55.

最后，大学教育既是促人成才、令人发展之教，更是主体互动之教，唯有生命感应和互通才使教育得以可能。

现在具体来看各项教育审美意蕴。"教育之敬重"作为教育审美意蕴与大学教师职业文化相关。社会职业文化的演进都受制于其职业实践的内在规定性。大学教师教育实践是一种复合特征的实践，既有道德实践，又有技术实践；既有科学法则的规定性，又有艺术想象的自由性。有史以来，大学教师的教育信念、场域、情境、技术、方式、目的都在不断更替，这些变化万千的教育形态中亦有不变的法则规定着教育的本质和大学教师职业的内在特质，不变的法则既是大学师道所赋予的，也是敬师重道所指向的唯一对象。无论教师是出于对这些法则的被动服从和主动接纳都表征为教育之敬重，即作为有限理性而存在的教师不能背离师道的道德使命、教育实践本身的因果规律、主体意志的审美自由。其实，教育之敬重源于教师对于人性尊严和发展权利的敬重，这里不仅包括对学生的人性尊严和发展权利的呵护和尊重，即把学生视为具有理性的自由意志主体，对其理智与情感的合理需求的珍视，对其发展权利的维护和重视；还包括对自身作为师者的人性尊严和发展权利的珍重，没有教师愿意作为工具或手段的存在，没有教师在职业劳动中愿意仅仅服务于教育目的而存在，这就表明教师内心服膺于利益至上的理性意志和教育良知，希冀享受教育的趣味、魅力，也乐意享有师者的尊严和发展自由及权利。因此，没有教育之敬重，就不可能有教育之审美存在的基础。

"学术之诚朴"作为教育审美意蕴主要有两个方面的理由。其一，大学教师立身在于学术。大学教师身处于知识链条的顶端，与高深学问相伴。大学教师是主要的新知的开拓者和拥有者，其学术能力、禀赋、修养、境界与其人生价值、格局、付出、机遇等诸方面的条件相互佐证。世人衡量大学教师往往从其学术向度出发。其二，大学教师执教在于学术。大学之教是以知识传递为主要目标的实践活动，其理智取向是由学术活动的演绎性质而决定。无论是作为教学学术还是探究学术，大学教师不仅自身而且要引导学生对真理的寻求，对实事的探寻，以体悟世间万象变幻背后的本然，学术本质上就是质朴的，对参与学术者而言不由其诚，不向其诚也是不可理解的。反之，因为学术之诚朴的意蕴才衍生出多元、美妙的教育景象。

"生命之融通"作为教育审美意蕴旨在说明：大学教育者与受教育者在教育场域内的教育互动要超越一般意义上的教育成效，需要通达生命体验的深层意向。从大学教师自身而言，其从教体验与其自身的生命体验相关联。即使是最一般意义上的喜怒哀乐也会影响到其执教活动，会感染或影响到其教育对象。在教育过程中，大学教育场域所收受的诸多体验又不断充实、改变着原有的教育认识，从而改变其自身的生命体验。从大学教育现象本身来看，它作为一种具有利他性质的社会劳动，大学教师与学生、学生与学生之间的主体交互不仅仅是单纯意义上的信息获取，还有思想、观念上的交流、碰撞，在思维方式、情感应对上都人产生深层次的互动。生命体验对于每一个大学教育的参与主体而言都是在场的。从理想形态来说，大学教育要取得良好效果必然有两个重要条件，其一是大学教育者本身的生命体验丰富而深刻，其二，大学教育参与者都身心俱付于教育互动，达到思想、情意的深层次的和谐融通。

大学教师获得教育审美意蕴主要经由两个环节来实现。一是大学教师要对教育现象产生审美观照。审美活动源于感官的触受，直观的感受是审美观照的必经之路。从内外感官的两个方面又可将审美观照分成两种，一种是大学教师观照自我的教育世界，对自身的教育理念、教育方式、教育对象、教育效果进行审美意义上的发掘、反省、欣赏；另一种是偏向于对他者的教育世界进行审美鉴赏，即将视野转向直接对其他教育主体所施教育行动、方式、效果等教育意象，以外向的方式将其纳入成为自我的审美对象。无论哪一种观照，都要求用审美态度对原有生命体验进行审美的再体验，不仅要摆脱实用功用性需求态度，而且要敞开自我的心灵意向与教育现象进行感应。

二是大学教师要对教育现象进行审美领悟。教育审美意蕴尽管不完全是艺术体验，但却具有与艺术体验相似之处，即对始终有一种意义的存在于体验之中。对大学教师而言，对教育、学术、生命的意义整体的理解就成为教育审美意蕴的生发点和对象；它们完整地展现了大学教育的意义整体，使大学教师个体职业劳动体验和生命之间达到一种相互依存的关系和状态。也就是说，教育审美意蕴体验自身存在于教育实践世界过程中，也存在于教育者的生命整体中。因此，大学教师的审美领悟实际上是运用直觉去领会教育审美的本质，而不是用归纳或演绎的方法通过外在的认知以获得所谓客观的"美的本质"①，从某种意义上说，只要大学教师进行了审美领悟，就能够领会教育审美的意义。

综上可见，教育审美意蕴既是大学教师以审美态度付诸教育世界的诉求，更是其教育兴趣在内外感官触受于教育审美意象的反应结果。其一，大学教师通过"应目"而令自身外部感官愉悦，即对教育审美意象的形式产生美感或者说教育世界中的审美意象进入主体而成审美对象。其二，大学教师通过"会心"而令内在心灵和谐，在教育审美意象之外还有意境，这种统一的美使大学教师更深层次地不依附于即时、有限的教育情境而产生持久的教育审美体验。其三，大学教师通过"畅神"来会意，即大学教师从超越性视角出发，理解、领悟教育世界的自由、卓越乃至永恒审美意蕴，进入不可言说却更为深层的存在意境，从而有为师之道、为人之道相契相参的妙悟体验。

三、大学教师的教育审美想象出于教育兴趣驱动的审美创造

大学教师在教育审美活动不仅要有审美欣赏和审美体验，还要有审美创造。从教师审美素质的角度来说，审美创造能力与审美感受力及审美鉴赏力都是教师审美能力的重要构成。②大学教师通过其自身甚至和其他参与教育者（包括学生）的审美创造，在教育实践过程中创造出新的教育审美意象或意境。我们将这种过程统称为教育审美想象。之所以没有说是"教育艺术创造"，也没有泛称"审美创造"，主要因为教育艺术侧重于强调教师以艺术的自由理念为价值尺度，通过诉诸情感，创造有意味的形式以引导学生审美活动③，仍然是指涉学生主体，而本书主要讨论的是教师主

① 杨春时.关于中国美学方法论的现代转型问题[J].吉林大学社会科学学报，2003（04）：79-84.
② 何齐宗.教师的审美素养及其本体价值分析[J].高等教育研究，2006（06）：73-77.
③ 彭文晓.教育艺术论[J].湖北大学学报（哲学社会科学版），2011，38（04）：120-124.

体；另外，教育艺术还包含熟练的教育技能、技巧之意味，没有强化教育主体兴趣的自由特征。至于审美创造，由于其外延过于宽泛没有限定于教育，并且对于教育实践本身来说，审美创造是功能体现，关键还在于教育者的想象力运用。所以，"教育审美想象"既可以蕴含审美创造之味，又能具体指涉教育实践本体，更准确描绘大学教师对于审美创造应用于教育实践过程的实际情况。

理解大学教师教育审美想象的具体内涵还要从其层次、方式、条件、过程、方向五个方面来展开分析。首先，来看教育审美想象的层次。按照想象力的运行包括自发与自觉两个层面[1]，可以推测大学教师教育审美想象包括自发的教育审美想象和自觉的教育审美想象两个层次。前者是指，大学教师运用想象力对于教育世界中的各类表象、意象的处置是直接和自发的过程。也就是说，大学教师在面对教育实践过程中的教育现象时，运用主体的直觉和原有记忆下意识地联结和处置：或者通过再生想象力唤起原有的教育意象，或者由联想的想象力把各类教育意象关联起来，或者由创造性想象力建构起实践教育的心理图式。后者则是自觉和主动的教育想象力运用过程：一是再生的想象力作用于直觉到的教育意象使其形式化显现，从而具有确定性和再认性，使后面的审美创造有稳固的对象和基础；二是以联想的想象力把分割的教育意象彼此关联起来，其中就要运用理性逻辑能力对各种教育表象进行价值判断和分析；三是以创造的想象力创造新的教育意象或意境，比如某个大学教师在与教育对象互动过程中有意创造出综合运用语言、表情的特定符号的表达方式使学生进入深度学习的教育情境。严格说来，这两种分类是混杂于主体的教育实践中，不过从理性思维和感性思维的介入程度而言，在自觉的教育审美想象中理性思维要比感性思维要介入得多一些。如果大学教师对教育的情感投入越多，那么就会偏重以自发的教育审美想象为基础而进行自觉的教育审美想象。

那么大学教师主体是如何开展教育审美想象？从大学教师主体视角来看，教育审美想象主要是以两种方式来实施的：一种是面对主体自身的外感官对象进行教育审美想象，即外在的教育审美想象；另一种是面对主体

---

① 照日格图.想象力的创造历程[J].学术交流，2011（09）：47-50.

的内感官，主要是指心理、精神向度的教育审美想象，即内在的教育审美想象。大学教师在大学教育实践中最先面对的是客观而实在的教育对象、教育资料、教育环境等可以引起外感官的刺激对象，因而其教育审美想象就要先完成对这些教育实践的外在趋美行为。大学教师在思索如何运用合理的教育技术手段完美呈现其知识构想时，实际上就是以满足外在感官为主要目的教育审美想象。除此之外，大学教师还有心灵向度的审美需求，即在情感心理、观念思想方面达到和谐、融通的美好意境，这些目的就要经由内在的教育审美想象来完成。对此，大学教师不仅要调动自身心灵对美的丰富想象，还要推测并设定理想的教育世界，并将这种想象内印于心、外显于行而令学生感受到。纵使它不可言说，也要被意会到。因此，那些无声之教所蕴含的美好意境主要是由内在的教育审美想象完成的。从这个意义上说，大学教师必须心中有美的教育想象才有可能实现理想的教育意境。

大学教师要进行教育审美想象需要充沛的教育热情、深刻的教育理解、熟练的教育技能。也就是说，大学教师进行教育审美想象需要具备一定条件。首先，审美活动是没有主体的情感感知和参与是不可想象的。大学教师基于对美的向往，在教育价值尺度上将审美理想纳入自我要求，这种审美价值至少源于两种情感：一是对于大学教育发展主体及生命体验的本真热爱，二是对于大学学术世界所包含真理性的深刻体认。其次，大学教师要进行教育审美想象需要建立在深刻的教育理解基础上。教育活动是一项具有浓郁价值关怀性质的实践活动，也是一项个体发展相关的复杂实践活动；教育审美想象既要合乎参与教育主体的审美感知，也要合乎教育实践本身的逻辑意蕴。所以，大学教师没有对大学教育和自身教育进行深刻的体认是不可能进行有效的审美创造。最后，大学教师熟练掌握教育技能是进行教育审美想象的重要基础。教育教学技能是大学教师实施教育的立身之技，对其熟练运用和掌握是进行创造活动的基础。正如庖丁解牛所给予我们的寓示：没有大量的教育实践经验和感悟，大学教师何谈创造，何以从容不迫且游刃有余。因此，大学教师教育审美想象立足于熟练和规范的教育技艺，是符合大学教育逻辑的创造而不是臆想。

　　大学教师教育审美想象是经由教育表象—教育意象—教育意境的复杂过程。在教育世界中，大学教师首先接触到的是引发他感官刺激的教育表象，对这些表象的回忆、联想、再生想象的联结过程是第一步，经过这一初步的加工使得大学教师所涉的教育意象得以生成。生成教育意象要融入大学教师的情感、意志、理性因素，即赋予教育客体对象形成情意相融的教育意象。譬如，大学教师在创设课堂教学导入情境中，回顾起曾经他的老师给予他的教育经历和方式，从中寻找到启发，提取出相关符号或线索，结合当下的教育对象和教育目标，将自己的教育理解溶渗其中，从而形成契合其自身能够表达其教育意图的教育意象。从教育兴趣的审美诉求来看，大学教师教育审美想象不会满足于教育意象而要达至教育意境。教育意境超越教育意象力求展现某种人生、历史的深切意蕴。使教育具有哲理性的人生感、历史感①。此外，这里有必要说明教育审美想象的最高境界是教育意境，而不是教育艺术形象或教育艺术产品之类的表述。因为教育审美想象服务于教育目标，既不在于有形的教育结果，也不承担着工具性的功能。

　　大学教师在进行教育审美想象还存在方向的问题，即从哪些方面进行教育审美创造。这里主要有三个方面。一是情感。大学教师进行教育审美想象，首先的着力方向是以情动己和以情动人，"情感共通"是大学师生教育交往的有效保障，也是教育实践的理想追求。因此，教育情感也是教育审美想象的条件和前提。进而言之，大学教师情感是教师工作的主要内容，因为教师劳动的成分中包含情感劳动，这对于其自身的职业理解和教育体验均有促进作用。二是形象。大学教师进行教育审美想象主要还要创造出形象化的表达内容，即使是教育意境也是由教育意象的形象行为奠基。形象是大脑认知的一个重要通道。由于想象力本身就是主体对于形象的联结，因而教育审美想象可以视为大学教师对于教育实践各个环节的形象表达的展现。三是超越或创造。从本质上说，大学教师进行教育审美想象就是在追求超越或创新，这种以超越为内在特征是教育审美活动的根本属性。相比于一般的学习任务—教育目标—教育实施的程序性实践，教育

---

① 叶朗.说意境[J].文艺研究,1998(01)：3-5.

审美想象旨在从教育实践中寻求生成性而适度纠正预设性，试图从教育情境中寻求审美愉悦而获得灵动的生命体验而不是僵化、有序的教育程式。

作为教育兴趣所驱动的审美创造，从其内容本身来看，大学教师教育审美想象还可以分为课程审美想象、教学审美想象、道德审美想象。所谓课程审美想象，是指大学教师从课程视角运用直觉和理性思维对课程的内容构成、实施方式、理念设定进行想象加工，以突破原有或既定的课程范式，达到其理想效果。所谓教学审美想象，是大学教师对教学实施过程进行的审美想象，主要意指课堂教学的教学艺术所涉及的想象过程和方式。而道德审美想象则是大学教师在专门的道德教育范畴内借鉴、比附、融合不同教育艺术手段、表象辅助其道德教育意象的生成，从而达到更理想的道德教育意境。总之，不论哪一种教育审美想象，都是大学教师将所感知到的表象与所储存到的表象重新组合或创新审美形象的过程，是教育兴趣的审美诉求的集中体现。本质上，这是大学教师超越教育工具理性意义丰富和拓展教育实践意义的路径，也是大学教师主观能动性和创造性充分发挥的展现。

第二节　大学教师教育兴趣的意境显现

教育意境因自由而生，因超越教育内容规定和教育目标的预设而对人生、历史产生独特的感受和领悟，既有关于教育的感触情趣，又有关于教育世界的洞识妙悟；其中既有关于大学教育自身的理想，也有关于教育者自身如何执教的理想描绘。诲人不倦，大学教师就是自由和快乐相融合的教育意境体现。大学教师在教育实践中的自由体现有两个向度，一是教育过程的自主和自在，二是享受教育中生命意象创造与改变的自由。大学教师体验诲人不倦的教育意境既是基于对不同层次的自由的意向与行动，也是自由意识行为的结果。

诲人不倦的大学教育意境在不同方面体现更具体的教育魅力。理解教育意境所赋予的教育魅力是进一步澄清教育兴趣审美关联的需要，也是从审美视角解析大学教师主体侧的教育图景的必要环节。而在此之前，有必要区分教育境界与教育魅力。由于境界一般指涉人的思想觉悟和精神修养，即主体的人生感悟，后来人们又偏爱从质的范畴把这种微妙的感觉做一些区分，以度量主体在应对某些事境中的水平。严格来说，境界是以某种心灵尺度对心灵活动状态的抽象刻画。境界引用于教育之中就是教育境界，也可以相应地以某些尺度来捕捉教师在教育世界中的活动状态和水平，如人们常说的百世师、一代宗师、大师、名师、匠师之类的符号隐喻。

　　然而，就教育者自身的体验来说，还有必要从教育魅力来分析其心灵体验。因为教育境界可以更多从主体内或外某些固定的尺度来评价和表现教育审美，但更具体的教育意境所显现的内容则不够明晰。换言之，结合教育境界的分类或分层虽然可以抽象感知、定位大学教师的教育实践状态和体验，但要详细和自我印证教育意境本身的"所得"，就要诉诸教育魅力而朝向大学教师主体的显现来描述和理解。因此，根据大学教育目的与方式、内容与过程、效果与评价三个方面来看，教育意境的魅力体现着大学教师对于大学教育的"最好"目的与方式、"最佳"内容与过程、"最美"效果与评价，分别显现为润泽树人的大学教育、情理通达的大学教育、自在合乐的大学教育。

一、润泽树人的大学教育

　　审美活动需要基于一定立场或价值尺度。人只有在某种立场下才能感知到审美对象的审美特质。教育意境是出于教育实践立场的审美发现，其立场要体现明确的教育价值或教育理念。实际上，教育意境的魅力展现由其内在价值逻辑而规定，是依循教育价值尺度来衡量教育实践的审美现象或对象。从大学教育实践来看，大学教师所面向的是大学教育，大学教育与其他类别教育一样，要面向人的生命世界，是提振人的精神生命意象的实践活动。大学教育作为一种"树人"的社会实践，不是简单意义的技能训练、知识授受这种"成事"的社会实践，更不是工具意义上的视人为物的生产实践。大学教育是教育者与学习者的灵魂互动，是心智与精神生命的极大拓展。由此可见，"树人"是对大学教育价值的符号化隐喻，"润泽"是对大学教育实践方式的描绘。"润泽树人"是从大学教师的教育使命立场对其大学教育实践的最美约定。

自古以来，对于教育尤其是好的教育，人们就会用"春风化雨、润物无声"的形象比喻。这种表达寓含三层深意。其一，人是生成性的动物。大千世界，许多生物出生即能存活、谋生，或者在极短的时间就能独立生存。唯独人这种独特的生命，不仅生理上需要漫长的生长过程，从牙牙学语、柔弱学步到身轻体健、血气充盈、运动自如需要十余年的时间；而且人的精神生命生长更是后天习得的。如果婴儿与狼共处，就只能成为狼孩而不成其为人。如果人的教育仅限于识字表达，就不可能进行精密、抽象、复杂而艰巨的精神创造活动，也就不会有灿烂的人类文明。其二，人具有主体性。人的教育如果不尊重学习者的主体性，不重视发挥其主观能动性，就不会有好的效果，甚至适得其反。对学生来说，学习过程中做不到言、行、心合一，不能调动内心的驱动力和意志力就难以克服学习困难，也不会体会到深度学习的奥妙；对教师而言，没有发自主体良知的仁爱、教育兴趣，没有强烈的教育认同，也不可能超越一般重复的授受演示劳动，也不会达到所谓的教育艺术境界。其三，人的发展需要条件。人之所以需要外力的干预，就代表着其成长需要一定条件。教师是掌握教育世界的使者。教师以什么样的形式组织学习材料和学习影响，除了学习者自身的主体因素、条件束缚之外，还有教师执教方式的影响。润物无声是一种最高意境，是一种有为似无为和自为自觉的深度教育方式。相较于反规律的拔苗助长、放逐失控，润泽树人就是最合理、最有效的教育条件控制方式。

润泽树人从形而上的意义来看，是教育者契合、体认、遵循为师之道的体现。大学教育的条件范畴决定了大学教育参与主体需要更为宽广的自由诉求。因为大学学习者的身心发展水平趋于完善，对自我的认知和理解相对深刻，与中小学学习者相比，大学学习者对环境的感知力更为敏感，其自我发展的意愿和能力也更为主动。因此，有意之教和无意之教的作用效果在不同阶段教育情境中的位次发生变化。如果说，有意之教以言教为主，以知识、技能等显性化的教育尺度为准，那么无意之教是以身教为主，以意志、品德、风范、修养、精神格局等内隐的教育尺度为要。两种教育虽然融合于大学教育之中，但毕竟有所分殊。就大学教师执教而言，要提升其教育影响还要以无意之教的内在尺度为基准，充分遵循教育对象的主体性。这种润泽式的教育可以视为"濡化"。不过，要实现濡化，大学教师需要展现其自身对教育事业的情感与意志品质。也就是说，大学教师的软实力是建立在学历、职称、专业技能等硬实力基础之上，是潜存于其教育活动之中的思想理念、学识修养、人格情感等因素的综合显现[①]。

润泽树人的教育意境指向的是大学教师的内在空间，即精神向度；所以不能用科学、客观的标准衡量，对这种意境的捕捉只能是心灵体验，其显现既是一种理想追求，也是一种最美的心灵体验，大学教师借由这种体验，其心性得到有效提升和转化。首先，大学教师朝向润泽树人的教育意境为其教育职业意义生发做出了正确且有效的指引。人的行动要取得好的效果需要建立在行动的方向是正确的基础上，亦即正确的价值遵循是行动的指南。因为不是所有教育行动都是有意义，更不是所有教育行动都对自身和他人有意义。有些只是有利于自我一时的欲求，有些则是形式上利他却在实质上违背人的发展逻辑和身心特点。润泽树人从根本上说是拒绝抽象、程式化地对人的成长与发展进行预先设定，是理想的教育需要遵循的实践方式。在人类实践活动中，唯有树人是无比艰难且高尚的实践。润泽树人概括了树人及其方式的理想品质。因此，大学教师朝向润泽树人就是因为其自身职业发展方向和职业意义建构做出了正确的选择。

其次，大学教师体验润泽树人的教育意境对其完善自身的教育实践奠定了宽广且厚实的基础。在具体的大学教育实践中，是否直接和间接体验到润泽树人的教育意境从某种程度上决定了其教育境界，影响其职业的深度体验。因为在润泽树人的教育意境中，大学教师感知到人性的复杂，体会到自我与他者的交互关系建构，理解到价值、观念、思想、精神等深层次的心灵完善，体认到大学教育对于自我和他者的影响力和界限，从而调控教育实践方式。无论是从以往的教育失败中体验到的辛酸苦辣，还是当

---

① 李振峰.提升高校教师软实力的思考[J].教师教育研究, 2016, 28（05）: 24-29.

下的教育情感品味到热闹与愉悦，各种感受、静思、体悟都有助于改变大学教师的教育实践世界图景。

最后，大学教师构建润泽树人的教育意境对丰富自身生命世界提供了精彩且无限的可能。大学教育实践与其他社会实践世界有诸多相同之处，也有诸多相异之处。就相同而言，都从属于人的精神建构征程之中，都有明确的价值规范，都是从不同方面完善人的生命世界。就相异而言，大学教育实践最为突出的是其中的参与主体侧，亦即他们在一个非常高的理性层面去完善生命世界，而且完善或丰富生命世界的方式与效果是相互关联、相互印证、相互融合。所谓高的理性层面是指大学教育本身基于高深知识活动的逻辑特征，相较于一般的教育实践或社会实践，其理性水平要高。而纯粹的科研探究又不是指向树人，而是以探索未知的问题为旨趣。所谓相互影响，乃在于大学教师和大学教育对象的生命世界中的观念、思想、精神、心灵都是相互影响的，并且这种影响既作为工具，又作为目的和结果。如果没有作为工具的大学教师的心灵付出与影响，大学教育就只是表层的知识传递，大学教师就只是经师。如果没有作为目的的大学教师的心灵交融，大学教育就只是单向度的劳动，而收获不到自身生命意境的完善和提升，大学教师最终也沦为工具而异化，大学教育本身也不可持续。也就是说，润泽树人实际上指向的不只是学生，还有教师自身的向度，利己与利他在大学教育中是统一的，从教育意境的魅力显现和教育兴趣的内在归宿来看，这也符合人的心灵诉求。

我们可以想象，如果大学教师的教育不是润泽树人，而是"速成塑人"或"训育化人"，那么大学教育也可能会有一定的审美情趣，但是这样的大学教育意境因为大学教育本体属性和立场就缺失或异化了，再美的教育形式和意境也终将流于虚惘。润泽树人既是大学教育的基本性质，也是教育审美的先天规定。如果这种性质变了，也就不是教育，虽然也会有美，但不是教育所具有的审美。

高明的教育形态是将教育目的和教育元素相互交融。从文化传播的视角来看，达至润泽树人的教育意境包括濡化与涵化的两种路径[①]，一种是纵向层面代际之间的文化影响，另一种是横向层面同辈群体之间的文化交互。相对而言，大学教师在涵化进路中占据主导地位。具体来说，大学教师在学科知识范畴内，依托课程或专业知识体系和研究共同体范式对学生进行涵化。这里既有言教也有身教，处于显性层面的是学科基本知识体系、技能素养；处于隐性层面的是学科知识生产的信仰和价值。对于前者，大学学习者可能经由有意识学习而掌握，对于后者则主要通过无意识学习而理解体悟。因此，无论是有声之教还是无言之教，无论是明确指导还是非指导的指导，只要是朝向"树人"，只要寻求"树人"的最佳效果，就会走向润泽树人的教育意境。

二、情理通达的大学教育

润泽树人是从教育目的与方式上呈现大学教育的审美意境。当我们将视野聚焦于教育内容和过程时，就会对教育的美好集中于两个方面，一个是情感，另一个则是理智；而情理通达就是基于教育内容或过程本体的审美抽象。之所以认为情理通达是一种重要的教育意境，其原因有以下几点。其一，大学教育建基于情感。教育只要是真正关心人、成全人、发展人，就需要教育情感。大学教师以自身为工具、情感为手段施予教育影响，其教育情感不同于普通人伦情感，而是一种综合实践性情感。既然大学师生交往是因为教育情感而驱动，那么大学教育就不可能没有情感属性。其二，大学教育依赖于理智。作为高深知识活动的重要组成部分，大学教育在知识生产中承担的作用是间接的，即一方面通过知识传授而使知识活动得以完整，另一方面通过新的个体掌握知识为知识生产提供新的力量补充。大学教育本身的主旨也是发展学生心智，完善思维方式。理智对于大学教育具有重要保障作用，因为知识活动要遵循理性逻辑而不局限直观经验。其三，大学教育面临的诸多困惑深层次还是由情感与理性的内在逻辑和相互关系而决定的。在大学教育中，常常存在学科知识逻辑与人才

---

① 杨小微."濡化"与"涵化"：中国教育学内涵更新的机制探寻[J].南京社会科学，2011（09）：124-130.

培养方式、教育科学与艺术、大学发展与大学主体需求、大学教育质量与大学文化等多种矛盾表象，这些表象本质上都可归结为大学教育的情感与理智如何交融或通达的问题。其实，大学教师如果妥善处置了情感与理智的关联，其教育实践就会呈现的审美特征。因为，理智与情感关联是人性的基础问题，不仅内在地成就着大学教师、大学生发展，而且决定着大学教育的价值选择，甚至影响大学文化的发展方向。

情理通达的教育意境不能简单地从情感或理性某一侧来理解它们之间的决定或被决定关系，也不能直接将情感与理性融合视为通达。情理通达的大学教育意境包含高情远意、揆理度情、情理交融三个不可缺少的环节。所谓高情远意，是指大学教师要具备高尚的情感品格或品质。高情远意在古代用来评价诗歌，意指作者的情感与立意[①]。倘若运用于大学教育实践，是指大学教师需要具备非常宽宏的心胸和高远的格局才能拥有妙不可言的教育情趣。因为仅有情感而不具备优秀的情感品质就不足以达到审美层次。具体而言，大学教师一是要有博爱之心，即要有教无类之格局，不能倚重或局限于原有的个体本能的偏好，重视或忽视一类学生；二是要有仁爱之心，即要有宏大的慈悲、成全、助人之心，教育意在促进学生发展而完善成为合格、有用、卓越之才；三是要有高远之心，即要对学生和社会、国家的未来系于一体，将自己的命运与他们共同的未来相关联。一言以蔽之，大学教师拥有不断美化生活、着眼于未来的信念才会持续产生纯粹而优秀的教育情感，以便克服现实条件的束缚而创造超越现实的卓越意境。

大学教师揆理度情就是基于理性而对情感的引导。情感与理智相对而立，具有冲动、不可控制，不确定性的特点。过度的情感如洪水猛兽，使身心不宁。因此，大学教师在教育情感上持守中庸之道，而要达至中庸之道就要求大学教师对于情感的控制或引导。一是避免来自低级欲求、直觉冲动的情感因素干扰正常的教育教学。在教育实践中，教师或学生都不可避免受到一些情感应激行为或事件的影响，有些可能仅仅出于直觉偏好，有些则可能是突发情境变动影响；这与大学教育实践本身存在违和之处，

---

① 刘学锴.白描胜境话玉溪[J].文学遗产, 2003（04）：50-61+143.

需要纠正。二是引领学生从一般情感走向卓越情感。大学教师通过精心选择的教育内容、深刻的文化寓意等引导学生从个体经验性情感升华为共同体关怀的情感，实现小我向大我的情感升华。三是调控自身的情感应对方式。大学教师面对多元复杂的教育情境和内心变化的心情，以澄澈的教育理智实施教育要优于被动的、任性的教育实践。其实，大学教师揆理度情不仅仅是为了顺利实践教育，也不仅仅是针对学生，更重要的是面对自我在大学教育实践中的情感历程。

如果说高情远意赋予了大学教师以丰沛美好的职业情感，那么揆理度情则实现了大学教师以澄明的理智应对多变的教育实践。然而，情感向度的丰富不代表理性向度的深刻，同样理智的明晰并不一定就主导情感的生发方向。"问题"在于，无论教育中的事还是教育中的人都需要情理交融。首先，大学教师自身如何以情感融入其教育之事。诚然，每个教师都带着一定的情感体验开始其教育实践的，一旦进入教育实践情境中，其情感的原发状态就随着教育进程而不断变化。大学教师要么以一成不变的情感储备从始至终，要么不断调适其情感状态以适应教育过程。不仅要让其教育对象满意，还要令自己满意，这种满足是否带来愉悦才是教育意境的魅力所在。其次，大学学习者同样存在情感因素和理性因素的交融问题，一则其自身以何种状态参与教育过程，二则其自身受到何种影响、以何种状态参与学习过程。如果说学习作为生活的一部分，大学学习者以情、理相融于教育过程本身就使教育的审美意义得到实现。最后，从大学教育本身来看，情感与理性的融合既是理想的教育的目的，也是实现理想的教育的手段。作为一种目的，情感与理性都是教育目的的重要构成，既不可分，也应共契；作为一种手段，情感与理性都是教育手段的重要构成，也不可分割。然而，这毕竟是理论上的设想；在实践上，大学教师只有寻求两者共融才能使其大学教育具有审美价值的可能性。

教育意境的魅力显现既是大学教师追求审美理想的过程，也是审美价值经由审美意象在心灵中显现和表达的过程。因此，大学教师实现情理通达的教育意境体现了其主体在教育实践中对于情感和理性的不断超越与融合。在这个具体的意向又可分为两个方面，一是静心明理，二是品超斯远。就理智而言，因其关涉智慧，静心明理是必由之途。大学教师治学从教，不可出离学术世界。大学教师既为学人或知识分子，就要因循甚至敬重"学术之道"。静心明理不仅作为人生修养方法，更是学术的内在方法指导思想。从形而上的"道"来看，静是由虚向实、由内向外的认识论方式，所谓"致虚极，守静笃"（《道德经》第十六章）。从形而下的"德"来看，"夫君子之行，静以修身，俭以养德"（《诫子书》）。所以，大学为师之道与为师之德是相互印照的，静心才能明理、明德。反之，明德、明理就要静心。从审美向度来看，大学教师静心明理实际上是从理智的视角奠定了其审美理想的基础，使其教育意境有了生发的可能。

再来看情感向度的品超斯远。大学教师作为一种普通社会职业分工，受制于各种社会现实条件，具有较强的外在规定性。然而，从大学教育本身的精神意境来看，大学教师在知识活动和人性改造方面具有宽广的自主性，享有无限的自由空间，促使了大学教师形成品超斯远的格局，即在情感的心灵向度上拥有无限而高远的格局。其实，这种人生意境体现和运用于教育之中，既是大学教师品超斯远的表现，也是大学教师形塑高贵品格的方法。首先，大学教师对于学术世界的无限魅力和神圣价值的深度热爱，决定了其虔敬的教育信念，对真理的信仰与追求内在地丰盈着其教育实践的精神世界。不但热心治学，而且专心从教，即不仅是从事科研，还要"研为人师"。其次，大学教师对于教育对象身上的无限发展和多元气象的教育仁爱，开启了其教育的充沛能量。大学教育作为主体间的实践，是深刻且丰富的心灵交互，博厚而高远的教育情感与其教育实践相互激荡，不断检验、证成大学教师品超斯远的意境。综上可见，情理通达是大学教师扎实学识修养、优秀思维品质、卓越工作方法、和谐相互关系以及健康身心状态的综合表现。

大学教育因情理通达而表现澄澈而深邃的审美特征。首先，从大学教师执教来看，越是具有教育艺术修养的大学教师，其教育教学就越能表现简洁而朴实的意象，所谓"大道至简"。一方面，由于大学教师对于知识的生成与运行逻辑了然于心，进行的教育设计与实施就直接而切中关键。另一方面，大学教师对于自身情感与教育对象的情感世界的理解和应对清澈明晰，使其既不驻于情又合于情，既依于理又不限于理。因为大学教师的情理通达，而使其教育过程体现纯粹的教育品性，其教育效果给人以深邃的心灵震撼。总之，大学教师创造的这种精神之境蕴含了对大学、大学教育存在的体与悟，同时又凝结并寄托着大学教师的"在"世理想，表现其自身对世界的一种精神的把握，这种把握体现了其精神世界中理性与情意的辩证统一。

三、自在合乐的大学教育

当我们观照大学教师实践教育过程，希望寻求合适的言辞来概括教育实践过程的整体教育意境时，就不可避免要回答两个问题：一是教育意境的审美标志，二是这种教育意境获得或突出的特点是什么。如果说润泽树人体现的是一种对于教育旨趣在道德向度上的审美意境，简称为一种"仁境"①，那么情理通达体现的则是一种对于教育内容和方式在真理向度上的审美意境，简称为"诚境"；润泽树人的"仁境"为大学教师提供的是一种意义指引，而情理通达的"诚境"为大学教师提供的是内容基础。但是，无论是什么教育意境，只要其都带有产生审美的特质，就具有令人愉悦的特点。因此，言说大学教育的效果向度所诉诸的"意境"就不能不说"乐境"，并且"乐境"一方面不是单纯由教育客体所赋予的，而是大学教师内心自我证成；另一方面，这种"乐境"不是大学教师一己之乐，而是参与大学教育主体间的"合乐"，即不是独乐之乐，而是共处之乐、共融之乐。这样一来，这种乐境就具有"自在合乐"的意蕴，体现了大学教育意境真正具有的超越品性，也从内在向度融合、超越了润泽树人和情理通达的教育意境。

自在的诉求和途径就是"自得"。自得在中国传统治学方法中占有非常重要的位置。首先，自得是一种直觉而体验的修行方式，具有中国哲学特有的方法论意义。其方法不仅是针对概念、命题、认识、逻辑等理智知识的掌握，还是针对主体心理、灵魂等非理性知识及更广义上的心灵觉悟。作为一种认识方法，自得具有指导认识的价值，即为主体提供内求于

---

① 潘立勇."自得"与人生境界的审美超越——王阳明的人生境界论［J］.文史哲, 2005（01）: 79-84.

己的独立品性。因为学问知见尽管不可离开主体的外部世界事物，要经由主体的感官而加工，但是真正的理解和把握唯有内心的体悟和认同，要返诸内心世界。作为一种实践方法，自得具有明确的指引意义，即为主体提供内证于己的确定基础。因为不仅人的学习方向还有学习方式都要之于心。所谓"君子深造之以道，欲其自得之也"（《孟子·离娄下》）。可见儒家治学之道强调学习方式和目的要自得于己。在道家思想中，自得也是主体实践的重要方法。庄子在《骈拇》篇中说道："夫不自见而见彼，不自得而得彼者，是得人之得而不自得其得者也，适人之适而不自适其适者也。"自得的思想在王阳明的学术思想表现尤为突出，他认为生命意义和德性之源在于心性本体，所以人人要致良知。这样一来，个体提升修养就不应外求，而要自得。总之，自得是体现中国思想特殊品格的、在中国思想史上具普遍意义的方法论和境界论范畴①。

其次，自得赋予主体以愉悦和超越，从而得以洒然自得、坦适自在，这种心灵状态本身就包含着鲜明的审美品格②，从审美创造的角度来说，人基于心灵在自在状态生成中的本源性、能动性，迸发出不受外界限制而灵动惊异的创造力。自得属于审美范畴，在美学层面意味着创作的审美体验的生成方式，意味着勃勃生命力，意味着摆脱前人窠臼的艺术个性，更意味着审美创造主体对于客体的意向性把握③。我国古代文艺评论家普遍认为，自得与审美创造相关联。艺术创造如果循规蹈矩，就不可能有真正的艺术创造；艺术要出新意就要打破陈规，就要经由自身体悟而得，而不能完全受制于师法传统。自得才可能使主体心灵得以自放，才使其在审美创作中从容洒脱，逐渐形成自身特色。

言及合乐，就要诉诸乐境。乐境是审美感受的概念化表达，自得意境带来的心理效应就是乐。从乐境的生成过程来看，个体在生命历程中都会触受乐境：一是人在致知过程中会遇到自身受用之乐，即为己之学而带来的快乐，在这种快乐之下，个体对于学问的追求是自觉而自由的，也是

① 方红梅."自得"说的哲学内涵及美学意义[J].孔子研究，2012（04）：13-21.

② 方红梅."自得"说的哲学内涵及美学意义[J].孔子研究，2012（04）：13-21.

③ 张晶."自得"：创造性的审美思维命题[J].哲学研究，2003（01）：32-37.

发自内心的不受外力强迫的，因而可以得到最为持续的学习动力。二是人在道德方面的内在满足，即以仁为乐。个体在认识道德规范等主题时，从情感层面生成基于生命深处的真诚要求和自觉抉择的德性，形成生命为之愉悦的良性冲动，达到内心安宁、坦荡之乐。三是人在实践情境中体会到的物我交融、理与心会之乐，即主体与外物交感形成相融相契的意会、超越、自由、宽广的快乐心境。

上述乐境归结起来还是独乐之境，合乐之境是相对于独乐之境而言。显然，独乐是合乐的基础，合乐是独乐的特殊发展，需要一定的条件和境遇。如果说独乐是胸次洒脱、精神无限自由、无待乎外、具足于内、德性内充、活泼澄明、左右逢源、外内若一、物我同体的欣然无累心灵状态，那么，合乐则可以描述为人人平等、主体交互、相融相洽、自由安适、情理通达、灵动万千的心灵状态①。

行文至此，这里仅仅是从自在和合乐的两个立场分别展开其内涵，没有具体论及自在合乐的大学教育意境的逻辑依据和实际内涵，也就是说，尚未回答大学教师如何印证自在合乐的教育意境的问题，即大学教师"为何必要"以及"如何可能"达致自在合乐的教育意境。

首先来分析"为何必要"的问题。大学教师从事的大学教育活动是一种教育职业实践，具有一般职业所不具备的独特教育品性，这种独特性又体现在"为学与为己、利人与利己"的统一性，这种"统一性"一方面要求教育工具与目的的融合，另一方面要求大学教师心灵与教育对象的融洽。为了服从于教育目的，大学教师要内化教育目的，以自身为工具实施教育，在教育过程中达到思想、心灵相融，这是利他的展现。但是考虑到大学教师教育实践的可持续性，"利己"就要建构和充实教育实践的意义，并且要不断丰富心灵体验，从而内在地构筑起大学教师"自得"的基础。换言之，大学教师没有寻求到职业的内在意义，没有对这种意义进行自我体认，就不可能实施有效的教育实践。而从学术之道的视角来看，大学教师"自得"印合了治学与授学的统一性。一方面，为己之学是不务虚名、不事功利，的确要经由自得而入；另一方面，为人之学却要经由他人

---

① 方红梅."自得"说的哲学内涵及美学意义[J].孔子研究，2012（04）：13-21.

印证和参照，纯粹的为己之学或自我修正是空中楼阁、不可想象也不可实现的事。也就是说，为人之学与为己之学不能简单地从利己与利人的对立视角来分析。大学教师执教实际上就是将"为己之学"通过学生掌握来印证，并且从教育实践中检验和印证生命体悟。在教育过程中，大学教师自得意味着于己有得，一是对于学问的精进有所得，二是对于从教的体悟有所得。并且，这种自得不是外在的评价或客观尺度所能主宰的，是大学教师自得于心，是其自身在求学、治学、授学的过程中直觉而体验，是自我真信不疑的精神境界。这就是为什么许多大学教师即使是退休赋闲在家，仍然有心治学从教，因为这种自在之境不可剥夺，也永远不会遗失。

接下来考察"如何可能"的问题。如果说自在是一种方法，即为大学教师从教提供了形而上的方法论，那么，合乐实际上代表着大学教师执教的内在旨趣。从这个角度来说，合乐又是达致这种教育意境的工具。原因在于，一是合乐是乐境，是教育审美的体现，是大学教师意向朝向教育审美意象的展现。既然大学教师要朝向教育审美和审美教育，那就需要独立自主的意念品性，需要熟练掌握的教育技能，需要遵循教育运行和人的身心发展逻辑。只有超越事物羁绊、洒脱自在、无我而大我才能显现自由宏大、欣乐坦适的审美意境。二是合乐不是独乐。合乐是生发于教育场域的乐境，而不同于个体求知的乐境，也异于个体实践道德行为所获得的乐境。不难看出，合乐对于大学教育而言具有特别重要的意义。其一，大学教育是人际互动、多主体参与的实践活动，合乐之境是印证大学教育效果的重要指征。其二，大学教师追求合乐之境是对其独乐之境的超越。以己之学或治学为鹄的可以通达独乐之境，却未必能在执教过程中建构合乐之境。合乐之境本身需要多主体、多情境、多因素的参与，考验的不仅仅是大学教师作为主导者的学术修养，还有仁爱之心和施教之术以及创新教育的审美想象力。

综上可见，大学教师创造和体会的自在合乐的教育意境寓意高广丰厚。一方面，大学教师在认识教育和实践教育的立场和方向上站位高远，基于树人而立"己"之德和立"人"之德，在春风化雨、润物无声的教育劳作中成全人、发展人。既着眼于当下，又远瞻未来；既要面向本土或区域，又要环顾世界；既深耕于一己之学，又融汇他山之学。另一方面，大学教师在处置自身和教育过程中谨言慎行、情理通达，言教与身教相融合，既有直观的示范，也有内隐的意会，在理想意义的大学教育场域中人人平等、主体交互、相融相洽、自由安适、气象万千。与润泽树人、情理通达相比较而言，自在合乐看似利己，实是利人；貌似重乐，实是重教。其实，没有哪一种教育意境是朝向某一主体单独显现，同样，也没有哪一个主体能完全言说或独自品味单一的教育意境，因为作为教育意境的审美意义，言不尽意，意不尽言；而作为教育兴趣的审美诉求，大学教师对教育意境的魅力显现永远在路上。

第三节　大学教师追求教育意境的实践阻碍

教育意境是大学教师理想之境，既不是有意而为就可以达致的意境，又不是无为而遇的意境。教育意境之所以是不可预设的，乃是因为作为一种审美意境，往往生发于主体心灵的直觉、灵感，并且是多主体介入、多因素介入的意境，不可以预先设定；教育意境之所以不是完全随遇而来的偶然之境，乃是因为教育意境建立在大学教师正确的教育理念和熟练的教育技艺实践基础之上，是心灵朝向审美想象开启的结果，不是对教育审美体验漠视的结果。作为理想之境，在实践中就难免会遇到诸多困难和束缚。对大学教师教育意境的实践困厄进行分析就有必要，这不仅仅是大学教师追求理想教育的需要，而且对于明晰大学教育实践运行机理也有重要意义。从教育意境的现象之域来看，大学教学场域是大学教师教育意境的关键场域，大学教学是大学教师从事教育"生产"或"劳动"最为主要的领域，在大学教学过程和情境中显现教育意境再自然不过。从教育意境的范围来看，大学教育是教育意境显现的规定范畴，即教育意境如何生发、呈现何种样态受制于大学教育本身的规定、逻辑和发展状态。这些不同方面的因素实际上决定了大学教师教育意境的实践困厄。质言之，这些因素影响大学教师达致教育意境：一是教学理念与教学实施的对立冲突，二是教育理想与制度之间的相互适应，三是教师利益与职业文化的取舍融合。

一、大学教学的理性偏好

虽然大学教学是大学教师展现教育审美的主要场域，但是大学教学文化过分依赖于理性主导，严重妨碍了教育意境的生成。要理解理性主义对于大学教学的主宰及其对教育意境的影响，就有必要从大学教学与理性的关联、大学教学的理性偏好表现、大学教学的理性主义影响三个方面分析。

大学教学具有理性特征，是知识活动的重要环节。大学所要传递的知识不同于一般的知识而是高深知识，这种高深知识异于常识经验，既不是简单地从直觉而得到的经验就能掌握或理解，也不是偶然由心灵顿悟就能发现或发明。高深知识是古今无数的知识生产者和发现者不断探索、不断验证、不断总结的结晶。高深知识以学科为单位表征成不同学科体系，包括从宏观抽象到微观具象，从历史社会到个体身心等方面的学科知识。高深知识是理性认识的结果。作为人类认识的高阶水平，理性认识既优于感性认识而取得确定性、普遍性，又对知识的传递产生重要影响。大学教学既然是以高深知识为主要内容，就必然以理性逻辑为思维形式。无论是从施教者还是从受教者来看，大学教学都是基于理性认识而生的实践活动。没有理性的内在规定就无法有效开展教学实践，大学教学就成为大学教师和学生之间的即兴交流或独白演绎。另外，由于大学教学所涉的高深知识的理性水平通常要高于基础教育阶段，对教学者和学习者的理性水平相应也有更高的要求，即体现在理性思维所包含的观察、比较、分析、综合、抽象与概括思维与能力要有更高的提升。

正因如此，大学教师就在教学设计、教学实施等方面趋向于理性主义。首先，大学教师对于教学设计的理性因素过分依赖使其教学设计趋于理性主义，对教学中的非理性因素不予重视。无论是以学生为对象的学习设计还是以教师为主体的教学实施设计，教学设计本身是一种具有计划性和决策性的理性特质的行为过程，均需要预设对象的学习需求或教学目标，要了解对象的原有知识基础和学习方式、能力，进而以教和学的原理为指导，以逻辑推断为依托而设定学与教的过程与方法。诚然，对教学本身进行设计就是一种理性主导的显现。一方面，完全不进行教学设计的教学不合规范，也不是大学教学的主体；另一方面，没有教学设计的教学未必就没有理性因素的控制或介入。但是，即使是进行科学、合理、有效的教学设计，大学教师也要考虑大学知识本身的历史和文化中的情境因素，也要观照自身从教的意向性，并要认真研究和体悟学习对象的身心参与教学过程的可能性和状态变化特点。这些恰恰不是理性因素乃至理性主义主导所能左右的。进而言之，教学设计并不是万全的，对于意识到的教学现象或对象可以预设，但对于未能意识到的事件、心态、变化却不可能设计。

其次，大学教师在教学实施中表现的教学结构化和教学程序化以及师生交往淡漠化倾向。所谓教学结构化，是指大学教师按照一定的教学规范，根据原有的教学设计，以"施工生产"的方式依次完成教学各个环节。大学教师对于大学教学知识的结构化处理，即按照知识的单元化、模块化进行分割，既有利于教学实施时空的便利，又有利于教学管理的方便。所谓教学程序化，是指大学教师对教学过程的程序化处理。"程序教学通过一套事先设计好的、有一定顺序的特定行为，使学生按照教师所期望的方式去学习"①。程序化教学带来的是师生交往的淡漠化。伴随工业革命及其科学技术的影响，教育领域的科学化也渗透到大学教学具体环节中来，这极大了满足高等教育大众化和大规模知识技能掌握的需要，同时也对大学教学中的师生交往产生负面影响。当教学内容如此具体，教学过程变成机器化生产时，不同的学生就好比原材料稍有不同，大学教师调整不同的教学内容就好像对教学机器进行调整一样。被重视的是大学教学目标，被漠视的是大学教学中的教师和学生主体。

大学教学的理性化追求教学客观化。其一，大学教学目标操作化。在目前大学教学的科学管理范式影响下，大学仿效工业生产中的目标管理文化，上至人才培养目标，下至课程与教学目标要求——对应，互相支撑。既然教学目的具体明确，那么从事教学的大学教师就按部就班，认真履行职责就好了，对于管理者也方便，教学组织或实施者也省心。而且，从文件到过程无缝对接，严格按照所谓的知识逻辑、学理规则而成，不容

① 普勒格,李其龙.程序教学二十五年[J].全球教育展望,1981(01)：5-9.

置疑，也少有缺陷。其二，大学教学评价数量化。在实际的大学教学活动中，"教学目标被简单地转化为容易计算的数字，教学评价演变为一种数量化信息提取过程"①。在教学客观化影响下，无论是教师的教还是学生的学都转换成数量，直观而易懂却遮蔽了教学过程的质量和使命，也就丧失了大学教师对于教学审美意蕴追求的可能。

大学教学重视教学的理性就必然忽视教学的非理性，从而直接影响了教育兴趣的审美创造，掩盖了教学活动的本真。其实，大学教学既有理性向度的一面，也应有非理性向度的一面。非理性教学理解关注主体的联想、想象、知觉、顿悟、灵感等，具有意欲性、知觉性、情感性和意志性，与理性的教学认识偏重逻辑视角不同的是，非理性教学从知觉教学、情境教学、理解教学来达成非理性教学认识②。从教学意向性来看，大学教师对自然、社会、他人、自我的认识有强烈的愿望，这种愿望就会促使其在教学过程中深度参与教学，与学生进行对话教学，从而确保全身心投入于教育教学活动之中，形成融洽且具有教育品质的师生关系。从教学思维的知觉立场来看，大学教师是以身体作为认识的媒介和通道对教学场景中的事物进行感受，会形成直观的形象思维、经验思维、灵感思维等非理性认识思维方式。从教学的情感来看，大学教学包含着情感因素，其一是大学教师对于学生的教育情感，其二是大学教师对于学科知识的情感。人的情感、认识、行动之间存在联系，没有主体的情感活动，是不可能有激发教师主体的逻辑思维，也不可能开展富有创造性的教育实践，其根本原因在于感性认识的非线性、情感性所带来的复合性和创造性，这些是策动、维持、强化、引导大学教师教学活动发生的内生动力。

总之，理性主义倾向的大学教学消减了大学教师主体性。尽管大学教学理性化在丰富和拓展课程教学资源的同时提升了大学教师信息技术手段和教学效率，但也导致人们对教学的认知偏差，使大学教师形成对技术的依赖，损害了作为教学主体的自由以及在教学过程中享受幸福和审美愉悦的权利。进一步来看，大学教学的技术化倾向对大学课堂的思维空间和体

① 徐继存.教学技术化及其批判[J].教育理论与实践, 2004 (03)：48-51.

② 杨晓.教学认识中的另一半：非理性认识的思考[J].课程.教材.教法, 2017, 37 (02)：33-39.

验性学习过程产生负面影响，销蚀了大学教学的魅力使其被概念演绎、技术展现、程序实施所替代，大学师生在教育场域中心灵的想象和创造乃至审美都为工具理性所遮蔽。

二、大学教育的功利取向

当前我国大学文化陷入功利取向，从大学精神、大学治理与运行、大学发展等不同方面都存在功利主义，其中，大学教育的功利取向对于大学教育意境影响深远。大学教育趋向功利的原因复杂，从文化迁移归因上看，与中国传统文化重现实的功利而忽视未来的利益的固有认知和做法有关；也与西方资本主义重利轻义的市场逻辑影响有关。从哲学解释归因来看，与大学主体的理性认识偏差使其主体性丧失有关，即大学理性被资本等物质属性所掩盖，使大学精神陷落于实用理性的经验层次，从而不具有理性本身的超越性，由道义滑向功利一端不可自拔。从教育运行视角归因来看，大学文化功利取向受制于社会文化功利取向，大学教育一味地适应社会逻辑而忽略了大学教育自身的本质规定，对于人的自由而全面发展不予重视，致使大学教育成为社会经济发展的工具；在此背景下，我国大学伴随着社会经济的快速发展不断迎来了其自身的跨越式发展，在不长的时间内迅速完成了从精英教育向大众化高等教育的过渡。面对大学外的强烈而旺盛的教育需求和使命，大学本身的发展逻辑很难做到平衡。就大学教育而言，沿袭学以致用的内生逻辑和强烈的现实关怀，大学教育关注于当下的教育任务和显性收益就不难理解。

大学教育的功利取向直接导致大学教育意义的失落。首先，大学教育目的变得更为势利。如前所述，我国大学既没有西方大学相对久远的大学发展历史，又没有西方大学组织本身发展的社会文化土壤，从形式上移植西方大学组织形态而生成的大学与我国本土的实用理性社会文化融合在一起，加上没有较好地继承我国传统书院中求学内修、德智并举、经纬天地的精神传统。在如火如荼的社会改革热潮中，大学本身的职能也有所偏倚，大学教育努力适应社会经济发展的外生逻辑，在精致的利己主义影响下偏向功利取向。在大学教育目的体系中，人才培养目标层面虽然有一些德性或精神向度的要求，但在具体教育教学目标中，与职业适应所需要的知识技能仍然主导着大学教学目的的内容。

其次，大学教育功利化重教育效率而忽视人的发展。由于大学教育重视教育的效率就容易重视教育的品质。大学教育质量本身是一个仁者见仁、智者见智的概念，其参照尺度不同就会有不同的解释依据和结果。也就是说，满足什么样的价值尺度，就会有什么样的教育质量。对于大学教育效率的追求本身就是社会经济快速发展的内在需要，也顺其自然而成为个体发展的主要需要。一批批掌握知识、通过考核、拥有专业技能的劳动者脱颖而出，对于人的综合素养发展如何，既无暇关心，又无能力和必要观照。因为对其改革要改变庞杂的教育治理体制，更重要的是还要追加大量成本。久而久之，少有人审视这个热闹而快速运转的"大学机器"。

最后，大学教育功利化重教育的利益而忽略人的心灵诉求。由于大学教育需要大量的成本，而大学一旦陷入功利主义，大学教育就成为以人牟利的最好方式。在以人口基数为划拨标准的投入方式下，扩大学生规模既可以扩大收入来源，也可以壮大社会声誉，名利双收。不仅如此，大学教育重视利益的表现渗透教育过程，在教育专业设置中，对于近利性强的专业，大学极力迎合社会需求和学生需要，"涉商逐金"就成为司空见惯的现象，创业英雄案例为大学师生所崇拜。而那些默默无闻、远离喧嚣的基础学科教育日益边缘化。这些教育文化所倚重的无一例外是人的现实利益，而忽略人的心灵健全，不仅大学师生关系异化为以知识为媒介的商品交换关系，而且大学教育的魅力和意义日渐被遗忘。

大学教育功利取向归结起来表征为世俗化、实用化、技术化、商品化。所谓世俗化，就是对于大学学问的高贵、精细、优雅的放逐。传统大学中，大学所传递的学问是宗教经典，具有神圣性；现代大学中，大学所拥有的系统化、精深化的知识是经由一代代严谨治学的向学者创造而来。高深知识的生产过程和传递过程本身就具有学问之道的神圣尊严和独特魅力。没有这些高深知识，也就不会有人类精神的终极诉求和心灵归属。但一切教育如果面向的是世俗化需求，就成为实用化追求目标。这种实用化又在实用理性的托词下生机勃勃。因为实用理性本身就是关注于现实社会生活，对大学学问的纯粹抽象、思辨逻辑置之不理，诸事问是否实用、实际、实行；将大学学问服务于解决个体经验世界的生存与发展，对更为宏观和卓越的大道不闻不问，造就的是一批批精致的利己主义者。在此背景下，大学教育与技术化、智能化手段结合起来，以迎合高效率的人才培养需求。而这些教育现象背后的操纵者或助推手是大学知识的商品化。人们信奉的是：没有知识不可交换，没有知识不应交换。人们所思的是如何将不可交换的知识产品变现为不同类型的资本，不去思考哪些知识不可交换，也不应交换。可见，大学教育功利取向造成了大学教育价值失守、大学文化衰败以及大学教育意义遗失的恶性循环。

问题是，大学教育既有功利价值一面，还有非功利价值的另一面。如果说功利价值的大学教育重视的是人的利益诉求，尤其是显性的、当下的物质利益得失；那么，非功利价值取向的大学教育更加强调教育本身的内在诉求，包括大学教育承载的人文关怀和精神享用功能，对于教育自身所蕴含的滋养德性、丰泽心灵，对于人格的真善美就极为推崇。

教育意境作为审美向度的大学教师审美体验，并非排斥功利教育取向，而是在合理的范围内寻求非功利性教育取向。这里首先要陈述大学教育者和大学教育两个不同方面的功利取向的关联。前文主要陈述大学教育的功利取向对大学教育的负面影响，实事求是地说，大学教育的功利取向对于大学教育本身有合理和积极意义。大学教育本身就是关涉事功的社会实践活动，没有功利也不可以成其为教育。但是，就本书而言，除了大学教育功利之外，还有大学教育者本身的功利与非功利取向问题。一方面，大学教师功利性态度自然影响到其教育实践的功利取向。但另一方面，大学教师还有非功利性取向的存在方式。这种非功利的存在方式使其教育实践包含了向审美意境的可能性，即教育意境的审美诉求。一旦大学教师充分理解功利取向而转向非功利性取向，就会在教育实践中对其教育对象产生人文性、陶冶性为主要特征的教育意向，对其教育方式产生教育审美想象的冲动。

但是，这种转向并非易事。因为大学教育的功利化还导源于"从社会所秉持的工具主义人才观、教师所践履的契约主义教化观、学生所领悟的实利主义求知观"①。其一,大学外部环境的功利文化还占据主导地位和影响,大学教师单向度强调从教的意义获得,或者超越脱俗地追求自我就非常艰难。毕竟,大学教师职业是一种普通社会职业,从教者大多停留于谋生境界。与以往教师"僧侣""官吏"等非职业形象不同,大学教师职业化重要表征就是大学教师与政府、学生之间达成"契约关系"②。大学教师依照契约关系为学生提供专门化服务。其二,大学学术本身的功利属性诱使大学教育功利化。大学教师愈来愈急功近利,治学从教不再是为了追求真理和传播真知,致使科研变成工具、学术变成数字;评职称、获头衔、享待遇成为大学教师主要学术动机。面对我国大学是后发型的先天事实,大学发展模式从最初就决定了大学教育很难按照育人的本真目的去设计和规划,亦很难依循应然的方向去运行和发展。其三,大学学习并非完全出于兴趣而是涂上了浓重的实利主义色彩。即大学生的学习多数并不是真的对知识本身感兴趣,而更多的是出于外在动机,学生学习的功利性和目的性都非常强。

三、大学教师的分化趋势

大学教师分化是大学教师职业本身演化和大学教师自身执教方式变化导致职业形象由同一性趋于异质性的现象。前者是从职业整体视角理解大学教师职业分化,后者是从职业实践具体视角理解大学教师职业分化,两者又是相互影响、相互关联的。就职业演化而言,大学教师分化体现了大学教师职业发展的内在逻辑和适应变化特点,就个体行动选择而言,大学教师分化展现了大学教师职业利益与制度等综合因素相互影响的实际结果。大学教师分化是大学教师职业发展的特有文化现象,对于大学教师教育意境而言有较为深远的影响。其一,大学教师追求教育意境从属于精神生活,是其主体意志自由的独立显现,而大学教师分化从客观上削弱了大学教师追求教育意境的意义。其二,大学教师分化反映了大学教师职业本身的发展逻辑被压制,即这种分化主要是由于适应知识活动、大学发展、

① 朱文辉,靳玉乐.教学功利化剖析与出路探讨[J].中国教育学刊,2015(12):1-5.
② 朱文辉,靳玉乐.教学功利化剖析与出路探讨[J].中国教育学刊,2015(12):1-5.

社会转型、价值转换等外部因素的结果。由于强势的力量改变大学教师职业内在逻辑，大学教师从事教育本身的体验也随之而改变，导致原有教育世界中真、善、美等不同价值的相对独立与统一性的丧失，使大学教师个体价值和教育职业价值观形成对立或冲突，严重影响大学教师达致教育意境的可能性。

　　大学教师职业分化是一个职业演进的历史过程。大学教师资质是由授予大学教师资格的主体来决定。在西方大学发展史上，宗教一度控制了颁发大学教师的培养、聘用、考核等权力。最初大学教师从教与宗教事务紧密相关，大学成为宗教的布道场。后来，在科技变革、理性启蒙、社会需求等综合推动下，大学组织日益壮大并逐渐面向世俗世界，更具人间烟火味。在我国，大学教师概念与西方虽然有所不同，但大学教师从官吏合师到世俗化的专业教师的过程也与西方相同，如今，大学教师职业尽管在知识和德性等方面要优于一般职业，但作为一种普通的社会职业而存在已是大家所公认的事实。

　　继大学教师职业世俗化之后就是大学教师职业的专业化。随着大学教师职业分化与大学发展是相关联的，以往专事于教育的大学教师在今天的大学已经非常罕见。大学教师职业的专业化又因大学职能分化有关。大学教师不仅仅是教育者，还是科研人员；不仅仅是公职人员，还要作为一个知识产品的销售人员；不仅仅是心无旁骛的治学者，还要履行相关社会服务责任。换言之，大学需要履行什么样的社会职能，大学教师就要承担什么样的社会责任。

　　以上是大学教师职业发展和大学教师个体外部视角来理解这种分化特征。从大学教师个体立场来看，大学教师不仅仅要面对外部组织环境的变化要求，还要适应其服务对象——学习者的变化。首先，大学学习者的来源多样化，既有全日制不同学历层次的在校学生，还有半工半读的从业者，还有享受闲暇的退休人士。服务不同学习对象的教育使命就使得大学教师工作内容本身在不断分化。有的可能专攻于学习指导，有的则从事于人文关怀，有的则偏向于学术研究，有的则热心于学习服务等。其次，大学学术本身的分化使得大学教师从教内在的分化。随着大学学术活动日益复杂化，一方面，知识生产、传递、积累等不同环节都需要大量专门人员，另一方面，大学也迎合在这种专门化的知识经济时代，大学教师在从事教育实践过程中要分工合作，服务这种精细化、专门化、高效化的学术事业。所以，有的大学教师就可能立足于学科前沿专门从事学术创造而无暇顾及人才培养，有的大学教师则专门从事相对重复性、基础性的教学学术服务。

大学教师分化的核心是大学教师的结构和类别的分化。其一，大学教师存在阶层分化。从大学教师职称等级尺度来看，大学教师阶层分化为教授、副教授、讲师、助教等。从资源掌握程度和综合影响来看，大学教师还可以分为优势群体、一般群体、边缘群体，所谓优势群体，就是那些拥有大量不同类型资源和控制能力的大学教师，相应地边缘群体则是在资本符号及社会适应等各个方面相对匮乏和处于弱势地位的群体，而一般群体则介于两者之间。其二，大学教师教育价值取向分层。这里有三种类型的教师，热心从教者、谋生从教者和无暇从教者。所谓热心从教者，是大学教师一心为了教育，为了成就他人，视教育为卓越价值的社会职业；所谓谋生从教者，是指大学教师仅仅为了生存而教育，视教育为普通劳动性质的职业；所谓无暇从教者，是指大学教师无心于教育，其从教既不在生存，也不在发展，仅仅是消磨时光或其他取向。综上可见，无论是外部宏观视角上认识大学教师职业分化还是从微观个体体验上理解大学教师分化，大学教师分化意味着从一元走向多元，从整体走向个体，从理想走向世俗、从精神走向物质的转变。

大学教师分化对大学教师教育体验产生一定程度的冲击或影响。如果说大学教师在教育意境中感受到的是具有审美意蕴的深刻体验，是快乐、喜悦、崇高、美好、合理、充实、自由等价值和意象，那么大学教师在其教育实践过程中，同样渴求上述美好体验。但由于价值观念的分化以及利益分化带来的心灵转向，其行动就可能不由自主地转向世俗、物质向度，从而遗失了教育本身的精神和理想向度，对教育实践中可能生发或创造的审美意蕴就无从观照和体验。于是，其心灵就交由教育利益所主导，其忧乐、感觉、悲喜、难易、美丑、真伪等教育体验就不是主体性而是能动性所追求而赋予，而是由外在教育世界中客体所赋予。长此以往，大学教师在面临价值观念冲突和教育实践困境时，就难以超越现实，也就难以发现、创造大学教育意境。

我们可以想象，当大学教师面对周边群体趋向资源集中的"生存法则"和利益取向的"习俗文化"心理之后，大学教育原本的神圣和纯粹就被消解，大学教师执教意义被悬置。大学教育一旦不成为中心，大学教师职业价值的内在规定就变异。首先，其学术自由的本质属性就不再保持，而沦为利益的工具。也就是说，无论是科研还是教育，都只是学术牟利的手段。在此进程中的大学教育或大学科研，乃至大学教师或大学学习者都成为利益机器的操作者和利益的追求者，自然也成为利益的牺牲者。其次，大学教师分化以专业化、精确化的趋势迎合了大学教育的功利化取向。在结构化分层的大学教师发展制度助力下，大学教师从事教育工作的意义处于边缘，即使有相应的规定强化大学教育的主体地位和优势位置，只不过适当弥补了大学本身的实际行动的偏差，并未实质上回归大学教育本身的意义。最后，大学教师文化在分化的进程中迈向资本文化，教育世界中的问题一再被数量化、客观化来评价，即对于外显的教育绩效过度追求而掩盖甚至阻碍人们去挖掘教育过程中人的心灵感受和深刻体验，结果就是投身于教育的大学教师难以聚精会神，以心猿意马来指谓也并不为过。总之，大学教师的人文情怀是教育意境以发生和持续的基础，而在以雇佣劳动为主要特征的大学教师治理方式和以资本利益为主要导向的大学教师发展的治理逻辑或工具之中，大学教育意境就成为一个少有人提及的神秘乐园消失于科学精神、技术理性的膨胀和畸形发展局势之下。于是，大学教师本身的人文精神、价值理性的日渐萎缩和缺失，逐渐成为大学教师职业发展面临的一个严重的内生性问题。

本章小结

　　大学教师教育兴趣会生发审美诉求，这就使其达致教育意境。教育意境是大学教师融教育理想与教育审美意识的综合心境，是教育兴趣的高阶状态表象。教育意境是大学教师自由意志对于教育实践的目标，既体现大学教师超越教育内容规定和教育目标的预设，也关联着大学教师对人生、历史、宇宙产生独特的感受和领悟。质言之，教育意境是大学教师领略大学教育的感触意趣，收获、印证大学教育世界的洞识妙悟。大学教师在教育实践中追求教育意境是其教育兴趣的必然诉求。一方面，教育意境可以弥合教育兴趣的感性与理性向度中的不足与对立；另一方面，教育兴趣驱动大学教师的审美意识，令其在教育实践中通过审美欣赏、审美体验、审美创造来达致教育意境。对大学教师而言，其教育审美诉求驱动所创造的教育意境有润泽树人、情理通达、自在合乐等不同类型。不过，由于受到工具理性和功利主义文化的侵扰，大学教师极易分化，在教育生活中会遭遇诸多困境。

第五章　大学教师教育兴趣在教育生活中的生发

大学教育是由大学教师主导的教育生活而实现，大学教师教育兴趣既是在场又是出场。就在场而言，是大学教师教育兴趣内蕴于教育实践之中；就出场而言，是大学教师对教育兴趣的认识从"遮蔽"状态到"祛蔽"状态的转化，即走向大学教师教育兴趣自觉。从教育生活视野来看大学教师职业实践有着较为明显的方法论意蕴。首先，超越教育主体、客体二元立场的分立。既不拘泥于教育主体的身心世界，也不执着于教育事务的客观条件。其次，弥合理性主义和经验主义视域的对立与局限。教育兴趣作为大学教师教育实践体验和认识中不可回避的主题。一方面纯粹客观的理性主义态度把握教育兴趣的超验本质可能未必适切；另一方面纯粹以经验主义方法归纳出不确定的教育兴趣的要素也可能不太恰当。但是，由于大学教师直接面对教育实践本身，从教育生活的整全视野来观照其教育兴趣的发展，可以赋予研究者更为完整的研究路向，既可经验感知而收集教育兴趣的存在与过程，又可理性洞识教育兴趣相关观念、意识、精神表象。

第一节　教育生活对于大学教师教育实践的内在意蕴

大学教师教育生活是对大学教师主体研究的重要场域。作为一种内生性视角而显现的主题，关注教育生活不是要从静态的结构要素主义视角描述大学教师的教育世界，也不是纯粹地从超验主义视角批判大学教师的教育行动表象。教育生活不仅在研究上具有方法论意义，还对大学教师主体实践本身而言有着重要的本体论意义，一方面教育生活是大学教师职业实践体验的重要来源，只有在教育生活中，其教育意识、观念、行动、体验才得以生发。对此，可形象地比喻为：大学教师理解教育或反思教育实践就不用"骑着驴去寻找驴"。另一方面，教育生活也是大学教师职业发展的基本路径。尽管当代大学教师职业劳动趋于复杂化，并不断面临分化的趋势，但教育生活作为其职业发展的重要路径的逻辑和意义是不可否认的。从理论意义上说，教育生活把大学教师从"生存意义"的堕落中解救出来，为其职业发展指明了方向。大学教师在教育生活内寻找生存的价值和意义，从而实现教师职业发展的多样性。从实践意义上说，大学文化发展和大学教育质量提升需要审视、完善大学教师的教育生活，因为其教育生活质量不仅仅关系到教育的投入和效果，更是直接影响教师和学生在教育生活中的意义获得，必然与立德树人的教育使命息息相关。换言之，大学教师在教育生活中，由自我走向他人，在教育意识和教育行动逐渐延伸的过程中，逐步展开"为己的世界"和"为人的世界"，实现理想的教育愿景。

一、教育生活是大学教师的教育行动表征

主体为实现某种意图而进行的活动就是行动，行动是教育学术的核心内涵[1]。

近代学术史有不少大师研究过行动，韦伯就曾深入分析过行动的概念，他认为行动就是互动或被称为社会行动[2]。而在哈贝马斯看来，行动包括生产、劳动、科技活动，无一例外都出乎于主体"合目的的理性行为"，因而具有工具性、目的性和策略性[3]。帕森斯明确地区分了行为和行动，他认为：行为的外延要广于行动，但行动的本质是行为，虽然一切行动都是行为，但行为未必是行动。[4]阿伦特则从其特有的政治哲学关怀视野

---

① 刘旭东,吴永胜.教育的学术品格与教育实践[J].教育研究,2015,36(09):10-16.

② 韦伯.社会学的基本概念[M].顾忠华,译.桂林:广西师范大学出版社,2005:29.

③ 哈贝马斯.交往与社会进化[M].张博树,译.重庆:重庆出版社,1989:122.

④ 佟庆才.帕森斯及其社会行动理论[J].国外社会科学,1980(10):60-62.

出发界定"行动是人与人之间直接展开的活动"①。由此可见，行动从广义上说是具有社会性的实践活动，因而内涵主体的意识与目的，并呈现系统性的特点。

　　尽管有关行动的理解不一而足，但后人对于行动的理解严格说还是受韦伯的影响较深，是韦伯首次从价值理性和目的理性的分化而观照社会行动。作为理性存在与非理性存在的统一体，其社会行动本身却难以统一。这就为社会学理解人提供了重要视点。显然，大学教师教育生活包括教育行动，即教育行动是教育生活的重要构成。从直观的意义上说，大学教师职业的教育品性必然要经由教育行动而显现，其教育生活需要通过教育行动来表征。教育行动之于教育具有特别重要的意义，其一，教育行动具有言说性和公共性；其二，从行动的视野理解教育，或者说从教育行动来把握教育生活，有助于全面理解教育的重要使命，洞悉教育的本质②。

　　教育行动与劳动概念相关联。可以说，教育行动是人的一种劳动，表现劳作的"做工"特征。从劳动本身的主体认同程度来看，劳动也可能是被动的，因而教育行动就有可能是一种被动的工作而不是主动的活动。如果说大学教师是基于狭义的劳作来理解其教育行动，就不具有鲜明的主体自发性。从当代大学教师职业身份获得和发展的规范契约来说，大学教师的教育实践行为则更多体现教育劳作的行动特点，而不是教育行动本身所包含的意识自觉、系统目的，而这两个方面的特征又是作为行动的教育行动所蕴含的。要体现大学教师主体对于教育的强烈意愿，即拥有明确的教育兴趣，那么教育行动就要呈现主体的意识而不是被动地劳作。要从抽象、普遍意义上对大学教师执教行动进行规范，就要从劳动的社会规范层面理解教育行动而不是一味地视教育行动为个体性的社会行动甚至行为。实际上，韦伯的价值理性与目的理性所做的社会行动区分只是从价值本身的理性性质而做的界定，具体来说又是从与个体欲求关联的普遍性而论。问题是，个体欲求的价值属性并不必然与目的理性相冲突。传统意义上视个体与社会相对立的价值二元分化其实并不能完全引入教育行动范畴中

---

①　布鲁尔.阿伦特为什么重要?[M].刘北成, 刘小鸥, 译.南京: 译林出版社, 2009: 60.

②　高德胜.论教育的行动性[J].高等教育研究, 2012, 33(08): 12-16.

来。在教育领域中，个体的价值诉求与社会关切往往是一致的。正是如此，完全按照以往的价值逻辑来理解教育行动未必完全适切，对于分析大学教师教育生活也就不是非常合理。

如果说以往的教育行动分析或多或少受制于自然主义尤其是客观实证主义的影响，那么跳出实在论的立场就要选择教育行动本身的分析逻辑才有可能更为全面地理解教育生活。实在论的缺陷在于过于强调客观、外显、直观而统一的向度，以固定而均质的尺度来把握事物。而作为主体性研究的重要范畴，理解教育行动要立足于内生、主动、过程立场。因为，大学教师是教育行动的主体发动之源，以其施为的教育行动的类别来说，有大学教师自发的教育行动和引发的教育行动，前者是大学教师自身所思、所发的教育行动，后者则是由外在组织、社会规范而引发的教育行动，其动机来源不同。以教育行动的作用方式来看，大学教师的教育行动可分为直接的教育行动和间接的教育行动。所谓直接的教育行动就是直接作用于教育对象的教育行动，而间接的教育行动是经过某些中介环节而作用于教育对象的教育行动。如绘制标语本身不是直接的教育行动，而直接对学生进行宣讲就是直接的教育行动。以教育行动的结构要素来看，大学教师的教育行动包括结构化的教育行动和无结构化的教育行动。显然，对于一般意义上的课堂教学，它通常有着严谨的内容组成和实施程序，因而是结构化或系统性的；而对于日常相遇中的教师与学生具有教育目的的交流活动，其教育行动就可能是随意而为，并不是精心组织，就呈现松散而生成性的特点，因而是无结构化的教育行动。从教育行动的品质特点来看，大学教师的教育行动包括重复性的教育行动与创新性的教育行动。大学教师所从事的教育教学尤其是课堂教学行为，有些可能是基本知识传递或技能环节不可缺少的教育行动，从内容性质本身而言需要不断地重复，尽管可以在实施方式上有所创新，但就教育行动本身的整体特点而言并不具有创新性。另外，对于一些新的教育问题或情境，则需要在大学教师对教育行动本身进行想象、创造，包括教育目的、内容、过程等。也就是说作为教育行动的发生本身就是全新的，不是原有意义上的重复。

从上述教育行动本身的二元分类逻辑并不能显现教育生活的丰富特

点，而对这些分类维度进行交互关联就会发现，教育生活本身确实气象万千。在本书第三章中曾就大学教师教育情感的直观显现维度做了介绍，即从课程教学、科研指导、学生管理、实践交往等四个方面对大学教师执教活动进行了初步的分析。现在结合教育行动的生发源流、作用方式、结构要素、品质特点来综合理解。第一，大学教师的教育行动可以生发于不同的时空领域，有的可能在传统意义上的课堂、实验室或固定空间的教育场所，有的则可能在虚拟却有现实意义的网络世界，并且可以与其他实践意图结合在一起，如科研、管理、交流等目的。在不同目的交融的主体实践活动中，教育行动的教育逻辑和教育属性有可能是占据主导地位的，有些则可能是边缘地位的；有的即使是出于教育逻辑而发的教育行动，后来却未必能够保持原有的教育意愿，同样，有的并不是出于教育意图的实践行动，后来却具有教育干预或影响的功能。

　　第二，人们通常习惯于从显性而客观的立场来理解教育行动，其实只是抓住了教育活动的行为表象，而未能把握教育行动的本质。从直接的教育行动中我们固然能捕捉到教育行动的意义和过程，但从间接的教育行动中却往往忽略教育行动应有的精细定位和过程设计乃至绩效评价，也就是说对于显性而易于衡量的、有明确时空尺度和行动表征的教学指导现象，管理者尽管容易控制其进程和质量，但对于隐性、间接的教育行动的意图、实施、评价，就未能引起足够的重视。另外，有的直接的教育行动却并不是大学教师自发的，有的间接的教育行动却反而是大学教师有强烈意愿的，就教育行动本身的初衷而言，显然自发的要强于引发的教育行动。问题是，这些自发的教育行动是"如何生成""在哪里显现"，通常又是"在什么条件"下才能更容易引起大学教师的教育学生的自发言行呢？

　　第三，对于教育行动的结构要素，我们通常从环境要素、主体要素和行为要素来关心教育实践[①]。问题是，这些结构要素，在不同类型的教育行动中，究竟占据多大权重或影响，孰轻孰重呢？按照教育行动的主体逻辑来说，一般的教育行动就首先要考虑主体要素，因为没有主体要素的充分参与，教育行动就不可能有效发生。然而，在大学教育场域中，有的教育

---

① 余清臣.培育对教育实践的高位目光与普遍视野[J].南京社会科学, 2017（02）：143-148+156.

行动还囿于时空条件、学科特点、对象关切等不同因素，要充分考虑环境要素或行动要素本身的构成。就目前最为直接的新冠疫情影响下，大学教学本身就受环境所主导，大学教师教育行动就不得不发生根本性的变革，线上与线下教学的有机融合就成为大学教育行动的新常态，也赋予了大学教师的教育生活的新图景。

第四，回到教育兴趣的视角来看教育行动。不仅仅是大学生对于教育生活充满向往和关切，这种向往既因为教育本身对于大学生的身心发展的本体价值，又可能因为教育方式和过程对于参与教育生活的主体身心的愉悦。同理，大学教师作为教育生活主体，其教育行动是重复性还是创新性，就在一定程度上影响了教育行动所产生的审美意境。诚然，对大学教师和大学教育本身而言，重复性的教育行动是主体，但就大学教育生活主体身心感受和大学教育生活的自由变化的可能性而言，创新性就成为必然诉求。如此来看，大学教师没有充沛的教育热情、专一而执着的教育信念、丰富而精湛的教育技艺，其教育魅力既无法充分呈现和表达，又无法回应自身和真正关切教育的主体需求，更无益于大学教育的新进展。总之，大学教育生活以教育行动来表征更好地理解教育实践的有效做法和路径，因为透过这些丰富的交互关联所呈现的是纷繁复杂的教育现象，而在其中，教育者或参与者、教育环境、教育内容甚至教育逻辑本身都是在变与不变的统一中整体呈现，当然唯有全身心浸入于这种教育生活的主体才能感知大学教育的全程性、全方位性。

二、教育生活是大学教师的教育观念集合

如果对大学教师而言，其教育生活直观显现为教育行动，那么其教育生活间接就受制于教育观念。教育观念的概念理解有两种不同的立场，一种是从宏观意义上，认为教育观念是系统化的教育思想或教育意识。另一种则是从微观上认定教育观念是教育者关于教育活动和教育现象的认识与看法，即教育存在于教育者心中的意识反映。显然，教育观念的理解与观念概念本身相关，如果认定观念是外在事物在头脑中的反应，那么教育观念就不可避免地理解为教育认识或看法；如果认为观念乃是对应于实践，

即"做"对应于"思"，那么观念就是理性生活的重要组成部分，相应地教育观念也就是一种对于教育的理性运思的生活。不论是哪一种教育观念理解，其共性一是在于教育观念的意识对象是教育存在，是教育问题或教育现象与活动，二是在于教育观念是主体源于教育存在的认识行为。由此可见，教育生活的观念维度实际上就是教育观念的集合。此集合既表明了教育生活中，大学教师对教育存在的致思现象和过程，也表征出大学教师在上述致思过程中的思想结晶。

尽管对大学教师教育观念进行全面而立体的扫描是非常困难的，但我们还是可以依照四个基本的维度来理解其教育观念。从教育观念的主体关联性程度来看，大学教师教育观念包括具身性的教育观念和离身性的教育观念。所谓具身性，是指人的认识、身体、环境是一体的，即在主体认识过程中，身体嵌入环境，知觉、身体、世界成为一个整体，亦即主体认知会受到身体和身体感觉运动图式的制约和影响①。具身性的教育观念意味着大学教师习得教育观念是与主体的亲身参与有关，并且是身涉教育场域中的教育情境而来；与此相对，离身性的教育观念则是与主体现有认识和经验无关的教育认识，一种是由于前人总结的教育观念形态，另一种则是由于教育相关的历史经验而形成的教育观念，两者都已经固定化，或为正式语言表达的理论文本形态的教育观念，或通过日常语言表达的习俗约定的教育观念。总之，这些教育观念的形成与主体目前的认识过程没有关系。

在大学教师教育生活中，具身性的教育观念与离身性的教育观念尽管具有不同的作用方式，但都具有重要意义。首先，大学教师的教育行动要依照具身性的教育观念而指导。在大学教师自身的身心融入教育实践中，其自身的教育认知才能有效发生。否则，教育观念都是存于他者而异于其自身的观念世界，对其自身的思想、实践并无直接影响。其次，大学教师的教育观念的改变又需要离身性的教育观念为基础。无论是文本形态的教育理论言说，还是日常交往表达所蕴含的教育习俗规定，都潜在或直接地影响大学教师的教育理解。最后，大学教师的具身性的教育观念与离身性的教育观念又是相互转化的。对某一主体而言，是离身性的教育观念，但

---

① 叶浩生.身心二元论的困境与具身认知研究的兴起[J].心理科学，2011，34（04）：999-1005.

也有可能在其他主体的教育实践中成为其自身的具身性的教育观念；同样，原来是具身性的教育观念，由于主体远离教育情境或不再关注教育实践，又成为离身性的教育观念。

从教育观念的结构来看，大学教师的教育观念主要包括对课程、教学、评价、学习、教学管理等方面认识。具体来说，大学课程观是大学教师对于课程目标、内容、实施、评价等方面的认识和看法；大学教学观则是大学教师对于教学运行、教学条件与环境等方面的认识和看法；大学评价观主要是大学教师对于学生发展乃至大学发展的评价法则、立场、方式等方面的认识和看法；大学学习观是大学教师对于大学知识学习活动的认识和看法；大学教学管理观是大学教师对于大学教学管理目标、方式、过程等方面的认识和看法。这些不同方面的内容相互联系、相互影响，是大学教育观念体系的基本构成要素。显然，这些分类是一种理论划分的兴趣，而不是出于大学教师教育生活的实际状态。因为大学教师在教育实践中，有时候并不会系统而有针对性地分门别类地具体思索上述各方面的教育观念，也不一定会对某一方面的教育观念做持久关注，有些理解往往交织在一起。譬如，大学教师在对待课程观和教学观时，如果不是在思索人才培养体系的宏观问题时，往往会统整地理解为教学观念体系。而有关于学生学习评价和教学管理的观念也通常是互联互通的。

从教育观念的内容属性来看，大学教师教育观念可分为抽象的教育观念和具体的教育观念。这是因为一方面教育观念的对象既有抽象的客体又有具体的客观，另一方面教育观念的表达既有抽象的形式也有具体的形式。前者所述的是教育生活世界中的现实存在和意象存在，教育生活世界并不是所有的事物都是具体而感性的，如学生、教师、教学情境等生动而可感知的事物；有些则是纯粹抽象而间接的，如教育目的、教育功能、教育价值、教育质量等客体就作为理性的对象而存在。显然，这两种存在方式决定了教育观念的对象就有抽象和具体之别。而后者即教育观念的表达与传递方式之所以有抽象和具体之别，一是由于内容性质的决定，如果其内容对象本身是抽象的内容，一般来说很难具体化；二是由于传递或交流对象有关，如果面向的是理论知识接受者，那么教育观念通常就要以相对抽象的文本形态来表示，如果面向的是日常交流尤其是具体的教育实践诉求，那么教育观念就要诉诸简单、直观、生动、形象的表达形式。

从教育观念的形成过程来看，大学教师教育观念可以分为边缘位置的教育观念、中间位置的教育观念和核心位置的教育观念三种类型[①]。一般来说，大学教师从入职到胜任教育教学过程中，其教育观念形成也会发生相应变化。在未能完全系统掌握课程教学技能之前，对于教育观念的理解以其学生时代的"教育经验"为印记或以离身性的教育观念为主导，在这种情况下，不仅教育观念的认识水平要更为表层，而且教育观念的关心对象主要拘泥于教育教学过程，对其背后的价值生成逻辑、学科和课程的整体取向并未充分关注。因此，从整体的教育生涯来看，居于核心的教育观念是关于课程和教学目的与功能的教育观念，而关于教学方式、教学管理手段等的教育观念是处于边缘位置，那些有关课程和教学的内容结构的教育观念则属于中间的教育观念。不同位置的教育观念实际上表明，大学教师的教育观念形成既有在教育实践中有直接经验而形成的，又有经过间接模仿和理解而形成的，更有主体反思行为而强化或改变原有教育观念。而这些教育观念的内容和位置的变化，其实从间接表征了大学教师教育生活的丰富历程。

教育观念向度的教育生活展现了大学教师教育生活的理性与感性交融的复杂过程。从个体的具身认知而言，大学教师习得教育观念是理智判断与身体参与共同协作的过程，价值理性与个体感受相互印合才使教育观念的学习和改变得以可能。从教育观念的对象侧来说，大学教师通过观念活动的意向作用于教育客体，实际上既是教育意识的开启，也是教育情感的融渗，更是教育行动的实践。从抽象意义上的观念世界来说，大学教师教育观念赋予了大学教育以自由而超越的功能与意义，一方面在教育经验实务中得到检验的教育观念与已有教育观念体系不同叠加而补充了大学教育理念，丰富了大学精神；另一方面，从文化选择和塑造之于大学的角度来说，教育观念对于大学教育的超越和引领作用功不可没。

---

① 易凌云, 庞丽娟.教师教育观念: 内涵、结构与特征的思考 [J] .教师教育研究, 2004 (03): 6-11.

三、教育生活是大学教师的教育心灵寓所

教育关涉心灵，心灵深契教育，言及心灵又不得不提及灵魂，因为在人类认识论发展历程中，心灵与灵魂的概念又有着源远流长的关联。"灵魂"源于古希腊哲学对"奴斯"（事物的本源）的探究，这种对本质的寻求诉诸宇宙生物，尤其是人自身，就得出"灵魂说"，即人的灵魂包括欲望、勇敢、理性三个部分。在亚里士多德看来，灵魂本身包括不同的层级和组成部分，营养灵魂、感觉灵魂、理智灵魂分别对应着植物、动物、人这三种生物；人是因为兼具三者而成为万物的"主宰者"。"灵魂三分法"影响深远，较为突出的是，它折射出人的理智沉思生活具有超越于感官欲求生活的高贵价值，这实际上分化出灵魂包括了用于思维的部分和用于感觉的部分，前者就是心灵，后者就是灵魂。这种思想给予后世以极大启迪，直至康德在其《判断力批判》导言中完整地提出心灵能力的观点。在康德看来，人的心灵能力包括认识能力、情感能力和欲求能力[①]，其"心灵说"之所以优于原有的"灵魂说"，乃在于"心灵概念更具有包容性：它在一定程度上维护了灵魂，并且在突出理性或心智的同时没有完全抛弃激情"[②]。并且"心灵生活完全依赖于语言，而灵魂生活则依赖于身体"[③]。以心灵和灵魂概念来观照教育就会发现，教育兼具心灵和灵魂两种意蕴，即教育不可离开两个基本维度，一是身体的成长，二是理智的健全。之所以说教育生活具有心灵属性，是因为教育者对教育对象和自身的理智、精神生活具有引领、完善和超越的诉求。从某种意义上说，教育心灵代表着教育生活的超越向度。

教育生活包蕴教育心灵，其中既有教育者和学习者的心灵活动，还有教育生活对于参与教育主体心灵的交互影响。"作为意义系统的心灵，并不是先验的自我或抽象的精神，而是文化传统所造就的一种沉淀，是人和环境交互作用的产物，它来自人们的社会实践生活"[④]。这里所提出的"教

---

① 康德.判断力批判［M］.李秋零，译注.北京：中国人民大学出版社，2011：3.
② 杨大春.理解笛卡尔心灵哲学的三个维度［J］.哲学研究，2016（02）：61-68+129.
③ 康德.判断力批判［M］.李秋零，译注.北京：中国人民大学出版社，2011：3.
④ 陈亚军."心灵"是如何被解构的？——谈实用主义对"心灵"的改造［J］.南京社会科学，2007（12）：17-22.

育心灵"概念虽然源于"心灵说"，但"教育心灵"并没有完全取消"灵魂说"原有的意涵，一则灵魂的语义本身就有多义性，二则灵魂本身也具有超越性，"教育是人的灵魂的教育，而非理智知识和认识的堆积"[①]，因为心灵、灵魂与身体的交织关联是教育世界永远不可回避的事实。

由于人的心灵包含"理智""情感"和"欲求"三个方面，据此，教育心灵包括教育理性、教育情感、教育欲求三个方面。具体来说，教育欲求是大学教师的教育期待，从属于目的范畴，既包括对于教育对象的教育发展的目标，也包括对教育过程对于自身的收益的设想，这些目的所指陈的含义是两方面的，一是物质向度的改变、利益、资本，二是精神向度的观念、价值、意义。教育欲求是大学教师实践教育的基础，没有教育欲求就难以想象教育行动，不仅无法提供动机上的供给，也不能确证教育本身的功能与意义。所谓教育情感，是大学教师对于教育存在与过程的情感活动，同样包括两个维度，即大学教师对于教育事务的情感投入和情感反应。前者关涉大学教师心灵付诸教育世界的程度，后者关联大学教师在教育过程中体验到的情感类别与品质。无论是教育情感的"进"或"入"，都反映教育者介入教育存在的复杂性，作为教育劳动工具而言，教育情感具有工具价值，使大学教师交付身心；作为教育体验而言，教育情感具有理性价值，使大学教师调适身心状态。所谓教育理性，是大学教师对教育事务或过程的价值判断和逻辑运算能力和方式的表现。从理性本身超越一般经验感性的立场来说，教育理性所承载的是教育心灵的引领功能，其综合摄取教育经验世界的现象，收集教育者自身的教育情感乃至教育对象的身心变化现象，根据教育者自身的利益诉求和教育对象的身心关切甚至教育事业本身的发展目标综合衡量、评价，从而做出合理的判断和行动。

教育生活之所以是教育心灵寓所，不仅因为教育心灵内在决定了教育生活的运行机制，而且因为教育生活是大学教师教育心灵的体验场。大学教师在教育生活中才能拥有精神家园感，即大学教师将其作为自身经验、价值和目的的存在。虽然是作为个体的教育生活，但是借由教育生活使大学教师感受到他们与教育世界的关联，从而得以综合感知社会面貌、教育

[①]　雅斯贝尔斯.什么是教育[M].邹进，译.北京：三联书店，1991：4.

历程、生命实践。首先，教育生活是大学教师教育心灵的信息交换场。如果说世界划分为物质世界和精神世界，那么以直接存在来称谓物质世界的存在，相应地以间接存在来指谓信息世界的存在，信息就是精神世界的活动载体。也就是说，物质是自在的信息，而精神则是自为的和再生的信息[①]。以此来看，教育就是信息交换，教育生活就是信息交换场。因为大学知识和教育中的观念形态不是物质形态，而是对主体而言的间接存在，是从属于精神活动的介质，也是教育实践的重要内容。大学教师传递知识从某种意义上说是将自身所掌握的信息储备输入教育对象的心灵世界，而大学教师从教育世界中所感知到来自学生的学习状态、效果和教育情境的变化以及师生互动的各种信息，又成为一种对主体而言的输入过程。没有一方信息的输出也就没有外界信息的输入，同样，没有各种信息对大学教师的输入，也就没有大学教师可以执教的输出。教育心灵活动从本质上就是信息的流动过程，并且这些过程是潜隐于心，从外观只能看到具体的教育言说或行为，内在却是信息交换和意义感知。

其次，教育生活是大学教师教育心灵的价值规范场。尽管当代教育不断分化出技术教育和道德教育和其他各个类别、形态的教育，但教育蕴含"教以效化"的本义并未失去，无论是明确的化民成俗，还是具体的道德教育，其共同之处在于价值影响。因此，教育生活具有价值属性，不仅教育内容、方法、过程包含价值定位，就教育本身也是价值的一种表达。正是从这个意义上说，教育生活是价值规范场。一方面，大学教师所面临的价值形态是多样的。其中，有大学、社会、国家的宏观价值理念，有知识本身的价值尺度和标准，有教育实践的价值依据和定位，有教育对象的价值诉求和主张，有自身的价值判断和关于教育的设想，即在不同主体、不同教育情境、不同教育目的规定之中都有不同的价值形态存在。另一方面，大学教育又是以一定标准来统整各类价值意识形态。在课堂教学时空内，大学教师要围绕学科知识的教育目标所包含的价值尺度而规范自身和学习对象的言行举止；在日常教育交往中，大学教师要按照教师职业道德

---

① 邬焜.信息哲学的基本理论及其对哲学的全新突破[J].西安交通大学学报(社会科学版)，2006（02）：1-15.

和学校共识的伦理习俗所设定的价值规约自身和相关人员的行动；在科研指导和相关实践中，大学教师还要依循学术道德、文化、精神的内在逻辑和价值规范严正律己，治学示范。即使是在虚拟的网络世界，大学教师的教育生活仍然不能脱离相关价值规定，因为这种虚假只是空间、直观、形式上的虚拟，并不是虚幻、虚妄的存在；只要人与人的交互关联存在，只要是教育事务的关涉就不可能出离教育价值规范。由此可见，大学教育生活的价值规范场无处不在。

最后，教育生活是大学教师教育心灵的能量作用场。这里所说的"能量场"是借鉴福克斯和米勒对于公共行政的理论分析概念，用于指称人在某一特定情境中谋划未来的积淀性行为的集合[①]。就教育世界中的个体而言，其心灵本身就是一个生命能量场，它是以"场"这样的一种形式与其他人发生相互作用，这种相互作用的形式表现出"情感场"，即通过教育中的情感而表现出来。因此，在教育交往中，大学教师与学生的情感互动、表达、体验共同构筑成教育心灵的情感作用场。就教育世界中的公共性视角来说，教育生活包含各类话语、权力或权威、规则。显然，在主体间交往过程中，不同场景、不同目的、不同主体、不同条件的能量作用方式有所不同。譬如，在部分教育场域中，大学教师处于知识资本的制高点，能量优势相对于学生是非常明显的，因而作为供给侧而存在；但在有些教育场景中，大学教师身心状态可能处于低势区，其心灵能量未必就优于学生，在具体的交往中就可能作为需求侧而存在。换言之，这种教育生活对于大学教师而言是吸纳性、生长性的。无论是供给侧还是需求侧，能量作用是事实性的，大学教师在教育生活中感知到他人和自我的智慧、德性、规则等能量源泉则是完全可能的。

综上可见，大学教师的教育生活不可能脱离教育心灵，过有教育心灵的教育生活既利己也利他，既现实也超越。作为一种教育生活型的大学教师，视教书育人为生活经历、生命过程，从而体验到追求职业的乐趣、人生的意义和生活的境界。进而言之，那些将教书育人视为其本能诉求，通

---

① 福克斯, 米勒.后现代公共行政——话语指向[M].楚艳红, 曹沁颖, 吴巧林, 译.北京: 中国人民大学出版社, 2013: 103.

过教育实践活动来激发教育情感、充实生命意义、实现人生价值的大学教师才是真正拥有教育生活。这是因为教育心灵源于教育体验，有及物的一面，也有及人的一面；既有利他的一面，也有利己的一面，更有共同相遇的一面。"高级生命的形为心所役，以身体物质生活为手段，以心灵精神生活为目标，其心的价值意义远胜于身体的价值意义。"①如此，大学教师才有可能徜徉于教育情境之中，感受来自人性之生机灵动、理性学问之妙趣横生、成全他者之伟大盛况，这无不源于教育心灵的滋润和哺育。唯有如此，才能理解梁漱溟所说，教育生活不是工具，教育生活就是本体②。大学教师没有对人生的深刻体验，没有对他者的尊重与体认，没有对非我、假我的痛恨，就没有超越自我的可能，也就不可能从平常重复的教育经验中拥有美妙的教育心灵。

第二节　大学教师教育兴趣在教育生活中的生发逻辑

大学教师教育兴趣的生发是从教育生活场域中开始，只有在其教育生活中才能真实而具体地体验到教育兴趣；并且这种生发过程融贯于大学教师的教育情感、教育意向、教育意境体验。另外，大学教师教育兴趣生发还要走向教育兴趣自觉。因为，对大学教师主体而言，教育兴趣自觉既具有方法论意义，又对大学教师教育生活具有重要的价值论意义：一方面教育兴趣是大学教师职业实践体验的重要来源，另一方面，教育兴趣自觉是大学教师教育生成实践意义的内在要求。

一、教育生活是大学教师教育兴趣的生发场域

任何概念的提出都有一定理论背景或诉求。"教育生活"的概念源于生活世界的概念。就生活世界而言，源于胡塞尔晚年基于主体之间理性的交互问题而设想的概念，他并没有对生活世界做出明确的界定，但将生

---

①　钱穆.灵魂与心[M].桂林:广西师范大学出版社,2004:121-122.

②　梁漱溟.梁漱溟全集第4卷[M].济南:山东人民出版社,1991:658.

活世界作为主体意识生发的奠基世界，具有明显的超验性。"胡塞尔的生活世界主要是一个命题性、超验性概念，它不是一个现实具体的世界，而是精神领域内的意识活动"①。随着现象学的发展，人们不满足于这种先验色彩的理论言说，而将人的直接生存状态、体验作为生活世界的核心内涵。正是在这种直接存在而不是先验存在的生活世界理解之下，哈贝马斯以其交往理性主张试图解决人的生活世界中理性通达的障碍。显然，这种转向契合马克思主义理论惯有的实践的立场和方法。从实践立场来看，生活世界理论的提出是为了面对科学与人生活的绝对分隔、物质与精神的绝对分隔以及人与自然的绝对分隔等给人类所带来毁灭性后果。从实践意义来看，生活世界理论促使人们理性关注主体生活世界本身的属性和价值问题，有助于全面而准确地把握生活的实质和意义。如果说非要给生活世界下一定义，那么生活世界就是指人的自我生发之域，即人通过自己的自觉活动所开发、生成的世界，它强调"我生""我在"的意义，重视人的主体地位、人与世界的相互作用以及心物之间的统一关系②。

　　研究教育兴趣不仅要思索如何界定它，还要考虑大学教师的教育实践逻辑。这就有必要考察大学教师教育兴趣的个体演变、教育兴趣在教育生活场域中的关系和现实困境，既从理性概念上认识教育兴趣的要素、内容，也从教育生活实践中促进教师教育兴趣自觉。何谓教育生活？目前学界主要有两种认识，一种是模糊地视教育生活为教育生活世界。在这种理解之下，教育生活等同于教育事务所涉的世界，既可以被广泛地言说指涉从教者或学习者的教育议题，也可以为专门的教育理论所指谓。另一种相对准确一些，即视教育生活为"教育活动主体通过教育活动能动地摄取和展示生命的存在和活力，获得和体验生命的感觉、意识、情趣和价值，参与、创造和享有社会生活的过程"③。如此看来，教育生活隶属于社会生活范畴，具有生成性、社会性、历史性、文化性等特点。上述教育生活的认识存在一定局限，可能没有充分意识到作为教育生活的内在意义，一方

①　魏宏聚."生活"与"生活世界"：误解及其隐喻[J].教育科学, 2011, 27(05)：36-39.

②　郭元祥."回归生活世界"的教学意蕴[J].全球教育展望, 2005, 34(09)：32-37.

③　罗儒国.教师教学生活研究的回顾与反思[J].上海教育科研, 2007(12)：25-28+9.

面，教育生活对于教育活动主体的价值建构、生命体验的重要价值；另一方面，教育生活对于其他生活的交互关联，尤其是作为教育生活本身的独立存在意义。就本书所关注的大学教师主体立场来看，提出教育生活不仅仅是回应或总结上述理解，即呼唤教育生活的内在价值，而是要从大学教师主体来理解和观照教育生活，从其教育生活来解析教育兴趣的存在与发展。因此，教育生活是大学教师的教育存在与活动过程。具体来说，作为存在场域，教育生活是大学教师为师之道的精神归属；作为实践活动，教育生活是大学教师从教的行动展现；作为价值体认，教育生活是大学教师向往教育的意义确认。大学教师的教育生活包含着一些基本范畴，其一是大学教师自身的主体因素，其二是大学教师从事教育实践的条件，其三是大学教师在教育实践过程中的意义和功能。总之，教育兴趣是大学教师主体对所涉教育事物或活动的意向性的联结。这实际上规定了教育兴趣的生发场域，即教育兴趣关涉大学教师教育生活的认识、理解和实践，尽管大学教师在其他生活领域的意向和表象对教育兴趣有一定影响，但不能构成影响大学教师教育兴趣生发的本质因素。

二、大学教师教育兴趣生发过程融贯于教育情感、意向、意境体验

理解大学教师教育兴趣生发过程有两种视角，一种是以大学教师教育兴趣所关涉的表象内容为依据，另一种是以主宰教育兴趣的大学教师心灵所关涉的对象为依据。以前者为依据，大学教师教育兴趣生发过程涉及的教育实践经验直观表象表现以不同目的、不同层次为区分的教育兴趣内容，直接外显为教育情感体验，内在还是受制于大学教师主体与教育实践对象相符的欲求条件和程度；以后者为依据，大学教师教育兴趣生发过程就是大学教师心灵运用于教育实践而生发的综合体验过程，包括教育相关的情感、意向、审美，即教育情感、教育意向、教育意境，从而表现以不同维度为区分的、不同性质的教育兴趣状态。其实，两种生发过程的理解具有不同的意义。以教育兴趣表象内容为依据的生长过程所能关切的是大学教师教育实践情境和条件，而以教育兴趣内在心灵活动为依据的生发过

程所涵盖的是在大学教师自身的教育实践意义体验与实践过程。

在教育情感向度中，大学教师教育兴趣的生发一是围绕着大学教育实践场域而展开，二是伴随着大学教师教育实践条件而变化。一般来说，大学教师教育实践的主要场域是课程教学。在课程教学中，大学教师表现对于课程、教学、教育对象、教育条件、教育情境的情感偏好，有些情感对象又左右甚至决定着其他教育情感的生成。比如，对于某种高深知识的传授的爱好可以忽略教育条件的不足的影响。同时有些情感虽然微不足道，但累积到某种程度会极大地影响整体的教育情感，如对于教学制度或规范的不满或反感，经历一定的时间而得不到有效表达或宣泄，可能在不经意间爆发而影响大学教师职业的认知。大学教师教育兴趣所生发的教育情感也不局限于课程教学单一场域，事实上，从整体的大学教育实践来观照会发现，大学教师还会在科研指导、学生管理、实践交往中生发教育情感。就科研指导来说，大学教师不同于其他学段教师，在科研中指导、启迪学生是一种重要的教育途径，在科研活动中，向学生不仅传授科研技能，还影响其科研态度，修正、完善其生活观念。另外，学生在大学中不仅仅有学习，还有生活事务，既有群体生活交往，又有个体间的交往。因而存在学生管理和实践交往的实际场域，在这两个方面，大学教师同样会生发出教育情感。虽然有些是专职相关服务人员的主要工作场域，但对于大学教师而言仍然是不可缺少的教育实践场域，因而也是生发教育兴趣的重要维度。

教育兴趣所生发的教育情感具有不同的内容或对象，既有理智主导的道德感，又有感性主导的同情或关怀，还有欣赏主导的愉悦感。但不论是哪一种教育情感，都具有情感本身的属性。情感本身是容易变化不居的。本质上说，情感是主客相互交感的产物，没有空洞无对象的情感，更没有无缘无故的情感。所以教育兴趣依托于教育情感就具有不确定性。这就使得大学教师教育兴趣的生发要转向理性主导的教育意向。

在教育意向向度中，大学教师教育兴趣并不是完全与教育情感割裂甚至对立。作为一种理性运思取向的教育意向，大学教师教育兴趣得以关切其教育实践的逻辑和意义。而这种教育意向的生成，依赖一定的条件。从经验的直观来推断，至少大学教师教育意向需要教育者面对教育场域。

在场还要满足具体的要求，因为身体与心灵虽然不能分离，但大学教师有可能虽然身处于大学教育场域，却无心于大学教育事务，或者游离于大学教育活动。进一步来看，大学教育意向还要以大学教师自身对于教育生发的良知为前提。没有源于人性深处的良知付诸教育，大学教师的教育意向可能难以持续性生成，也难以超越一般的教育劳动目的主导的取向。质言之，大学教师的教育良知既是一种基础性的职业信念依托，也是一种超越性的教育实践动因。问题不仅于此，大学教师教育兴趣的教育意向是有层次结构的综合意向，包括了内在向度和外在向度。所谓内在向度，即从教育者自身而言，指涉的是其自身的生命、意义、精神对于教育的关联；所谓外在向度，即从教育者的对象立场来看，指涉的是教育对象、教育职业、教育情境等外在因素。之所以要言明这两种向度，是因为大学教师教育兴趣的生发如果停留于一个向度或者某个因素，要么难以为继，要么限于单调，最后流于工具理性。这样的结果就是使大学教师教育劳动成为机械劳动，异化为知识交易，而大学教育所具有的教育伦理属性极易丧失。

与教育情感相比，教育意向使得教育兴趣得以稳健而持续，但也容易使教育兴趣走向固滞。更为重要的是，如果大学教师教育兴趣生发停留于教育意向，仍然存在与人的主体自由意志相悖的逻辑。大学教师投身于教育实践的理想状态表象需要主体自在且自由的心灵，这种诉求意味着既不局限于教育情境等客体，又不受制于教育目的的理性控制。由于教育情感、教育意向各自有其局限性，教育意境是合目的性和合规律性的统一，大学教师教育兴趣的生发就进入教育意境向度之中。

大学教师在教育中向往美，"懂得怎样处处都把内在的尺度运用到对象上去"[①]，也按照审美规律来实践教育。大学教师向往美而在大学教育实践追求美并创造美，从静态上体现对于教育意象的追求，从动态上则体现对于教育意境的追求，但归根结底还是为了参与教育的所有主体的审美需求。由于审美对于感性和理性具有调适和超越的功能，教育意境体验对于大学教师而言就具有调适和超越教育情感与教育意向的功能。具体来说，

---

① 中共中央马克思恩格斯列宁斯大林著作编译局.马克思恩格斯全集(第42卷)[M].北京：人民出版社，1979：96-97.

教育情感倚重于从感性向度生发教育兴趣，受制于大学教师主体之外的客体因素而具有情境驱动性，教育意向偏向于从理性向度生发教育兴趣，受制于大学教育目的而使大学教师本身滑向工具理性。基于感性向度的大学教师教育兴趣与基于理性向度的大学教师教育兴趣虽然存在彼此融渗的可能，但还是存在一定程度的对立。而要调适这两者或者从更综合、更高阶的生发要求来看，只有走向教育意境。教育意境既能够承载这两者的内在特质，也能包容两者的对立。本质上，大学教师在情感与理智交融的教育意境体验中，一是超越了单一向度的束缚，二是展现了主体自由的意志，三是实现了大学教育主体间对教育实践审美体验的共通感。

　　不过，大学教师要达至教育意境中，还要服从审美活动本身所规定的内在要求，借由教育兴趣激发大学教师对于教育实践的审美欣赏而创造出教育实践中的审美意蕴。其实，大学教育意境体验呈现三种样态。从教育实践目的方面来看，大学教师教育兴趣生发使其能够体验到"润泽树人"的教育意境，即"成人"而不仅是"成事"，不是单纯机械地教育知识以"成人"，而是富有艺术感化地促进学生发展。从教育实践内容或过程方面来看，大学教师教育兴趣生发使其能够体验到"情理通达"的教育意境，既不是以情共情，甚至滥情而缺乏理性的教育实践，又不是向理唯理，抽象、刻板地依某种逻辑的教育实践，而是将情感与理智兼容、灵通地运用于教育实践。从教育实践的结果方面来看，大学教师教育兴趣生发使其能够体验到"自在合乐"的教育意境，即大学教师以自在自由的心态从事教育实践，在教育目的的内在规定基础上超越教育目的，在一己之乐的基础上实现参与教育主体间的共通、自在、愉快境界。

　　综上可见，从静态的视角来看，大学教师教育兴趣生发历程可以即时地反映教师执教过程中的某种心灵感触或情感表达；但从动态的视角来看，教育兴趣对教师而言是心灵观照教育实践历程的体验过程，这一过程会因主体自身和客体刺激等综合因素而发生出不同类型的存在样态，有可能只是以简单的教育意念为内容载体而呈现情境激发型教育兴趣特征，也有可能建构为以理智的教育理念为内容载体而呈现目的驱动型教育兴趣特征，还有可能升华为以坚定的教育信念为内容载体而呈现审美超越型教育兴趣特征。

三、教育兴趣自觉是大学教师教育兴趣生发的功能实现

大学教师教育兴趣自觉是大学教师对于其自身教育兴趣生发过程和状态的认识与调整行为。大学教师教育兴趣自觉的本质在于体认。这种体认包括三个方面。一是体认教育事业和大学教育实践活动的内在价值与具体意义。内在价值是相对于具体意义而言，即不联系或参照大学教师主体而具有内在价值；而具体意义是指涉大学教师自身而生发的意义。从价值的生发逻辑来说，内在价值是前提，没有内在价值就不会有具体意义的实现。因此，大学教师体认教育事业和大学教育实践活动的内在价值和具体意义存在一定的区别和联系。这也是大学教师教育兴趣生发的根本，具体来说又表现对于师道或者说大学为师之道的体认。二是体认大学教师自身对于大学教育的意向过程，亦即体认大学教师对于教育兴趣的生发过程。这个看起来有些语句重复的表达，但实际上是要表明，大学教师教育兴趣自觉从根本上还是反观与调适大学教师教育兴趣的生发过程，正因为对于教育兴趣状态、层次、过程的整体观照，才可能促使大学教师表现三个方面的行为：其一，大学教师从自身的教育情感和教育实践行为的意义出发体验到教育体验；其二，大学教师对自身的教育实践行动进行理性地反思和批判；其三，大学教师对未来教育实践的内在意向进行调适；其四，大学教师对于大学教育职业实践的意义进行改变，或者是充实和丰富意义，或者是创造和发展新的意义。

实际上，大学教师教育兴趣自觉的实现途径有内省的行动和调适的行动。就内省而言，有对于大学教育兴趣本身的自知以及对于教师适应大学教育实践的自信；无论是自知还是自信都是主体的判断、评价，属于知的层面。就调适而言，有大学教师对于教育兴趣统摄其教育实践的意志或意向活动，还有进一步拓展教育兴趣引领和超越其教育实践的构思活动。综合来看，大学教师教育兴趣的自觉与大学教师教育兴趣的生发是教育兴趣的生发两个阶段。之所以是两个阶段，是因为从教育兴趣作为教育体验历程来看，两者是不同阶段的表现，即由于大学教师教育兴趣的生发而进入

大学教师教育兴趣的自觉。不过这只是认识的需要，实际上无论生长还是自觉都系于大学教师心灵，不能完全分离。但就大学教师教育兴趣的功能发挥来看，大学教师教育兴趣的自觉是教育兴趣的功能实现。大学教师教育兴趣自觉包括双重功能，微观而论，是大学教师个体对于教育兴趣的体认过程，反映并促进其教育兴趣不断发展的自我改变。宏观而论，大学教师教育兴趣自觉观照大学教育文化和大学教师文化的教育伦理实现。也就是说，大学教师教育兴趣自觉促进大学教育文化与大学教师文化建构，前者是从大学教育整体来审视大学教育的现实、问题、取向；后者是从实施大学教育主体来建构大学教育的条件、需求、伦理、意义。

由此可见，大学教师教育兴趣自觉的启示或者关键在于促使大学教师专业发展范式转型。前文已述，关注大学教师的教育兴趣自觉就要深入教育教学实践情境，从"客体立场"转向"主体立场"视角进行研究。这既是探索教育兴趣，更是着眼于教育之道，将有助于大学教师的教育理性与情感、理论与实践的意义生成交融。如此一来，这种理解就会促进大学教师专业发展范式变化。因为当前大学教师发展范式主要需要借力于组织层面的外部推动和制度规范发展。事实上，大学教师发展虽然服从于外在的规范条件，但不能背离大学教师发展主体自身的水平，更不能忽视大学教师发展问题的差异性和特殊性。否则，大学教师发展的努力将事倍功半。教育兴趣研究通过深入大学教师发展的不同个案代表，综合理解其教育兴趣的同与异。一方面，揭示其教育兴趣的独特性，解析教育兴趣的生成、转移、变化的特殊节点或特殊事件、独特属性；另一方面，从这些独特的个案中抽象出共同的特征以引起大学教师管理者的关注，优化大学教师发展机制，推进和完善大学教育文化。

质言之，大学教师教育兴趣自觉随其职业生涯的变化情况为调整大学教师发展范式提供了一定依据。第一，大学教师发展范式需要从宏观向微观不断下移。也就是说，既要关注大学教师发展的宏观政策、投入等外部系统问题，还要关注大学教师发展的内在机理问题。第二，大学教师发展范式需要从标准化向多样化转变。因为大学教师群体、个体的差异性都会在其执教还有其他方面的职业实践过程中表现出来。正视主体性的内生需求，才是解决大学教师发展的瓶颈所在。第三，大学要由被动的教师发展范式要向主动的教师发展范式转变。长期以来，大学管理部门和大学教师发展的文化受到工具理性主导下的管理文化影响，对大学教师发展的主动性重视不够，没有充分认识到大学教师作为知识活动的提供者和教育教学进程的主导者，对教育教学活动的投入持有内在的自由意志。如今要全面提升大学教育、大学人才培养水平，大学教师发展的价值取向和方式就不得不做出调整。

综上可见，大学教师教育兴趣的生发于教育生活场域，具有三个向度，一是关注实践教育的兴趣，主要以教育行动中蕴含着教育体验为中心，重点辨析、呈现作为感性表象的教育兴趣，即教育情感；二是关注认识和理解教育的兴趣，主要从教师的教育意向生发过程来考察其教育关切与教育理解，其中，教育兴趣的理性表象是教育意向。三是关注品鉴教育的兴趣，主要联结教师对教育艺术的审美诉求，通达其教育意境。从大学教师主体的自由意志来看，教育兴趣要走向审美诉求而建构教育意境。从大学教师的教育实践逻辑来看，教育情感、教育意向、教育意境都依教育实践经验而发生交互联动的变化，这些变化又起源于教育生活。

第三节　大学教师教育兴趣的生发样态

教育兴趣从属于大学教师意识世界，在教师主体的观念世界中真实地发生和存在，通过教育行动而外显使他者通达、感知、理解。一方面，教育兴趣具有普遍的通达性，可以溶渗于教育行动之中，经由教育行动而外显令他者感知、理解；另一方面，教育兴趣是独立于教育行动的精神性存在，不是实体性存在。教育兴趣作为精神性存在对于大学教师主体而言是内隐性的且具有生成性，也就是说教育兴趣是在大学教师主体意识中不断发展的，会经历从简单、直接到复杂、成熟的过程。但是如何理解教育兴趣的发展样态，对其如何界定呢？这就有必要从观念世界的一般结构出发揭示教育兴趣的动态过程。根据意识的发生学观点，人的意识是先天的认识结构与后天的实践环境相互作用的结果。在意识生发过程中，最初是一种意念的产生，接着便是观念、认识的形成，继而进一步确立明确的理念，最后在实践中不断形塑坚定的信念乃至信仰。以此来看，教育兴趣在大学教师生活世界中的发展呈现三个标志性样态，即从情境激发型教育兴趣到目的驱动型教育兴趣并过渡到审美超越型教育兴趣。相应地，在情境激发型教育兴趣中，大学教师涌现教育意念；在目的驱动型教育兴趣中，大学教师建构教育理念；在审美超越型教育兴趣中，大学教师体认教育信念。为了探求教育兴趣的发展机理，我们需要从大学教师教育观念世界的嬗变、大学教师与学生的关联、大学教师教育实践环境与条件、大学教师个体对于教育文化和历史的交融等不同方面来分析教育兴趣不同发展样态的具体意涵。

一、情境激发型教育兴趣：大学教育意念突现

人们对事物的源起的分析需要本质主义思维，这种思维的价值尺度或优势在于以发生学视域来检视研究对象的生成逻辑，力图在时间尺度之下穿越历史描述事物的最初形态。因此，对教育兴趣的第一种形态的理解不可能不借鉴这种研究方法。教育兴趣是教育和兴趣的综合概念。就教育而言，教育并不是自在或自然的事情，而是人为且有意而为之的事情；就兴趣而言，兴趣不是本能、天赋，是人后天的心灵活动状态或表象，两者都具有人为性，而不具有先天性。既然教育兴趣不从属于自在世界，而从属于主观意图世界，那么就存在讨论影响教育兴趣的第一因素的可能性，否则对于先天自在世界，我们无能为力。

对于个体而言，教育兴趣与其他实践兴趣最大的不同之处就在于"教育"的身份标签，即教育兴趣是见诸教育世界，是教育情境所激发的。作为一种兴趣类型，纯粹的主观意识或心灵会产生活动，也是外界条件或刺激所引起。可见，教育情境是生成教育兴趣的第一条件，情境型教育兴趣可谓教育兴趣的第一种发展阶段所呈现的独特类别。教育情境所引发教师主体的心灵反映难以言说，但从引发教育意向的根本意义上来理解，教育情境实际上包含了生命关怀意识，符应或激活了参与教育主体的意愿，使

大学教师实践教育得以可能，也就对教育对象产生教育影响。

上述理解实际上涉及日常话语中意念的概念。意念之所以非常重要，因为"高深的思想和复杂的行动实际上是某个意念的展开"[①]。教育意念作为一种精神性存在，是与教育行为相对而言的重要概念，是对于教育的本体论认识的产物，有助于界定和理解教育所具有的人为性、实践性、精神性等本质属性。尽管教育意念尚未引起人们重视，亦未真正进入学术概念体系，但并不意味着教育意念不重要。实际上，教育兴趣作为教师关涉教育活动的表象，指陈的是抽象的心灵活动形式或过程，本身并不能体现具体的内容或对象。教育意念之所以作为教育兴趣的原初内容，一是因为在教师观念世界中，教育意念是教育意识、教育思想得以发生的前提；二是因为在教师的教育生活中，教育意念具有决定性的源发意义，它关切到教师对其教育行为的思虑，包含着一个由弱到强、由模糊到具体的序列认知过程[②]。如果说教育情境是教育兴趣的生成逻辑条件，教育意念则是教育兴趣的核心标志。进而言之，教师心中没有教育意念显现，其教育兴趣就空洞无物而无从言说，假如离开教育意念的存在，教师的教育活动就不能称其为教育。

对大学教师而言，大学教师在教育生活中生发教育兴趣首先就表现为大学教育意念的突显。从大学教师职业的内在属性来说，大学教师职业存在从根本上取决于其对教育活动的本质和意义的思考，取决于其教育意念的觉醒。为了进一步说明教育意念突显对于大学教师职业的重要性，我们不妨设想三个事例，然后来思考大学教育兴趣所涉及的大学教育情境及教育意念的关联。第一个例子是：一个大学教师在课堂教学中突然有事要离开，其博士生临时接到任务走进课堂完成了教学任务。第二个例子是：一个大学教师住在某个社区中，出于居委会临时安排为社区居民讲授一堂不是自己专业领域的宣讲，听众中有许多大学生。第三个例子是：一个社

---

① 刘庆昌.教育意念的结构——基于教育本体论的视角[J].华东师范大学学报(教育科学版)，2019，37(04)：57-71.

② 刘庆昌.教育意念的结构——基于教育本体论的视角[J].华东师范大学学报(教育科学版)，2019，37(04)：57-71.

会名流在大学中出席一种商演活动，即兴发表了一些演说。从第一个例子中，教育者自身确实实实在在地完成了一项大学教育任务，但自身并没有生成大学教育兴趣，尽管在完成大学教育教学过程中有可能激了大学教育意念，但两者并没有明确的联系，也许后来随着这位研究生正式成为大学教师，工作一段时间之后，理解了大学教育的责任和意义，才有可能形成明确的大学教育兴趣。在第二个例子中，大学教师虽然拥有了大学教师的身份符号，但此时所从事的工作并不是大学教育，因为这项工作对象尽管有大学教育常见的对象，但无论是工作目的、工作情境都无法生成大学教育兴趣。在第三个例子中，施教者不具有大学教师身份标签，可能其所为所想是着眼于大学教育，但我们却无法理解和设想他的教育意念是否是一贯的，还是即兴而为，也无法推定其自身是否形成了真正的大学教育兴趣。或许换一种场合，他的言说心境和目的就会立刻改变。综上可见，大学教育兴趣的生成离不开大学教育意念，也需要大学教育情境的激发，否则即使身为大学教师，并且有教育情境使其从事教育活动，但由于没有教育意念的显现，也就不会也生成真正的教育兴趣。

　　行文至此，就有必要剖析大学教育意念如何显现，也就是说要通过描绘其结构特点来理解大学教育兴趣的重要意涵。这里有必要先揭示教育意念的生发，再试图回答大学教师突显大学教育意念具有哪些特殊性。众所周知，意念是生活世界中的词汇，意念源于生活。换言之，意念是前概念或前认识论下的心灵活动的直观表象，既包括了人的感性参与，又包括人的理智加工。在意念的形成过程中，没有抽象与具体之别，更没有情感和逻辑之分。就此来说，教师形成教育意念都包含感性和理性两个维度，其教育意念的结构也可以从这两个方面分别阐述。从感性向度来看，教育意念包括教育意识和教育情感两个部分。教师进入教育世界之中，首先是以感官来接受、知觉教育情境，对教育对象、教育事务才有了逐渐清晰和完整的教育意识，这符合人的认知顺序。在教育情境的触发下，教师主体与教育环境及其对象建立关联，从而教育意识、教育情感得以建构。换言之，教育意识主要包含了教师对于教育事务、手段、对象、环境等直接产生的感官印象，其中有些源于自身过往对于教育经历所生成的记忆附加和意义理解。教育情感则是描述教师心理主体对于教育情境、教育过程、教育现象的反应，这种情感与一般普通情感有所区别，也有联系。教育情感与普通情感的联系在于两者同样归属于情感，遵循情感生发的基本逻辑和结构；其区别则体现在情感的对象和意义体认聚焦于教育事务，从属于教育场域，富有"教育世界"中所具有的人文关切和实践品性，教育情感是建立于一般情感基础之上，因而与一般情感所具有的直接心身反应性不同，体现与一般情感不一样的内容深度和对象广度。

从理性向度来看，教师的教育意念不可能仅仅充斥情感而没有理智的介入。与情感的被动性有所不同，理智实际上代表了主体对于外部世界的主观能动性，是主动应对、认识、处理客观世界的表现。在教师的教育理性领域内，主要体现在教育意志和教育运思两个方面。所谓教育意志，是指教师自觉地根据教育目的而调节自身行动、克服各种困难的心理倾向。众所周知，在教育实践活动中，来自主、客不同方面的因素并不是固定不变而具有生成、灵动的一面，教师在统筹、实施教育实践活动时需要调动自身意志力量以有效应对，尤其是在遇到教育实践进程与教育目的、效果方向不一致的情形时，教育意志既可以有效地利用各种情感因素，充分发挥主体的积极主动性因素，从而保持一贯而坚定的教育立场，使教育实践得以完成。至于教育运思，是指教师面向教育活动方案和具体过程的思维活动。教育运思与教育意志一样不可以与教育意识、教育情感分离，这里只是从功能视角单独对其加以认知，以突显教育运思在主体的理智向度内的重要位置。因为缺乏教育运思，教育面对复杂的教育过程、教育情境和动态的教育对象都无法应对，并且教育运思体现了教育兴趣的理性化程度、是教师专业化程度的集中表征。一个优秀的教师除了富有教育情怀之外，不可能不具备精深独到的教育运思品质。另外，教育运思也是教育意念得以实现的必要条件，缺乏教育运思的教育意念就是有可能是空洞的教育臆测，从而不会发生实际意义。

作为一种情境触发的教育兴趣的核心，大学教育意念与其他教育意念既有共同之处，也有其特殊之处。共同之处在于上述教育意念结构维度同样存显于大学教育意念之中。特殊之处在于大学教育意念的生发条件、情境来自大学教育场域。就条件来说，大学教育意念的生发条件需要大学教师主体切身于大学教育境域，或者说对自身作为大学教师的教育身份有基本的认识和接纳。如果缺乏这种大学教育职责的初步理解，那么大学教育意念并不会随着某种身份转换而自动实现。正是如此，许多大学教师可能未能充分认识到这一点而以其他劳动观念来替代大学教育意念，其结果要么就是忽略了大学教育者身份的本体意义，要么就是对大学教育者的角色的认识产生偏差，都有可能使其教育者身份产生漂移。就情境来说，大学教师的教育情境的本质在于激起、焕发大学教育者和受教育者的共同参与教育过程的意愿。对于以高深知识为主要对象的大学教育而言，其教育意念虽然会因不同学科、不同性别、不同类型教师有所差异，但能够使大学教育者创生教育意念的情境必定是在知识意蕴、人文关切、思想品质、形式逻辑等方面具有高深知识活动生发的土壤，或许是来自于一个问题、一种现象、一番表达、一些构想。

　　由于情境本身所形成的条件以及大学教师对情境的相遇等因素综合决定了情境型教育兴趣具有直接性、偶然性、被动性等特点。从生成过程来说，情境型教育兴趣主要受教育情境直接激发而成，因此，大学教师此时的教育意念以当下的教育情境为主要内容，其教育兴趣也是在经过直觉或简单的推论就生发的。其中，关于教育情感和教育意识的成分居多，教育意志与教育运思的成分偏少。一方面，只要教育情境一旦消失，教育兴趣就容易消退。另一方面，情境型教育兴趣的生发也相对容易，而比较常见。一次简短的会面，一次即兴的交谈，就可能使大学教师启动了教育意念，从而切换到教育者身份立场，以教育思维来处理相关事物。从情境型教育兴趣本身的生成方式来看，大学教师往往是被动地，而并非具有充分的主动性。因为大学教师不可能完全主动地选择或创造教育情境，而是在被动应对教育情境的过程中生发出教育兴趣。正因如此，从情境型教育兴趣的生成条件来看，这种教育兴趣具有偶然性或不确定性。大学教师在没有机会面对教育情境时，就不会生发情境型教育兴趣，从而在面对教育实践对象时"无动于衷"或错失良机。概而言之，情境型教育兴趣是大学教师在教育实践过程中第一阶段所生发的教育兴趣，具有初始性意义，相对而言也更为直接和短暂。

二、目的驱动型教育兴趣：大学教育理念建构

大学教育是文明社会特有的实践活动。无论对于实施教育还是参与教育的主体来说，大学教育都具有明确的意图属性，是一种具有目的理性的社会行动。所谓"目的理性"的社会行动，在韦伯看来，是指主体对周围环境和他人客体行为有所期待而决定的行动[①]。大学教育所涉不同主体的目的在大学教师的意识或观念世界有所反映或预设，即大学教师在实践教育之前形成某种期待。从某种意义上说，这种期待是大学教师完成教育实践的条件和手段。就条件来说，这种期待作为观念形态始终影响着教育实践，没有目的的引导，大学教育实践就缺乏方向，大学教师本身也无所适从。就手段来说，这种期待驱动着大学主体的心灵，表现在调动身体理智、精神情感于教育活动中，这就直接使教育兴趣由情境型教育兴趣发展成目的驱动型教育兴趣。教育兴趣的内在发展或转变实际上是大学主体主观能动性的反映，即大学教师在教育实践中逐渐走向脱离教育情境等感性因素的束缚，从而关注教育本身的理性向度。

与情境激发型教育兴趣聚焦于教育情境对教育涉事主体的感官和直接影响不同的是，大学教师生成目的驱动型教育兴趣是基于作为理性向度而发生的变化，其集中显现为大学教育理念的建构。为何如此？这需要从大学教师的教育意识体系建构说起。一般地，在教师的教育意识体系中存在教育观念、教育思想、教育理论等三种不同层次的观念。教育观念作为大学教师涉身教育世界的表象而存在，是教育世界中的事物在其大脑中的映显，这种教育观念虽然可能在表达形式上相对主观，但内容具有客观实在性。当大学教师开始理性思索教育，就进入教育思想的范畴。其中又存在经验的教育思想和科学的教育思想之分[②]，前者是指依赖于习惯或传统对教育实践的认识或看法，后者则是以理性认识手段对教育实践的系统化理解，明晰而有条理，深刻而具体。不过，教育思想受客观教育实践条件而

---

① 韦伯.社会学的基本概念[M].胡景北,译.上海：上海人民出版社, 2020: 31-32.
② 韩晓飞, 侯怀银."教育理论"解析[J].教育理论与实践, 2018, 38(01)：14-18.

制约，也具有一定局限性。教育思想只要符应现实的教育实践情况就是准确的，然而，准确的教育思想并不意味着正确的教育思想，更不意味着先进的教育思想。因此，对于追求完善美好生活和全面发展的人的理想世界而言，停留于教育思想层次显然是不够的。这就促使大学教师习得或发现教育理论。大学教育理论一方面是大学教师对于大学教育世界的理性认识所形成的观念或观点，但更为重要的是，大学教育理论是大学教师基于学科教育教学实践需要对教育思想的系统性和科学性追求。

由此可见，大学教师建构教育意识是需要教育兴趣介入的。一方面教育意识建构并不是被动的，而是主动的，是随着教育实践的不断深入，需要大学教师依照教育目的而审思判断的行为过程。另一方面，教育意识建构是需要克服主体认识非理性因素和来自客体世界的条件或现象困扰才能完成的。也就是说，大学教师在理性判断教育实践中很难不受到主观喜好、情境以及客观条件的制约与影响，对大学教育要做出理性的理解和判断非常不容易，是需要不断学习的过程。这就从事实上确证了以教育目的为驱动的教育兴趣在其中的重要作用。首先，教育观念之所以异于教育意念，而不是相对简单的教育意识，就在于教育目的对于教师主体在教育认识过程中的统领作用。因为教师面对教育世界中的事物、现象产生心理表象或具有一定认识，如果缺乏教育目的的主导，既不能形成系统的教育观念，又无法聚焦教育意志。其次，大学教师在形成教育思想的过程中需要教育目的的划界作用。大学教师在对教育事务的理智运思虽然是基于对象，但一定与目的休戚相关。如果没有教育目的作为内在理性运思的前提和方向，教师在构思教育实践形成认识时就缺乏内在的动力，因为大学教师不可能愿意做无意义的思想劳动。最后，大学教师理解或发现教育理论一定是基于某种教育目的才有可能。任何个人乃至团体的教育理论都在主张某种价值诉求。大学教师个体在建构教育理论的过程就是在朝向这种教育理想的过程。如果没有教育目的，大学教师很难对各种大学教育价值现象作出有效的梳理，对纷繁复杂的价值事实也无法做出明晰的判断，从而不能切实匡正偏颇的教育价值行动。没有教育目的，大学教师的教育理想陷入黯淡，教育观念也会随波逐流，即使业已积聚的教育情怀也容易消失殆尽。可见，大学教师的教育观念、教育思想、教育理论皆系于教育目的。

以上是从内容结构视角来阐释教育兴趣对于大学教师构建教育意识体系的重要作用。而从过程与功能视角来看大学教师对于自身教育意识体系的过程，就会进入一种批判与建构大学教育理念的阶段。此时，目的驱动型教育兴趣就集中显出对于大学教师形塑其教育理念的重要影响。这里先介绍教育理念，所谓教育理念，是指"教育主体在教育实践中形成的教育价值取向，是一种相对稳定，具有延续性和指向性的教育观念体系"①。以往，人们习惯于从组织或学科层面关注大学理念及其教育理念，相对而言不重视大学教师主体对于大学教育理念的建构，对个体化的大学教育理念不够重视。其实，宏观、集体、组织层次的大学理念或大学教育理念一方面是个体建构的结果，即理念是需要经由具体的个体的精神劳动创造、发掘而来；另一方面也需要经由个体的体认、传播才能实践，缺乏群体的认同的理念就是空洞的口号。如果基于大学教师主体立场来认识其个体化的大学教育理念建构过程，大学教育理念对大学教师而言就是其对于大学教育世界的理性认识、理想追求及相应的教育观点。

显然，作为一种理性的认识结果，大学教师的大学教育理念既不是自然而然地在教育实践中习得，也不是简单随附于其教育意识体系之中，而是在目的驱动型教育兴趣作用下，对教育意识进行批判和反思、建构的结果。其一，目的驱动型教育兴趣左右着大学教师对大学教育理念的建构方向。大学教育理念是个内涵极其丰富的体系，其本身在类型和结构层次上具有不同的内容范畴，大学教师建构其大学教育理念同样是从不同方向入手的。从层次结构来看，大学教师基于学科教学、课程设计、学科发展、学校文化等不同方面的教育目的而建构相应的大学教育理念，由这些具体的教育目的所驱动的教育兴趣出发观照不同教育价值形态，从而形成相应的大学教育理念，这也应合本书第二章的实证调查中关于大学教师教育情感的变迁状态。从类别指向来看，大学教师对于大学教育的不同范畴有不同的理解，对大学教育的物质、制度、文化等方面的大学教育理念也会产

---

① 韩延明.理念、教育理念及大学理念探析［J］.教育研究, 2003（09）: 50-56.

生相应的看法，其中同样离不开教育兴趣的影响。

其二，目的驱动型教育兴趣规定着大学教师对大学教育理念的功能设定。一般来说，大学教育理念具有动员功能、凝聚功能、预警功能和引领功能。所谓动员功能，是指大学教师基于教育目的的驱动而调用相应的教育理念启动内外部资源，内部自然是指其心智力量，外部则指教育实践的客观因素。就凝聚功能来说，是指大学教师在实践中围绕教育目的而征用教育理念的统领、调配作用，以使相关资源聚焦于教育本身。而预警功能是从隐喻意义上陈述大学教师以教育理念对于教育行动的管理作用。大学教师在教学实施中利用内隐的教育理念指用而修正自己的言行举止，回归教育目的。其引领功能则是指大学教师基于目的理性驱动而生成的教育理念，并以其为指引力量做出相应的超越现实教育实践条件的做法，理念在其中发挥着引领作用。总之，大学教育理念的功能实施要经由大学教师主体对于教育目的的理解，即由目的驱动型教育兴趣综合对大学教育理念的功能进行相应的设定才有可能。

其三，目的驱动型教育兴趣影响着大学教师对大学教育理念的体认方式。大学教师对于大学教育理念的体认方式是指其自身对于大学教育理念的感知、理解、建构、实践的形式。不难理解，每个大学教师具有不同的体认方式，既因为每个人对于教育目的的理解不同，也因为每个人对大学教育理念的自身接纳过程也不可能相同。但大体来说都是由其内在的目的驱动型教育兴趣所决定的。如果本人具有相对强烈的目的驱动型教育兴趣，就会主动地感知、理解、建构、实践某些大学教育理念，反之，即使高明、深刻、具体、先进的大学教育理念建构契机来临，大学教师也会无动于衷。另外，由于大学教师建构和实践大学教育理念的过程本身就是充满曲折而不是直接明了的过程，这就会影响大学教师对于大学教育理念的心态是以坚毅还是随意，是以持续为之还是偶然作为。总的来说，大学教师建构其大学教育理念在建构方向、功能设定、体认方式等方面都受教育兴趣的内在驱动的作用，并且这些不同方面又交互影响。

教育兴趣之所以在教育生活中呈现目的驱动型教育兴趣的阶段特征，虽然主要归因于大学教育实践目的使然，但本质上还得归因于教育兴趣本身的理性特质。由此而生发出理性取向的教育兴趣所具有的三个特点。第一，功效性。目的驱动型教育兴趣是基于教育目的、围绕教育任务、实现教育意图的教育兴趣，具有明确的主观性。正因为如此，这种教育兴趣要满足大学教师主体的价值诉求，实现了教育的功效设计，首先为其教育行动提供驱动力，其次，为教育方式提供指引，最后，为教育过程提供核心理念。第二，持续性。大学教师从转向目的驱动型教育兴趣开始就在教育实践过程中不断受其影响。一方面，这种教育兴趣持续地在主体心灵中发挥作用，另一方面，这种教育兴趣持续地改变自身，也影响着教育者的行动方式。第三，实践性。大学教师具有这种教育兴趣的条件是基于教育实践的，而不是先天获得的。没有教育实践的目的、条件、过程、方式的前提基础，目的驱动型教育兴趣就不会生发。作为一种实践性的教育兴趣，内在地以大学教师主体目的理性为尺度，规约着大学教师主体的实践。

三、审美超越型教育兴趣：大学教育信念确立

大学教师的教育兴趣为何会发展到审美超越型教育兴趣？要回答这个问题，就要从三个方面来展开：第一，大学教师个体的职业生命体验；第二，大学教师的大学教育实践发展；第三，教育兴趣本身的审美取向。对第三个问题，前文在第五境论及教育意境时，已经对教育兴趣的审美关联做了分析，即教育兴趣蕴含着审美欣赏、审美体验、审美创造，与审美有着密切的联系。从大学教师个体职业生命体验来看，大学教师走向审美体验是对于美的寻求与向往，借用黑格尔的艺术哲学理论来说，是把自身从有限世界的内容和形式的束缚中解放出来[①]。实际上，从美学的角度来看，美一开始就是以最高存在的形而上学的立场存在于哲学家的视野之中，所以希腊人对于"美"往往带有宗教式的崇敬与追求。在中国文化语境下，尤其是在人生境界理论的阐述表达中，往往与审美是分不开的。譬如横渠四句——"为天地立心，为生民立命，为往圣继绝学，为往世开太平"就蕴含着宏阔壮美的人生立意格局，具有强烈的审美诉求；再如冯友兰先生所论的四重人生境界观点，反映了人向往天人合一的审美追求。"人在审

---

① 黑格尔.美学 [M].朱光潜译.北京：商务印书馆，1997：335.

美境界中不只是出于道德义务而做某事，即不只是为了'应该'而做某事，而是完全处于一种人与世界融合为一境界之中。"①

回到大学教育实践本身的发展来看，审美超越型教育兴趣基于目的驱动型教育兴趣又要高于目的驱动型教育兴趣，因为大学教师的教育审美超越导源于大学教育者和大学学习者两类主体的审美需要。审美需要是立足于生命体验和感发的需要，而不是以外部对象为目标，也不是以外在资源为实现目的②，即使有其目的也是审美的目的。大学教育的审美需要是由大学教育者和大学学习者的内在生命而发，是其精神生命的主要诉求，是他们从现实的生存和实践升华为超越性的精神追求的需要。从这种审美需要的立场来看，大学教育者要对大学教育本身的目的和形式做出创新，对教育过程的审美韵味要主动寻求，或者通过教育艺术的手段，或者通过教育心灵的感性表达，无外乎要通过教育审美使大学学习者的教育体验具有审美体验，而不是一般的教育体验。在具有审美体验的教育体验中，教育者和学习者都实现了精神生命的超越，对大学教师而言，其职业意义或意境由于超越了教育的工具理性而得到了提升；对大学学习者而言，其学习效果得到了极大的拓展和深化，即不仅局限于有限的智识教育成果，还推广至无限的精神生活意义。总而言之，大学教师正是经由审美超越型教育兴趣驱动才有可能创造了大学教育的审美价值，从而拓展了大学师生主体生命感发的效用和功能。

一旦大学教师具备了审美超越型教育兴趣，就不再拘泥于教育实践的目的制约，寻求教育的审美意蕴和创新教育者的心灵图景，这就需要确立大学教育信念。换言之，大学教师的审美超越型教育兴趣集中体现于大学教育信念的确立。言及大学教育信念就要理解何谓信念。虽然自古以来不同学科对于信念的理解不尽相同，但对于信念的固有特征是相通的：第一，信念是人的主观认识；第二，信念与实践高度相关，没有实践就没有信念；第三，信念是来源复杂的，既有理性，也有感性的因素，即信念是情感、认识甚至意志的综合体。康德从认识论视角提出信念是主观上充

①　张世英.境界与文化[J].学术月刊, 2007（03）: 13-20.

②　陈伯海.美在"天人合一"——审美价值论[J].文艺理论研究, 2003（04）: 7-13.

分、客观上不充分的认识①。从实践论视角来看，信念是主体对其实践行为影响最持久的意识体系。以此来看，大学教育信念就是大学教师主体对于大学教育相关事务的价值体认与信奉守持。大学教育信念相比于大学教育理念最大的不同之于在于两者的主观体认程度有所差别。大学教育信念虽然不具备大学教育理念那样明确的信度或逻辑确定性，但是大学教育信念却具备大学教育理念不具有的主观情意忠诚度，这恰恰是大学教育实践在超越有限目的的审美取向最为需要的内在因素。从大学教育审美来看，大学教育信念意味着大学教师对于审美价值的坚持和向往；从大学教育实践的创新发展来看，大学教育信念意味着大学教师对于改变陈旧形式、突破条件束缚的执着追求。因此，大学教师确立大学教育信念突出地展现了其自身审美超越型教育兴趣的主要特征。

　　大学教师确立大学教育信念的过程可以从两个方面来理解。其一，在实践上，大学教育信念是大学教师对教育实践的价值认同的需要。教育实践通常具有不确定性，这种确定性或者导源于实践本身的发展需要，或者生发于实践的条件与过程。大学教师对于不确定性因素的控制与把握，除了依赖确定性的教育知识、理性判断之外，还不得不依靠大学教育信念这种虽然主观上具有不确定性，但客观上却离不开的认识体系。举例来说，某个大学教师在面对学生的学习指导时，不可能完全依据其显现的困惑表征来实施其教育行动，一方面，学习者可能也无法准确描述其自身的学习体验，另一方面，大学教师也无法准确调动已有的知识、技能去匹配即时的教育指导任务。此时，大学教师所采取的教育行动就可需要借助于其一贯持守的大学教育信念的支持，去做出相应的判断和行为。其二，在学理上，大学教育信念是大学教师职业伦理发展的条件和方向。大学教师作为一种职业属性的存在，有其共同的内在伦理要求，并且这种职业伦理在不同个体身上的体认过程也会不断变化。假如没有大学教育信念作为条件和方向，亦即大学教师没有可以期待、可以持守的"目标"，那么大学教师职业伦理的实践就会异化为普通劳动，至少失去教育者、学习者在教育场域中最本真的教育意蕴，或者大学教育就沦为知识产品交换，或者大学教

---

① 康德.纯粹理性批判[M].李秋零，译.北京：中国人民大学出版社，2004：602.

师对大学教育者的身份就发生认识偏差，从而在教育者与其他身份之间漂移。大学教育信念正是以其超越现实的力量指引着大学教师的职业良知，综合其心智对大学教育实践做出实在的判断和符合教育品性的大学教育实践行为，尽管这种判断不一定出于完全的理性逻辑和知识技能条件。由此可见，大学教师实践大学教育不可疏离大学教育信念。

　　大学教育信念源于实践，亦即它不是大学教师心中的先天认识。因此，就其本身的来源或界定来说可以根据大学教育实践范畴做出不同的理解。比如，依据大学教育实践的不同层次，可以有大学教学信念、大学课程信念、大学文化信念等。就本书所诉诸的教育兴趣来说，大学教师基于审美超越型教育兴趣所确立的大学教育信念主要有三种。第一种是大学教师教育良知信念。良知既有认识论意义上的"知道"，也有实践论意义上的"体知"，就后者来说，它是主体对人的道德行为的自我认识。另一方面，良知既有先天性，也有生成性。前者正如孟子所说："人之所不学而能者，其良能也；所不虑而知者，其良知也。"（《孟子·尽心上》）。对此，我们不能简单地以理论逻辑而言说，因为它是生活信念的一种前提，会映现于内心世界，是生活信念的重要成分。良知虽然来源于先天的潜能，但只能在后天实践中形成，也就是说，良知是生成的，不是一个固定不变的精神实体[①]。因此，守望教育良知对于大学教师而言是其大学教育实践的基础和动力。进一步来看，教育良知有"教育'加'良知"和"教育的良知"这两方面的含义，即教育良知的第一层意思就是大学教师要在大学教育实践和大学教育伦理中将自己向外推出来并实现自己。大学教师只有在这种信念所激发的心灵境况下才能真正生发出教育情感而对教育产生持久的热情。教育良知的另一层意思就是大学教师要通过大学教育去发挥促进学生良知的生长功能，即"扩充和提升其良知、去除私欲以对发展良知"等[②]，简而言之是大学教师要"教以正事"，即大学教育的最根本任务不仅要认识外在事物之理，而且要让学生正确把握内在心灵及其社会实

---

① 蒙培元.谈谈学者良知[J].新视野，2007（04）：54-57.

② 杨道宇.良知的自然生长倾向及其教育——兼论"教育即良知生长"与"教育即生长"的异同[J].教育学报，2016，12（05）：14-24.

践活动之事。

第二种是大学教育审美信念，这也是审美超越型教育兴趣所需要确立的核心信念。大学教师对大学教育的审美意蕴的寻求植根于教育本身的生命发展属性。因为对实践活动的审美体验的发生意味着主体在超越感性感觉基础上的精神建构。就教育本身的一般意义上来说，大学教育仅仅拘泥于任务—过程的程序性完成。但一旦教育审美活动发生，大学教师就开始关注教育者自身和教育过程中的参与者的审美体验。正是"审美活动的这种基础性和原初性"①引发了大学教师对于对美的追求，亦即产生审美超越型教育兴趣。在此境况下，大学教师的教育实践就从普通教育知识传授活动升华为内在于生命活动自身的最高和最终目的，从而以审美的抵达作为结束大学教育活动的内在尺度。从生存论视域来说，大学教育审美所创造的生命关怀"是其所不是"的超越性追求，其超越的"边界"或极致就是"美"，或者说超越的内在目的就是抵达美的王国。在这种教育意境中，大学教师建构起教育世界中精神生命的共同发展，突破教育目的—手段的束缚，其自身不仅作为教育实践者而存在，而且是作为教育审美体验者而存在。与此同时，在大学教育中的客体事物成为溶渗于生命体验的审美对象，而不是实施教育的客体条件，于是，大学教育得以成为一个整体关联在一起的生命存在和发展的境域。

第三种是大学人文精神发展信念。所谓大学人文精神，是大学组织发展过程中吸引、积淀、凝聚、孕育而成的优秀价值体系。个体或组织在实践发展过程中会形成一定的观念、价值、思想、精神，大学亦不例外。西方古典的大学人文精神生发于剥离于宗教控制而迈向世俗化的过程，近代大学人文精神生发于民族国家精神文化与科技所需求的教育和科研发展的土壤之上②，我国大学人文精神则正孕育、发展于中西文化传统交互融合进程之中。大学教育归根结底是服务于并受制于人文精神构建、发展过程。大学人文精神的主体是人，对象是高深知识，核心特征是卓越的大学理念，内在本质是以高深知识服务于不断超越现实的理想世界和理想人格，

---

① 董志强.试论艺术与审美的差异[J].哲学研究，2010（01）：113-120.
② 尤西林.大学人文精神的信仰渊源[J].高等教育研究，2002（02）：1-5.

终极目的在于促进人类美好生活。大学人文精神发展信念既是大学教育信念的发展列车，也是影响大学教师职业发展的价值体系。审美超越型教育兴趣所诉诸的美好教育必然要以大学人文精神发展信念为依托。无论是宏观层面的大学文化，还是微观层面的大学教师人格、气质、取向，都要受其影响。

从某种意义上说，大学教师的教育兴趣发展至审美超越型教育兴趣是为大学教育信仰留下地盘。因为如果说目的驱动型教育兴趣是为理性所界定而设限，那么审美超越型教育兴趣就是大学人文精神所蕴含的审美信仰为内核，大学教师的审美信仰可以保证大学教育生活世界的审美性和诗意性，使大学组织所特有的魅力得以保存和发展。因此，这种教育兴趣具有浪漫性、自主性、觉解性。所谓浪漫性，是指审美超越型教育兴趣的特点具有理想和趋于完美的价值诉求，不受限于现实各种条件的形式束缚。所谓无限性，是指大学教师生发审美超越型教育兴趣的过程是自由的，既没有人可能强迫其生发，也没有人可以抑制这种审美诉求。所谓觉解性，是指大学教师形成审美超越型教育兴趣需要一定的主观条件和努力，并且会形成某种明确的审美理解和态度。因为大学教师教育兴趣发展至审美超越型教育兴趣乃是基于对教育的理解和态度发生的根本性的提升，就对大学教育的理解而言，是指对大学教师自身的人生境界和大学教育的本体价值的充分体认；就对大学教育的态度而言，是指对大学教育的自觉意识、人文关怀、实践认同、审美诉求，其中教育兴趣所攀升的审美意境可能具有引领、守望大学教育的超越的价值。具有这种审美超越型教育兴趣和不具备这种审美超越型教育兴趣的大学教师在教育境界的追求以及教育实践的格局显然不可同日而语。

本章小结

教育生活作为教育兴趣的存在场域，是从大学教育实践的特殊境遇出发力图呈现教育兴趣和教育生活的双向关联及内在意蕴，从而正视并强化大学教育的本体立场，确立教育兴趣的生发逻辑。大学教师教育兴趣生发过程融贯于教育情感、教育意向、教育意境的体验之中，实现教育兴趣自觉是生发大学教师教育兴趣的内在要求。对大学教师而言，大学教师过教育生活是职业实践和发展的内在要求，其教育生活包含着大学教师的教育观念、行动、心灵。教育兴趣具有大学教师教育行动的驱动功能，既是其教育观念形成的重要条件，也是其教育体验的意向联结。正因为教育兴趣和教育生活的内在关联，大学教师经由情境激发型教育兴趣、目的驱动型教育兴趣、审美超越型教育兴趣等不同阶段而发展其教育兴趣。

第六章　大学教师教育兴趣的自觉路径

大学教师教育兴趣是内生性的主体问题，其实践应用所指向和依赖的是大学教师教育兴趣自觉。大学教师教育兴趣自觉的逻辑不能完全对应其教育实践范畴，即不能依循惯有的问题—对策相对照的逻辑开展，而是依照教育兴趣自身的逻辑包括教育兴趣自觉的前提、基础和发展指向三个方面。大学教师教育兴趣自觉路径有两个向度：微观而论，是大学教师个体对于教育兴趣的体认过程，反映并促进大学教师对自身教育兴趣不断发展的改变需求；宏观而论，大学教师教育兴趣自觉诉诸大学教育伦理品性，观照大学教师文化。如果大学教师对于教育没有一些信念或信仰，那么大学教育无非是技术性的知识传递而已。缺乏教育信念的大学教师往往视教师职业为谋生、计利的手段，对教育世界中的主体的心灵、自由、审美一概拒斥，唯利是图。概言之，大学教师教育兴趣自觉需要以实事求是的态度完善大学教师发展范式，建构或完善大学教师文化，绘就诲人不倦的大学教育图景。

第一节　大学教师教育兴趣自觉的前提是敬重师道

大学教师教育兴趣自觉其实就是对于"优秀的大学教师"和"卓越的大学教育"的呼唤。"卓越的大学教育"暂且不说，要理解"优秀的大学教师"就不得不诉诸敬重师道。"优秀的大学教师"绝不仅仅是将理想大学教师形象的定位隔离或超绝于普通教师职业的现实实践，而是为了更健全、更理性地给优秀的大学教师进行职业发展逻辑上的定位。如果一味地言说人们心中的楷模典范，诸如万世师表的圣贤之师，这些师者的形象只能存于人们的臆想世界甚至托古于某个师者来表达，并且以诲人不倦的立场来审视批判具体的教师职业实践，是一种无视现实情境和条件，是一种居高临下、先声夺人的态度，其影响难以深入大学教师心灵。反之，如果将浪漫而崇高的大学师者存留于理想的大学，同时在现实中寻求普通大学教师身上的闪光之处，可能更为真实也更有操作性。"凡是真实的东西，也必然是具体的东西。[①]"所以，大学教师教育兴趣自觉是依循优秀的大学教师源于普通而一般的大学教师从整体上敬重师道，尤其是敬重大学为师之道而言。这就有必要对敬重师道作为大学教师教育兴趣自觉的前提进行一番论证。

一、敬重师道的逻辑意蕴

大学教师敬重师道是为了形成内心对于大学教育持有反省、批判、建构的理性态度。敬重师道作为一种理念诉求，要求大学教师充分体认其逻辑意蕴，为觉解大学为师之道和确立教育信念奠定坚实的基础。

（一）敬重师道符合教师职业演进的文化逻辑

"道"与"圣"和"神"相通，包蕴"规律""秩序""法则""路径"等基本含义而存于主体意向。师道正是从教师主体意识的内在向度规约其教师职业实践。自古以来，师道是神圣而令人敬重的，尽管世俗教育有着不同于宗教传统的神圣定位，但人们对于师道所固有的崇敬是内生的，对于纯粹执教之师的敬重也是自发的。教师职业演进服从于教师职业的文化逻辑。教师职业文化是对教师职业的行为范式和经验特征表象概括，包含教师的教育信念文化、教育行动文化、教育效果文化。以"知与行""显与隐"的二分法来看，教师的教育信念文化是"知"与"隐"的教师职业文化，教师的教育行动文化和教育效果文化是"行"与"显"的教师职业文化。这种"显与隐"或"知与行"的对立联系，正好符应教师职业文化与师道的内在关联。

教师职业文化的建构过程与教师敬重师道的实践过程是内在统一的，

---

① 黑格尔.美学（第1卷）[M].朱光潜，译.北京：商务印书馆，2018：88.

教师敬重师道就是确证或检视其教育实践是否偏离师道自身所赋予的理念和要求。首先，师道规定教师职业文化，也由教师职业文化而表征。所谓教师职业文化由师道而规定，实际表明师道与教师职业文化在逻辑上的地位，即决定与被决定关系。一则师道所持的理性理念规定着教师的教育行动目的和准则；二则师道所蕴的教育规律规定着教育者的教育行动方法和手段。所谓教师职业文化证成师道，一是体现了由经验的教师行为文化不断上升至抽象师道的过程；二是确证了教师职业文化与师道的紧密关联，虽然教师职业文化的演进不能出离师道的要义范畴，但抽象的师道亦要经由具体的教师职业文化而展现。由此，教师职业文化经教师的教育信念、行动、效果等范畴既印证了师道的实现路径，还表明了教师职业文化具有不断演绎、展现师道的功能与职责。

其次，敬重师道与教师职业演进有着深厚的文化渊源。师道的理智传统规定着教师职业文化的演进必然要敬重师道。在教育劳动的专门化、职业化之前，教师就是智慧代言人，也是德性代言人。诸事问"先生"是教师职业存在的世俗效用，也是内在价值。作为先进文化资源的占有者，教师集智慧、德性于一身而拥有崇高的地位，这便是"天地君亲师"并尊的缘由[①]。随着阶层不断分化以及社会劳动的不断分工，教师由传统意义上的传道者化演为启蒙者、育智者、授识者等工具性存在，从而出现"九儒十丐"职业序位，严重贬损了教师作为知识分子的形象。之所以为工具性存在，不仅因为修道者和传道者的分别，还因为教育劳动本身的分野而导致的教师形象分化为"经师"和"人师"。如果说经师拥有高贵的学问令人崇敬，那么人师则拥有亲挚的关怀而令人敬爱。若师者既能为经师也能为人师，便享有学生无比的敬重感。以上是关于教师职业文化形象的简捷描述，无非是表达敬重师道始终伴随着教师职业文化的演进，既是对理想师者的呼唤，也是对现实师者的规约。另外，我国之所以有尊师重教的悠久传统，与敬重师道被纳入民众文化心理基因不无关联。从某种意义上说，敬重师道所指的尊师重道文化也早已超越了教师职业范畴，甚至超越了教

---

① 陈桂生，张礼永.中国古代师资文化要义——"师说"辨析[J].教育研究，2015，36（09）：129-137+145.

育领域。

最后，敬重师道符合教师职业文化演进的内在要求。一般来说，不同职业文化演进要受制于职业实践的内在规定性。教师职业实践是一种复合特征的实践，既有道德实践，又有技术实践；既有科学法则的规定性，又有艺术想象的自由性。在人类漫长的教育实践进程中，教师职业劳动的信念、场域、情境、技术、方式、目的都在不断更替，这些变化万千的教育形态中亦有不变的法则规定着教育的本质和教师职业的内在特质，不变的法则是师道所赋予的，也是敬重师道所指向的唯一对象。无论大学教师是出于对这些法则的被动服从和主动接纳都表征为敬重师道，即作为有限理性而存在的教师不能背离师道的道德使命、教育实践本身的因果规律、主体意志的审美自由。其实，敬重师道源于教师对于人性尊严和发展权利的敬重，这里不仅包括对学生的人性尊严和发展权利的呵护和尊重，即把学生视为具有理性的自由意志主体，对其理智与情感的合理需求的珍视，对其发展权利的维护和重视；还包括对自身作为师者的人性尊严和发展权利的珍重，没有教师愿意作为工具或手段的存在，没有大学教师在职业劳动中愿意仅仅服务于教育目的而存在，这就表明大学教师内心服膺于利益之上的理性意志和教育良知，希冀享受教育的趣味、魅力，也乐意享有师者的尊严和发展自由及权利。这两者归结起来就是对师道的敬重感，也是敬重师道所赋予大学教师职业文化的特定内涵。

（二）敬重师道应合教师职业发展的理论逻辑

理论逻辑是概括事物存在与发展的前提、条件、方向、方式等方面的规定表象。教师职业发展的理论逻辑包含着教师职业发展的前提基础、内在动因、可能方向。敬重师道应合其理论逻辑在于，一是作为一种理性理念先天规定了大学教师职业的发展路径；二是教师敬重师道即展现其自身职业理性的实践应用，实现了其本体功能，推动其职业发展的内在动因；三是敬重师道涵摄敬重的职业情感、法则、义务，是提升职业形象的方向。

从特征属性来看，敬重师道是大学教师职业发展的前提基础。大学教师职业发展的基石是职业理念。敬重师道作为一种理性理念存在，直接规定着大学教师职业道德的内在根据。敬重师道正是大学教师职业道德理念最为简洁而直接的理念要求。对于大学教师职业实践而言，师道是其实践法则的抽象表征，敬重师道就是对于教育实践法则的敬重。进一步来看，跳出教师职业范畴，教育世界作为人类必需的活动场域具有其必然的精神意蕴和先天理念，师道作为教育世界的先天理念的表征，实际上映射着人们对于教师职业及其文化形态的精神诉求和至上理念。没有师道及其敬重的预先假定，教育与教师职业的存在就失去根基。亘古以来，世界在变，但教育的存在不会改变；无论教育形态如何改变，只要人心不变，师者的心灵、意义、道义就不会改变。因此，师道不变的根源就在于师道内蕴的善念和敬重师道所规定的善行，正是师道所赋予师者的善性共识和善性高位才是承载教育实践、支撑大学教师职业的基础。

从功能定位来看，敬重师道是消解职业文化内在冲突的最终选择。一方面，大学教师是有限理性存在者，不是神或完满理性存在者。作为有限理性存在者，在大学教师职业实践中，不可避免要受到内在的主体欲求、偏好和外在客体对象的规定或影响。另一方面，教育实践既作为实践性教育艺术，也作为实践性教育科学而存在[①]。前者是由至善理念而规定的自由实践，后者是由客观法则而规定的技术实践。可见，大学教师文化天然地存在目的理性和价值理性的内源冲突。大学教师既作为教育目的的实现工具而存在，也作为自我人格的主导者而存在。要实现从冲突对抗到平衡自控，仅从大学教师主体欲求的条件满足或依循其教育实践经验的规范引导既不确定又不够效力。解铃还需要系铃人。只有大学教师主体依照客观的法则而生成的敬重师道的动机，才能为其职业人格立法；大学教师自身也需要这种人格的提升以实现更有尊严的理性存在者的意图。因此，敬重师道对其心灵的影响是持久而巨大的，也是消解冲突的最终方案。

从具体内涵来看，敬重师道是提升大学教师职业地位的内在设定。教育之道析出于人间世道和自然天道，从而得以管辖师道、统摄教育目的和手段所依赖的法则，就此而言，敬重师道是形成职业理念的预先设定，是大学教师对教育行动的基本准则。在教育实践中，这种普遍的准则化为

---

① 康德.康德著作全集: 第9卷 [M].李秋零，译.北京: 中国人民大学出版社，2013: 446-447.

履行教育职责的义务，于是，大学教师敬重师道表现大学教师对教育所依循法则的敬重情感，生发出纯粹的教育兴趣。这种敬重的教育情感从审美方面来说是消极的，可以认为是崇高情感，而不是喜好的情感。因为大学教师如果不是出于天性热爱教育，那么只有通过理性施加于情感形成强制力，才有可能使其教育实践行动与教育目的协调一致。因此，大学教师敬重师道是源于对教育存在的理性体认，是从属于教育实践的道德情感。可见，作为一种内生于教育世界而作用于教师心灵的主观设定，敬重师道包含善意的教育理念、纯粹的教育意向、自律的教育行动准则。总之，敬重师道得以展现大学教师职业的理性，既是决定大学教师职业理念的依据，也是提升大学教师职业地位的根本方略。

（三）敬重师道契合教师职业实践的行动逻辑

如果师道是空洞的言说，那么敬重师道就无法付诸实践。教育本身是实践的存在，大学教师职业实践亦需遵循一种行动逻辑。无论是个体的还是集体的教育行动逻辑，不仅遵循"道—理—术"[①]的层次性逻辑，还具有"内生—外塑"关联的结构性逻辑。就大学教师职业实践而言，"道—理—术"的层次性逻辑是指大学教师的教育实践依循"教育规律—教育准则—教育技术"的序列规定；"内生—外塑"的结构性逻辑是指大学教师既要服从外部实践客体对象的规定性，还要因循自我心灵意识活动的意向性。为了论证的方便，可以视具体的大学教师个体实践依从于行动的内生逻辑，即依从于教育兴趣、教育行动、教育情感、教育信念的交互建构过程。而将从抽象的或群体的大学教师职业实践视为理性依循"教育规律—教育准则—教育技术"序列的演绎进程，相对而言，这是一种行动的外塑逻辑。正是由于大学教师职业实践具有这种双向关联、多层次的行动逻辑，其实践不仅受制于感性的情感向度影响，还有理性的规章制约。之所以断言敬重师道契合教师职业实践的行动逻辑，一方面，师道虽然抽象却具体地统摄大学教师职业行动。另一方面，师道既宏远又隐微地关联大学教师主体心灵表象。

---

① 刘庆昌.从教育事理到教育学理："教育学原理"70年发展的理论反思［J］.中国教育学刊, 2019
（10）: 1-8.

教育之道内蕴对教师职业的敬重，从大学教师职业行动的内生逻辑来看，这种敬重体现在大学教师对自身的绝对善意（良心）和自律的意志（自由）的设定和体认。这种设定其实是一种职业理想，即师者能为"天下善"①。但是作为平凡而具体的大学教师，"感到我们的能力不适合于达到一个以我们来说是法则的理念，就会生发一种情感，这种情感就是敬重"②。对大学教师而言，没有这种普遍性的人为法则为根据，仅仅以客体化立场观照、对待教育世界中的经验，终究会因为人性的特殊本性偏好或其经验的偶然性境遇而难以达到普遍性和必然性，无论是理念层次的师道还是感性、经验、个体层次的教育情感、教育兴趣的获得只能是由外部规定性的，不会有确定性。虽然偶尔有可能达到这种深层次的教育体验，但既难提取为稳定的符号化知识，也难以普遍共情而为师者所遗失，这也是大学教师职业信念根基不确定而易被消解的根本原因。从此可知，敬重师道不是什么快乐或喜好，而是把大学教师提升到对快乐的需要之上的一种职业尊重。

从大学教师职业行动的外塑逻辑来看，教育实践具有一定的强制性，这种强制或可称为义务源于两个方面的规定性。一是教育实践的目的理性，二是教育实践的工具理性。就前者而言，任何时代的教育都具有目的理性，亦即教育所设定的目的都受制于特定的历史、文化、地域等时空条件，只不过局部的教育形态有所偏倚和取向有所差异。在制度教育兴起之前，教育的目的理性偏重于社会上层意志或政治统治需要而忽略个体发展；而现代社会的教育则普遍强调两者的调和与均衡。由于教育目的的理性就决定了教育实践的具体方式和条件，教师作为具体执教主体当然在目的理性主导下行动。就后者而言，大学教师职业实践具有技术理性特点，既有程序性法则，也有伦理性法则应用的技术理性要求，这些相对于目的理性而言都是工具理性。程序性法则的影响实际上指涉的是教育技术手段的适切性。显然不同的教育目标、任务、对象呼应不同的教育方式。而教

---

① 邓武蓉.论周敦颐《通书》的师道观［J］.湖南师范大学教育科学学报，2013，12（02）：69-71.

② 康德.康德著作全集：第5卷［M］.李秋零，译.北京：中国人民大学出版社，2013：84.

育作为一种师生主体间善意的干预①，具有内在的伦理属性，要诉诸参与大学教育主体权利与需求的关怀，至少不能贬损、伤害人的基本人权。由此可见，大学教师敬重师道是以理性的方式服膺于师道所蕴含的内生逻辑与外塑逻辑，更直接地说是对于教育理念的确信。大学教师唯有确信，才能真知真行；准此，熠熠生辉的教师职业信念及其行动就依源于敬重师道。

二、体认教育信念是敬重师道的具体体现

信念是主体视之为真的东西，意指人们对某人、某事或某思想的认识的坚信和恪守。信念可以指导合乎义务的纯粹实践理性（或是作为后果，或是作为依据）。否则就是越界。信念不为理论上的纯粹理性知识证明提供任何东西，只为实践上的、针对其义务的遵循的纯粹理性知识作证明，而且根本不为思辨或仅按照自爱原则的实践提供扩展的明智规则。②信念是一种认知结果，当人们在理论知识方面未能取得成就时，人们认为信念是正确的。在实践领域才有意义。既然信念是实践领域的主题，就不能以自然法则来研究，就要依据道德法则来思考和推理，不能越界。

教育信念既是教师对于达成教育目的的信赖，也是对于达到教育目的的义务的服从。同时，教育信念是一种自由地视之为真，具有主动性，教育信念表达了教师对教育事务、教育现象的认识的坚信和恪守，不同于教育意识的形成可能具有的被动性。另外，教育信念不要求完全被证实或绝对视之为真，但也不是没有根据性的真实存在。前者是确信，后者是不信。教育信念不是"教育迷信"，"教育迷信"是无判断力的盲从，是独断性质的信任，与其不可同语。教育信念是教师对于教育的认知、情感和意志构成的融合体，既要求主体的自由心灵选择能力，还要有主体强烈、真挚的情感注入，更要求主体的心灵意志坚持。

教育信念是教师的教育心灵意向持久的原理，即为了把教育善念所持"长善救失"目的视为前提假设，并体认和服从这种理解。教育信念是教育兴趣的必然归宿。因为大学教师成长有两种路径，一是信念路径，二是

---

① 郝文武.主体间师生关系及其教师责任[J].教育发展研究, 2019, 38（10）: 11-16.
② 康德.判断力批判[M].李秋零, 译注.北京: 中国人民大学出版社, 2011: 284-285.

知识或技能路径。前者解决大学教师的观念认知问题，后者解决实践能力的技术方法问题。狭义上的教师信念是教学信念，广义上则指教育信念。从教师哲学来看，教师哲学离不开教育信念，教师哲学不探讨教育兴趣也是不合理的，而研究教育兴趣仅仅从心理学层面收集教育兴趣的因素、特点，即从经验实践中来验证其生发特点也是不够的，因为教育信念不能直接简化为教育兴趣。

大学教师敬重师道所寓意的不只是满足于从经验层面对具体或群体的学生之仁爱、对知识传授之技之乐，还包含着大学教师对于回归师道前提的体认。表面上看，敬重师道遵从的是理念设定，实际上承载和实现的是理性所赋予的超越价值。对优秀大学教师而言，这还意味着对敬重师道所内蕴的超越价值的主动追求。敬重师道的超越价值关涉教师心灵本体具有实在意蕴，绝不是虚设，亦即理性的超越价值诉诸教育及教育者的自由意志及审美判断，关切人的心灵世界，是实在而真实的。因为敬重师道而建构、体认自己的大学教育信念，从而在教育实践中履行教育职责，依托自立、自律的教育法而找到建构卓越教师人格的心灵入口[1]。

进一步来看，敬重师道令大学教师自身的心灵活动方式服从理性。如果大学教师心灵活动交由自由意志规定，就具有确定性，也从属于至善理念而具有自主性。从而，其心灵活动不依附于外在对象束缚、诱惑而得以自在。敬重师道的理性还意味着防止大学教师的教育认识和实践走向偏激，既可预防其迈向狂热，也可阻止其趋向冷漠。大学教师的狂热会因激情驱动而表现出短暂或持久的教育认识和行动偏激和冲动，既有教育理解的偏执，也可能有教育行为的过激表征。反之，大学教师的冷漠则走向另一个极端，是对于教育事务的漠然态度，实际上也就放弃了作为大学教师的本体身份。另外，教师心灵因通过自由的理性意志规定，使其心灵活动范围也不断得以扩展，不仅仅着眼眼前的目的达成，还着眼于未来生活的可能。质言之，大学教师不仅关注当下的教育效果，还关注理想的大学教育图景。

由此可见，大学教师心灵经由敬重师道而使其心灵力量得以增强。因为敬重师道的情感脱离了单纯的对象依附性，也超越了目的或欲求的规定

---

① 康德.康德著作全集：第5卷[M].李秋零，译.北京：中国人民大学出版社，2013：92.

性。在此基础上，大学教师服从教育法则（职业道德）的义务而产生的教育兴趣蕴含着强大的和不竭的动力，必然能克服各种主观和客观障碍。随着大学教育实践经历的不断丰富，大学教师的教育信念就越来越坚定，其教育行动也越来越理性，其教育效果也越来越逼近更加美好的教育意境。

教育信念的确立来源于大学教师全部的生活经验和对教育问题透彻的学理分析[①]。教育信念作为大学教师敬重师道的具体体现，也是教育兴趣的积极体认。其一，教育信念始终是作为大学教师主体的一种理解而存在，教育信念的确立始终离不开大学教师主体意志的活动。其二，如果说通常理解教育兴趣为教育实践的动因，那么教育信念则是在追求更为确定和普遍的意图，唯有大学教师确立更为稳固的教育兴趣，才能对教育实践具有深度的认同体验和意志表象，从而不依附于变动不居的教育实践条件，才有可能超越教育现实而创造更为理想的教育图景。"人要提升自己超越功利，即追求人格性而为理性存在者，就要服从道德法则"[②]，可以说，大学教师正是凭借自由的自律而成为敬重的师者，而作为理性存在者的大学教师绝不仅仅视教育劳动为手段，是视其自身为目的。

第二节　大学教师教育兴趣自觉的基础是"研为人师"

当前，我国大学教师文化发展存在一定的偏差，主要在立德树人的发展方向上有所缺失。这就表现在对于大学教育的忽视。同时，我国大学对科研水平的竞逐热潮不断加剧了大学教师参与教育、科研和社会服务活动之间的现实冲突，使大学教师教育实践体现"唯研为师"的符号特征。所谓"唯研为师"，是指大学教师在职业信念、职业情感、职业行动、职业发展等方面将"科研"奉为圭臬，职业身份固着为"研究者"。因为"唯研为师"尽管内蕴"求真""创新""执着""宽容""勤奋"等学术品质，但其职业志趣过度受制于科研理性而容易滑向工具理性，与大学教师

---

① 肖川.教育：基于信念的事业 [J].湖南师范大学教育科学学报, 2015, 14（01）: 28-33+75.
② 康德.康德著作全集：第5卷 [M].李秋零, 译.北京：中国人民大学出版社, 2013: 93.

育人职责相背离。因此，大学教师要"研为人师"而不是"唯研为师"。从大学教师教育兴趣自觉的视角来看，既为大学之师，就要树立教育信念，拥有精深学术水平和教育教研资质，参与和创造教育生活。

一、崇立德树人而"明"大学为师之志

"立德树人"关乎大学教师的教育信念，为此，有必要系统而全面地理解"立德树人"。学界关于如何理解立德树人的成果数不胜数，大致可从三个方面来解读，一是对于"立德"的阐释。"立德"出自《左传·襄公二十四年》，其中："太上有立德，其次有立功，其次有立言，虽久不废，此之谓不朽。"在中国传统文化世界中，德即道德，享有崇高的地位，德源于对自然法则、圣人形象的膜拜；既出于政治工具需求，又出于社会伦理规范。因此，人们对于立德的关注重点往往限于德育范畴[①]，即视"立德树人"为形塑人的"世界观、人生观、价值观、道德观、法制观"要求和目的。

二是对于"树人"的理解。树人一说源自《管子·权修》中说"终身大计，莫过于树人"，从树人的目标来说，树社会生活和职业生活的两种人，任缺其一则不足以成人；更具体又可分为树社会正常生活的人和树丰富精彩生活的人，树职业劳动普通合格和树职业劳动优秀卓越的人。从树人的对象来说，大学教师既要树他人，也要树自己。从树人的内涵来说，我们是要树具有利于公共生活的社会人，而不是简单的主体性地利己人。从树人的手段来说，要从生理发展、物质供给、精神滋养等不同资源和路径去树人。从树人的形式来说，有急切或自然地树人，也有主动和被动地树人等。从树人的层次来说，有宏观层次的国家、社会、组织的树人，也有微观层次的家庭、自我意义上的树人。树人之所以难，一难在树人非成人，既非生理成长而成人，也非自然生活而成人；二难在立德树人，即立德树人岂止关涉教育的根本任务和个人的生存发展，更是国家发展之大计；三难在树人的专业性、普遍性、时间性。若不难，我们可以反问："谁在树人，谁不在树人；是一时树人，还是终身树人"？

三是对于"立德"与"树人"之间关系的理解。概括起来主要有三种

---

① 戴锐，曹红玲."立德树人"的理论内涵与实践方略 [J].思想教育研究，2017（06）：9-13.

认识，一是认为树人是中心，即立德是为了树人；二是认为立德是中心，即树人的前提在立德；三是立德与树人是并列的关系，即立德与树人是相互牵扯、不可分割的关系。从大学教师职业实践的视角来全面地理解立德树人非常有必要。一方面，大学教师作为树人者，敬重树人事业和树人者，以及作为树人者而树人、树己都是非常伟大和必要的。另一方面，仅从观念层面来理解可能还是相对容易，但要在具体实践中做到却不容易。因此，从个体自身角度去构建"立德树人"价值体系也是大学教师职业的内在要求。大学教师身为人师就要以"学高为师，身正为范"理念为职业信念，进行言传和身教。

综上，大学教师要明确其为师之志首先要树立正确的教育信念。这既是大学教师作为知识分子的杰出代表而为人之师的德性要求，也是大学学术精神传承与发展的内在要求。正所谓"代表理性的知识分子其志业在教育，其恒心也在教育，以教育改造社会，倚重知识分子为众人之师的主体道德选择"①。其次，大学教师不仅要认同"学术育人"，而且还要坚信"大学育人"的信念。也就是说，大学教师既要有科研报国的学术情怀，还要有启迪智慧、长善救失、关怀学生成长的育人情怀②。大学教师只有坚守教育信念才能更好地提升为人之道、为学之道、为师之道。本质上，大学教师的为学之道与为师之道是相互统一的关系。最后，大学教师要通过多种方式修正和完善自己的教育信念，亦即大学教师要在"立心""立道""授学"中提升师道认同和尊严。此外，大学教师要对学术伦理和大学文化做理性选择，毕竟"教育是通向理性经验的快乐通道，是通晓人类历史精华的活动，不是利益、商业交换"③。

二、具精深学术而"有"大学为师之资

大学教师以学术而立身。但就学术本身的意蕴来看，人们通常习惯

---

① 廖济忠.伦理视域中的梁漱溟知识分子观[J].中南大学学报（社会科学版），2014，20（01）：132-135.

② 徐帅，赵斌.从外塑到内修：教师专业发展的内驱力生成[J].教育理论与实践，2018，38（25）：39-42.

③ 弗莱克斯纳.现代大学论——美英德大学研究[M].徐辉，陈晓菲，译.杭州：浙江教育出版社，2001：112.

于以学术成果这一单一维度简单衡定大学教师是否具有大学为师的资格。其实，评价大学为师的资格的核心要义是审核大学教师学术身份构建。为此，要从学术发展过程的视角来理解大学教师"为师之资"，具体包括三个方面，即学术认知、学术工作、学术成绩。所谓学术认知，指大学教师对于学术事务、学术职业、学术精神所持有的理解和态度，具体包括学术的价值与意义、学术的工作范畴和方法、学术的责任与权利等。这里既包括一般意义上学术的理解，还包含指向在大学组织境域内的学术活动的特殊性。在学术认知中，常常存在一些误区，比如，人们有时候将学术与科研的概念混淆。学术不等同于科研，虽然学术的主要核心范畴是科学研究，但还有不包括科研探索活动之外的教学和传播以及应用等方面的内容。欧内斯特·博耶就提出四种学术的说法，他认为学术研究包括发现的学术研究、综合的学术研究、应用的学术研究、教学的学术研究[①]。尽管学术的概念存在多样化的理解，学术绝不仅仅局限于科研活动。大学教师的学术工作除了一般学术工作应承担的责任和享有的义务之外，还要面对大学这种具有教育属性的教育机构对学术活动特有的要求。也就是说，大学教师的学术伦理要与大学组织生活的学术态度和理解相适应，最终大学教师的学术精神是立足于大学环境之中而生发。

就大学教师的学术工作而言，大学教师以高深知识为对象或目标而展开学术活动。在学术劳动中，大学教师展现其学术认知，运用其学术智慧，体现其学术视野。显然，学术认知影响学术工作，学术工作又塑造其学术认知并影响其学术身份建构。具体来说，大学教师的学术理论储备是否丰厚、学术视野是否广阔、学术方法是否熟练、学术投入是否充沛、学术工作条件是否有保障都是学术工作的重要影响因素。

从结果的环节来看，大学教师的为师之资需要学术成绩来评价。这种学术成绩包括学术成果的数量和质量、学术成果的影响与评价。博大精深是从最高理想状态去描述学术过程和成就，但对于大学教师个体的学术成果而言，往往其学术境界一方面客观地体现在学术成果的理论或思想方面的创新性、应用范围的程度等方面，另一方面又主观地体现在其个性化的

---

① 博耶.关于美国教育改革的演讲 [M].涂艳国，方彤，译.北京：教育科学出版社，2002：74.

学术风格、品性等精神风貌等方面。因此，大学教师的学术思想、学术经历、学术评价又综合地反映其学术身份，这种学术身份又镶嵌于大学组织文化传统和大学学术规则所赋予的符号中，这种学术身份的符号又内在地影响大学教师的职业行动方式。

大学教师要做到"研为人师"才能具有精深学术。首先，大学教师要从完整的学术立场汲取学术职业演变中的科研精神，正确辨识学术职业的丰富内涵，深刻反思科研活动的价值取向。"大学教师是从事学术工作，而不仅仅是科研工作；学术不等于科研而大于科研[①]。""唯研为师"狭隘地将学术视为学科科研，极易导致"理性与信仰的分离，追求纯粹的理性，学术活动变得不再神圣"[②]，而事实上，大学学术的发展与应用离不开学术文化背后的伦理选择、适应、超越的问题。

其次，"研为人师"并不排斥学术研究，恰恰是要加深对精深学术的体认和追求。"最好的研究者才是最优良的教师。只有这样的研究者才能带领人们接触真正的求知过程，乃至于科学的精神"[③]，也"只有教师在创造性的活动中所取得的研究成果，才能作为知识加以传播，这种教学才真正称得上大学教学或大学学习"。[④]没有博厚渊深的学术修养，不仅大学教师的科研发展无以为继、举步维艰；而且大学教师的教育教学和社会服务也会沦为贩卖知识之举。以"记问之学为师"必然为世人所轻视，大学教师要拥有精深学术，既是大学教师职业的本质要求，也是回归教师使命、学者使命、社会使命的基石。

最后，大学教师掌握精深学术不应局限于科研活动本身，要适应大学学术场域的独特性，从教育教学、社会服务等领域与多主体交往、合作中寻求更广阔的发展机遇。的确，大学发展范式本身在不断演进，导致大学组织本身的任务和职能不断拓展，这就催生了大学学术的范畴以及相应的文化有所变化，更直接地说，以传统意义上讲学、研究、发表的学术生产

① 沈红.论大学教师评价的目的[J].高等教育研究，2012，33（11）：43-48.

② 熊华军，丁艳.中世纪大学学术职业的变化[J].大学教育科学，2011（02）：69-74.

③ 雅斯贝尔斯.什么是教育[M].邹进，译.北京：三联书店，1991：152.

④ 徐超富.大学科学研究之教育意蕴[J].湖南师范大学教育科学学报，2011，10（01）：20-27.

模式可能并不适应于新时代大学引领社会发展的需要，还要切换至多元主体共同协作研究、共同育人、共同享有学术知识成果的新型工作模式。面对大学教师、大学学习者、社会主体的角色、作用、需要不断交换甚至变换的新时代，大学教师只有"研为人师"，才能依托于精深学术而稳固地拥有大学教师身份的核心资本。

三、做教育教研而"习"大学为师之术

精深学术是从专业科研人员的资质来阐述大学教师的学术条件，从教育职业的专业自觉来说，做大学教育教学以及开展大学教育教学研究（以下简称教育教研）则是大学教师运用其精深学术在教育领域内的具体应用和提升教师职业素养的内在路径。要而言之，大学教师做教育教研是习练和掌握大学教师为师之术。之所以在当下特别强调大学教师做教育教研，有两个方面的原因。其一是大学教师职业身份的漂移现象日趋严重。大学教师重科研而轻教学，重视社会服务而忽视教育服务，尤其是对于本科教育教学工作的重要性有所忽略。其二是大学教育教研的内在特征和发展要求的认识有待进一步明确。表面上看，大学教育教研就是探讨高深知识在大学学习者中的传授或传播及应用，以及如何提升这种教育的效果的问题。实际上，这两个方面所引发的问题或现象既相互交织在一起，又有各自的表现形式和解决路径。因此有必要综合梳理大学教师的教育教研中的若干问题。

身为教育者，大学教师做教育教学的主要渠道是课堂教学，但显然不局限于课堂教学，而且课堂教学的场域也不仅仅拘泥于有限的时空。这是因为大学教师所主导和参与的大学教育可能发生于大学课堂教学内外的不同时空：线上和线上、教室内和教室外、工作日和节假日等，最为重要的是大学教育的主体之间的交互以及大学教育所具有的本质。如果没有大学教师参与的教育，那就是大学学习者的自我教育，不是本书所探讨的范围；如果大学师生交往没有大学教育所需蕴涵的目标要求，那就可能是大学师生的普通交往活动。以此来推断，大学教师的教育实践活动就不能简单和狭义地认为给学生在教室中上课，也不能随意地判断大学教师是否参

与教育实践。

大学教师要做好教育而不进行教育教学研究从理论上说是不太可能的。这种教育教学研究又称为教研。大学教研并非是教育学者以教育学学科思维和理论的教育教学研究，而是大学教师对自身的教育教学工作进行的研究。显然，大学教学研究是其中的主体。当前，大学教师的教研与其纯科研相比是处于边缘地位的。一方面，不是每个大学教师都有教育思维和教育关切进行教研探索活动，另一方面，教研的成就和评价在现行影响大学教师发展的评价指标中也不占有比较优势。不过，大学教师不能从教研的外显收益来理解教研的重要意义，而应从教研对于大学教师的教育质量以及大学教师的教育体验这两个方面综合来审视。

就大学教育过程质量来看，以大学教学为例，大学教师的教研就包括大学教学前的备课、上课、教学后记等方面的研究，其中，"备课就是一种决策性、策略性研究；而上课则是一种临床性、实验性研究；教学后记就是一种反思性、经验性研究；听评课就是一种比较性、诊断性研究"[①]。而就大学教师的教育体验来看，大学教研是深化大学教育教学的重要路径。一种不经反思和研究的教育教学既不可能成功，也不可能深刻和丰富。对大学教研的过程而言，大学教师不仅着眼于胜任其教育教学过程，还是提升自身职业的丰富体验的内在需要。因为大学教师的教育智慧与其学术境界是相融相通的，从学术生命作为精神生命的重要组成部分来看，大学教研是成就和发展其学术职业生涯的内在需要。

教育教研是教师职业生存和发展的安身之术。目前大学教师"唯研为师"的实质是强化学科研究而忽视参与教育教学和从事教育教学研究。实际上，大学教师强化学科研究无可非议，但不能不重视大学知识伦理的要求，更不能任由学科研究旨趣陷入偏执和狂妄。"一旦大学教师沉溺于学术研究，造成教学与研究之间的关系的割裂，大学便会由此异化为研究机构，丧失其育人本质。大学不仅要追求知识、解决问题，还要培养高层次

---

① 张典兵.大学教师教学研究的实践审视[J].大学教育科学，2014（05）：59-63.

人才"①。

为此，大学教师要转变对教育教研的认识，切实提升教育教学水平。一要研究学科教学过程中的问题，尤其是要反思自身职业"理想""精神""形象""规范""行动"等范畴中的具体问题，培养教育兴趣。二要重视学生的教育需求。在知识生产日益商品化的当下，既要满足市场和政府的研究需求，还要特别重视校园内的学生教育需求，因为这种需求不仅是教育责任，还蕴含着对未来知识产品和服务的构想。在大学专业教育中，教师与学生的对话互动所带来的教育启思往往给教师科研工作以灵感；况且培养学生的思维品质、科研素养是大学人才培养和科研发展的重要目的。一言以蔽之，教育教研与学科科研都是大学教师应有之义，均有助于提升大学教师职业价值、形象。

四、过教育生活而"享"大学为师之境

大学教师教育生活是其职业生活样态的重要体现，更是职业志趣的重要场域。大学教师不仅不能疏离教育生活，反而要回归教育生活并创造有意义的教育生活。首先，从生活主体的视野来看，教育生活是大学教师与学生发展的统一。大学教师过教育生活是其职业理想的超越性与现实的功利性统一，"教育是生产性质和生活性质的辩证统一，即教育兼具生活目的和生产手段的特性"②。从这个意义上说，大学教师教育生活是大学师生发展自我与谋划未来的统一，是大学学术发展与学生发展的统一，是大学学术精神与大学师道的统一。

其次，从生活内在的逻辑来看，大学教师过教育生活是基于学术生活，但又有别于学术生活。作为学术生活，大学教师的学术生活过程主要所面向的是真理知识世界的生产需求；而大学教师在教育生活中需要直面真实而具体的学习主体的发展需求。生产需求对大学教师的要求是创造、分享，核心价值行动是创新与超越；发展需求对大学教师的要求是传播、

---

① 弗莱克斯纳.现代大学论——美英德大学研究［M］.徐辉，陈晓菲，译.杭州：浙江教育出版社，2001：33.

② 傅松涛，刘树船.教育生活简论［J］.河北大学学报（哲学社会科学版），2004（05）：1-5.

关怀，核心价值行动是培育、引领。大学教师过学术生活可以是以自我为中心，单向度输出，但大学教师要过教育生活就要走向他者，与学习者共同建构生活。理想意义来说，学术生活最终还是要走向教育生活。因为真理、知识、精神的传递、分享都要依赖于教育途径。就此来说，大学教师过教育生活对其学术生活并不冲突，是一种有力而且必要的补充。

其次，从精神生活的视域来看，大学教师过教育生活是其精神生活世界的重要场域。理由有以下三点：一是大学教师过教育生活是多主体参与的精神生活，是动态、丰富、多元的精神生活。诚然，大学教师独自也能享有其丰富的精神生活，但这种精神生活更多是内在向度、自省式的生活体验，而教育生活因有鲜活的学习主体和动态的教育现象融入其中，是一种富有生命气息的精神生活。二是大学教师的教育生活内蕴教育体验、教育智慧等丰富内涵，大学教师从中汲取来自教育关怀的情感和体验，调适理性逻辑带来的偏执，走向自我完善和智慧生活。纯粹的学术生活往往令人走向理智取向而忘记现实生活的真实境遇，大学教师在面对综合的教育场景和动态的教育过程时，就自然而然地反省、观照、调整自己的思维方式。三是大学教师的教育生活是检验大学教师职业发展和幸福的重要场域。如果大学教师没有过真正意义上的教育生活，很难说其职业幸福体验是完整而丰富的，只是体验学术劳动所带来的相关体验，而无法理解和享有因为教育学生、关怀精神生活所给予自身的各种情感回馈和精神滋养。

最后，从职业实践的立场来看，大学教师走向教育生活是大学"立德树人"的新时代要求。大学教师要践行教育职责，全面参与、创造和享受新的教育生活，关注和实现人的全面发展。实际上，大学教师存在主动和被动地过教育生活。作为传统意义上的知识分子，大学教师是学术身份的符号占有者，是知识、真理的化身，教育使命不借外力而自然承载于其个体身上，教育生活是内生的、自发的。进入现代社会之后，大学教师作为普通职业之一，以某种资质评价标准审核大学教师职业劳动身份，将其学术身份资本固定为某种标签或符号，辅以具体的条款规定其如何履行教育责任，相应地，大学教师的教育生活由主动式变成被动式。其实，这种转型虽然是从职业分化和价值承诺上掩盖了教育生活的神圣与魅力，但并不能真正掩盖大学教师内心的教育良知，更不能使其遗忘自身具有教育生活的主体性。大学教师过教育生活是其职业理论和实践逻辑的主体因应。不过，大学教师要在教育生活中证悟到大学教师为师之境还需要树立全面发展的教育教学观念，改变倚重智识教育的做法，调整自己的研究理念，以生命关怀、社会担当将研究学生发展、自我成长与研究教育教学、学科发展有效结合起来，成为令党和人民满意的"有理想信念、有道德情操、有扎实学识、有仁爱之心"的好教师。[①]

第三节　大学教师教育兴趣自觉的方向是诲人不倦

理想的大学教育蕴含诲人不倦图景。对大学教师而言，大学教育不仅涉及教育知识、技能等事实，而且还有教育情感、价值取向、教育精神，关系到大学教师自身修养与践行，因此，认知方法不是绘制大学教育图景的唯一方法，而是要结合认知方法在体证教育兴趣中实践大学教育。另外，大学教育图景需要大学教师发展的有效支持。面对现有"外塑型"为主要特征的大学教师发展范式，大学要注重运用"内生"方法论维系、尊重、启迪大学教师发展的自觉意愿。此外，由于大学教育图景镶嵌于大学文化之中，大学需要以主体间思维建构大学教育共同体，不断完善大学教师文化，最终才有可能绘制诲人不倦的大学教育图景。

一、以体证教育兴趣的立场实践大学教育

大学教师在创造更好的大学教育图景过程中承担着不可推卸的主体责任。从一般意义上说，大学教师要积极主动地参与教育教学，潜心创造出更好的大学教育教学方式。然而，大学教育质量的提升不仅仅取决于大学教育方式和大学教育条件，更重要的是取决于大学教师的主动投入。但就影响大学教育劳动投入的根本因素而言，还要回到大学教师主体自身的立场与态度上。这就涉及两种实践大学教育的立场。其一是客体立场，即

---

① 习近平. 做党和人民满意的好老师[N]. 人民日报, 2014-09-10(002).

视大学教育为一种普通劳动，以知识为媒介的传播、交流过程是其主要环节。这种客体视域下的大学教育活动就如商品交易，一方给予知识产品，一方给予相应回报。尽管现实中并不完全存在这样的大学教育，但从理论上说这是一种客体本位出发的大学教育范式所具备的形态。其二是主体立场，即视大学教育为一种生命实践，虽然以知识为媒介，但仍要追求参与大学教育主体的思维、思想、情感、精神等不同方面的交互影响，尤其旨在促进学习者的精神生命发展。这种主体参与的大学教育实质上是由大学教师自身亲证教育兴趣所联结的大学教育图景。

问题随之而来，即要实现主体立场、深度参与的大学教育，大学教师如何对待其教育兴趣？在此，同样存在两种相互联系的应对方式：一种是认识论的立场对待教育兴趣，另一种是实践论的立场对待教育兴趣。前者的目的主要是认识教育兴趣的发生、发展过程和特征属性，视教育兴趣为大学教师在教育过程中所生成的"客观实在"心理表象；后者的目的在于体认教育兴趣，以身溶渗于教育兴趣的生发过程，体验教育兴趣所带来的教育意境，视教育兴趣为主体心灵在教育过程中的"客观实事"。

基于实践论的体认是体证。所谓体证，是主体兴发的觉悟，是对内在心灵的寻求。体证的概念在我国传统文化中具有重要的位置，有着悠久的历史渊源。与西方认识论重视外在世界的把握不同，中国传统文化各门各派都注重于关注为己之学，即重视自我心灵的安适、自在、自由。儒家认为天道与人道具有内在的契合特质，因而尽心知性，明心见性。《中庸》开篇："天命之谓性，率性之谓道，修道之谓教"，这"三谓"完整而清晰地彰显了儒学思想家们的人性论、实践论观点。依照这种哲学观念，人的认识和实践就要经历体悟天道与人道的统一，印证内心智识和思维的突破，解脱来自外在环境的束缚，不断实践和实现理想的人生意境和社会事务。尽管从教育者的施教立场来说，教育是要排除学生受到外在世界存在干扰和影响，对其进行外塑性的活动，即"明诚"；但对教育者本身的生命实践立场来说，教师施教同样不能出离其本心的"诚明"，即对于教育之道的敬重和体认，只有诚敬师道、只有体认教育、只有兴发教育兴趣才有可能尽心尽性。佛教对于体证同样极其重视，历代高僧大德无不将体证作为个体修行的方法，每日功课中必有坐禅，即使是日常行住坐卧都要践行教义和反省言行，以印证义理。而在中国禅宗文化中，更是寻求不能依赖于文字、语言等这些有声有形的载体，倡导本心具足，要发明本心就要严格遵守戒律，不断在体证中超越原有的格局和境界，直至成佛。道教对于体证的认识亦如此，体证作为道家主要修行方式，其基本目的在于清心寡欲而静心随性，实际上要与自然相参相融，终成不朽的真人、神人、至人，达到超绝凡人的生命样态。由此可见，体证在传统文化语境中有着重要的位置。在牟宗三先生看来，体证不是依赖于有限的感官和感觉，是一种逆觉，并由此提出"逆觉体证"，即以心灵的智识所生的直觉去把握内心世界。"一方面是'逆觉'与'体证'，要表明它是不同于一般地向外认取对象的认知行为，而是反思性地在道德领域展开的'体证'；另一方面，逆觉体证又具有'超越'的维度，是在天道性命通而为一的理论结构中彰显天道本体的存在论根源"①。

既然是体证教育兴趣而不是认识教育兴趣，那么大学教师就要从心灵生命而展开教育中的生命精神，而不是满足于教育的原理、程序、技艺。体证教育兴趣就不同于一般的实证主义方法，而要在心灵直观、本体直觉中直接确认和整体把握教育事务。因为在实证主义立场中，无论认识还是实践教育都是大学教师对于其自身外在世界的认识和行动，旨在积累教育经验和技能，而在生命体验视野下，无论认识还是实践教育都包含大学教师对自身及外在世界的认识和行动，旨在贯通而自由，获得超越和自由。诚然，大学教师体证教育兴趣的工具是身体的直觉，辅以语言、形式逻辑。回到学问本身的逻辑来说，大学教师对于教育不仅要有认识还要体证，在体证中践行，在践行中体证，即大学教师将教育精神外显于教育行动并与自我之外的生命精神相遇②。体证教育兴趣是大学教师内在的心灵活动，而践行大学教育则是其职业精神显现于外的行为。

大学教师要体证教育兴趣而实践大学教育。首先，大学教师要将身心交付于大学教育情境。一旦投身于教育教学活动，就不能置身事外。身心

---

① 盛珂.牟宗三"逆觉体证"的基础存在论及其对海德格尔的批评[J].中国哲学史，2010（04）：121-128.

② 陈杰思.国学方法论[J].武汉科技大学学报（社会科学版），2007（06）：614-618.

沉浸于大学教育事业的人，其视野才会聚于教育事务，其意向才会转向教育对象，其智识才会运用于教育过程，其精神才会融注于教育世界。与此相对，大学教师视教育为普通劳动，不需要身心高度参与，那么，大学教师很难高效履行其作为教育职业的身份所承载的义务和责任，也很难理解大学教育之于自身的意义和价值。其次，大学教师要将个体修养提升与教育实践过程联合起来。身为教育工作者的个体修养展现于教育实践是全方位和综合性的，就其类别来说，政治修养、道德修养、科学修养、艺术修养等无一不是影响教育教学过程的内在因素。同样，在教育实践中，大学教师借由不同的对象、不同的场域、不同的心境、不同的任务而遇见提升个体修养的不同契机。对自身特长以及个体修养某些不足之处或有待提升的理解因人而异；但无论如何，只有觉醒到大学教育并不是简单地传授知识对他者输出的展现过程，而是不断全面学习、不断提升从而在生活的教育实践中印证的过程，这种大学教师主体与其教育对象的共同体才有可能建立。第三，大学教师要将自身精神生命超越与学生身心发展有机融合起来。从理想意义上说，大学教师并不是简单地生产知识和传授知识，而是不断改变其教育对象的身心发展水平，与此同时，其自身职业体验也不断丰富其精神生命意象。两者的有机融合是可以期许的。奉献与回报是有不同层次和方面的，从低级层次来说，大学教师付出物质体力，收获了物质回报、感情回馈甚至荣誉奖励；从高级层次来说，大学教师付出了精神心力，也收获了超越的人生意境和利他而带来的生命气象改变。第四，大学教师要在教育过程中深入体验教育世界中的学与思、惑与乐。体证教育兴趣是体验性地实践大学教育，因此不能局限于体验到显性层次的技艺熟练和经验阅历，而要从更为丰富、更深层的觉知角度观照、证见、发觉、超越日常工作经验，对其中的生命景象、教育智慧、审美现象、学问境界有深切的体悟。归而言之，体证教育兴趣使大学教师实现教育主体与教育对象的统一、教育情境与教育心灵的统一、教育智识与教育艺术的统一。尽管这是一种理想的诉求，但毕竟它是一条有效且值得期待的路径。

二、以"内生"理念修正大学教师发展范式

大学教育质量取决于大学教师发展水平。直观上，大学教师的教育实践水平取决于大学教师发展的状态和结果；理论上，大学教师发展包含了个体和组织层面的大学教师发展，对其从业态度、教育过程、专业水平等不同方面都有直接影响。大学教师发展的概念是源于西方学术话语，其内涵在不同学者的研究中有不同的论述，盖夫认为，大学教师发展是一个"提高能力，拓宽兴趣，胜任工作，从而促进教师专业与个人发展的过程"[①]。潘懋元先生从一般和特殊两个方面界定大学教师发展，他认为大学教师发展既可以泛指大学教师通过学习提升专业素养，又可以特指大学初任教师提升教育素质，亦即教师专业化[②]。目前，学界普遍认为，大学教师发展具有教师个人发展、专业发展和组织发展三个相互联系、相互支撑的意涵。无论是基于教育教学实践，还是更广义上的大学教师职业实践，大学教师发展都要基于职业发展需求，通过不同渠道、不同形式的学习在专业认知、态度、技能、修养和行为等方面产生积极的变化而不是消极的变化。

大学教师发展从具体实施方面来看，包括个体和组织两个层次。"作为个体层次的大学教师发展不同于大学教师培训，它重视教师的自主性和个性化，强调大学教师自主学习和自我提高，并在内涵上强调教师的学术水平、教师职业知识、技能以及师德[③]"；而从组织层次上来看，大学教师发展突显大学教师队伍建设重要性，更重视大学教师职业规范、专业实践水平和成果等外显性表征，其发展范式依据理念逻辑不同而分为内生型和外塑型发展两种类型。

在此，先概述外塑型大学教师发展范式。站在历史经验立场，我国大学教师发展有其特殊的外生发展需求，一方面我国现代高等教育有自身发

---

① Gaff J G.Toward Faculty Renewal: Advances in Faculty, Instructional, and Organizational Development [M].San Francisco: Jossey Bass Inc Pub, 1975: 14.

② 潘懋元.大学教师发展论纲——理念、内涵、方式、组织、动力[J].高等教育研究, 2017, 38(01): 62-65.

③ 潘懋元.大学教师发展与教育质量提升——在第四届高等教育质量国际学术研讨会上的发言[J].深圳大学学报(人文社会科学版), 2007(01): 23-26.

展先天不足之处，因而形成了借鉴甚至移植西方高等教育发展模式的"外向依赖"传统；另一方面，我国政治、社会经济的快速发展有力地推进了高等教育发展进程，对大学教师发展注入了时代发展要求的"强心剂"。大学教师要面对各种各样的挑战，比如：学生规模、学科发展、学生多样性、学校战略、社会需求等这些都推动着大学教师要不断完善自身，应对教育系统内外变化[①]。站在文化环境立场，我国高等教育发展处于理性化、市场化、全球化等文化境遇之中，尤其受到当代新自由主义所主张的市场逻辑和新管理主义所倡导的工具理性等复合文化影响。大学教师发展服从于人力资本开发需求，即如何为满足国家和社会的经济社会发展而提供更优质的教育服务。大学教师作为知识生产者和传播者等"生产力要素"形态而存在和发展。在当代大学功能日趋多样化态势之下，大学教师发展寻求理性经济人的人性假设理论支持，以物质性奖励和刺激为主要手段，通过专业化发展方式而形成、强化了自上而下的外塑型发展范式。

概括起来，大学教师外塑型发展范式具有三个主要特点。一是发展思维理性化。现代大学教师发展与传统意义上教师发展最大的不同就在于从个体经验、自觉发展层面跃升至科学化、理论化发展轨道，突出表现就是对于大学教师发展的目的性、确定性、普遍性的寻求。所谓目的性，是指大学教师发展服从大学发展目标及其管理的目的，因时而变，以外在目的为主要驱动力；所谓确定性，是指大学教师发展的方式甚至过程是计划性或预定性，主要以线性发展方式设定大学教师发展轨迹，对于发展中的偶然性、变化性因素不予关注，或者对一些不确定性的发展因素予以排除。所谓普遍性，是指大学教师发展策略主要立足于宏观层次的大学教师队伍建设，对于个体层次的大学教师发展设计缺乏有效关注；并且对于大学教师发展的共同或共通性问题较为重视，对于大学教师个别化、差异化发展有所忽略。

二是发展过程制度化。受到当代大学治理文化影响，我国大学教师发展借鉴西方大学教师发展模式步入规范化的制度建构阶段。这个制度化的

①　郝世文，饶从满.墨尔本大学教师发展的理论与实践[J].高教发展与评估，2019，35（06）：50-60+110.

实现最初导源于国家对于大学教育质量的管理制度安排，目的是借由大学教师发展而提升大学教育质量，促进大学管理。2012年教育部颁布《关于启动国家级教师教学发展示范中心建设工作的通知》。从此之后，"我国大学自上而下推动大学教师发展制度化，大学教师发展从'纸上谈兵'的舶来品真正走向实践领域。教师发展工作者作为活动主体，其主要动机源自建设教师教学发展机构的外源性行政命令"[①]。正是在相关制度安排的推动下，我国大学教师发展不断明确主题，从泛指的一般发展向系统化的教师发展转变，从零散的教师培训为主导特征的发展方式走向组织化、实体化的大学教师发展局面，形成了大学教师发展的规范化、常态化。

三是发展方式专业化。我国大学教师发展的专业化具体体现在发展维度和发展主体两个方面的专业化。由于大学教师不仅要能承担教学和科研任务，还要会教学、会做科研。大学教师发展就不能停留于高等教育发展初期阶段中关注学历、声誉及教师科研发展，还要推动教师发展的"质量目标由从教师群体的数量规模扩大、学历层次提高等外显性指标的发展，转向教师个体的知识、能力、素质、技术、道德等方面内容的提升"[②]。换言之，大学教师发展内容由多样性、一般化的发展向以教学发展为中心转变，教师发展也将由散点式培训、在职进修等方式向专业化的教师发展方式转变。因为在高校内部，有教务处、人事处、科研处、工会等部门负责教师的各项业务指导与发展职能；在高校外部，各级高校师资培训中心作为大学教师发展的专门机构，承担着青年教师培训、新任教师岗前培训及教师进修等职能[③]，这些机构履行大学教师发展职能逐渐从分散的实施向系统的专业化实施转变。

外塑型大学教师发展着重于获得职业发展所产生的外显性效益，对短期、快速发展有重要作用，但对于大学教师教育实践过程的丰富体验、文

---

① 李芒, 石君齐.我国大学教师发展者专业化的内在逻辑[J].现代教育管理, 2020(02): 78-84.

② 吴凡, 李小娃.我国大学教师发展的理念转变与组织建设的路径[J].大学教育科学, 2015(04): 59-63.

③ 吴凡, 李小娃.我国大学教师发展的理念转变与组织建设的路径[J].大学教育科学, 2015(04): 59-63.

化乃至伦理因素并不关注，对于大学教师个体发展的差异性和多样化、不确定性无法给予充分的重视，对于大学教师发展的本体逻辑未能兼顾。因此，大学教师发展还需要内生型发展与其相互补充。

内生型大学教师发展持"内生"理念，遵循大学教师自主发展逻辑，因循由内而外、由下至上的发展方式，体现大学教师主体发展的内在动因，是其职业实践中理性、生命、精神意象等综合发展的反映与表达。内生型发展理论与外塑型发展理论在大学教师发展价值、发展功能、发展方向、发展逻辑、发展方式等方面有着不同理解。其一，大学教师外塑型发展主要服务大学教育系统之外主体所指定的需求，而内生型发展则重在满足大学教育系统之内尤其是大学教师自身需求。前者的价值体现在大学教育对于社会经济发展的价值，以人力、知识、资本等形态来表现；后者的价值体现于大学教育之于大学教师自身、教育过程中主体的生命、生活意义，以理性、情感、心灵意象等方面来显现，有些甚至不可借助语言来表达，但其真切性和实在性仍不容怀疑。其二，大学教师发展不但具有管理、规范的治理功能，而且具有引领、超越的发展功能。外塑型发展范式重在制度手段、工具理性约束、控制、主导大学教师职业实践，其精髓是由管理走向治理；而内生型发展范式则挖掘主体对于大学教育本身的理智、情怀、精神等方面的需求与收获，是对作为大学教师职业生命关怀的发展关切，直接表现就是提升大学教师职业意义，完善职业品德，从内在生命自觉立场不断坚定其职业追求。其三，大学教师外塑型发展主要由外部力量主导和发起，因此对于大学教师而言是外在的，有时候甚至是对立性的，其发展方式往往就是由上至下、从宏观到微观的。这种发展方式在解决整体性、一般性的数量化发展指标具有明显优势。而大学教师内生型发展主要由主体自身而发，是其内在动因的结果，因而因循的是由内向外的发展方式，不存在主客对立的现象，其优势体现在引领、超越职业实践的具体性、个别性、持久性的内在困惑，由于内隐性的发展方式往往无法被语言简单表达，甚至不可以相互贯通而不被重视。其三，大学教师外塑型发展遵循的是规范逻辑和线性逻辑，其假设是个体不存在差异，发展是一种管理行为，基于管理的目的理性而设计相应的制度规范，以工具化、手段化的发展路径促进大学教师职业实践；而内生型发展范式依循的是内生逻辑和非线性逻辑，其主张是个体心灵具有多样性、变动性，不能以确定性思维、进化论方式主宰大学教师在职业实践中的生命意识和精神活动，要充分尊重每个大学教师的主体需求，认识其发展过程中特殊状态和问题，给予相应的表达和关怀。其四，大学教师外塑型发展的方向是统一化、规范化、标准化，即对于职业行为实践的过程、结果的高效性、功能性给予充分重视，而大学教师内生型发展方向是大学教师职业实践的丰富性、创新性、人文性，重在教育对于教育者与学习者的交互影响，侧重于从主体自身的精神境界方面对发展成效予以评价。内生之路所依靠的是观照、心悟、神会，其方法有时不可言说，需要智慧、生命的全心参与，既有理性特征也有非理性色彩[①]。

由此可见，大学教师发展不能简单依附于一种发展范式，要互为补充、互取所需。丹尼尔·平克认为，人类行为的驱动力分为外部驱动力与内部驱动力。外部驱动力来自外在动机，即做出特定行为时外部会带来奖励或惩罚；内部驱动力来自人的生物本能的内在需求以及人类发现新奇事物、进行挑战、拓展并施展才能以及探索和学习的内在倾向[②]。从大学教育实践来说，大学教师首先要具有探求、传播高深知识的兴趣与使命感，"大学教师要持续追求学术力，其学术能力的构成及大小，不靠金钱和权势，完全依赖知识的力量和对社会的影响力"[③]。而这也不意味着不需要外塑型大学教师发展的常用形式与手段的外部驱动力，只有两种驱动力的运用适当才能有效转化为教师发展的持续驱动力[④]。反之，如果一味地因循外塑型发展范式，就会使大学教师发展过于重视物质、经济利益，在"理性经济人"的价值预设下，偏爱标准化、数量化、结果导向等发展方式来促进大学教师发展，从而忽视大学教育的人文价值，导致大学教师发展的

① 陆建华."内生"之路：中国传统哲学的另一条创新路径[J].河北学刊，2010，30（05）：41-44.

② 平克.驱动力[M].龚怡屏译.北京：中国人民大学出版社，2012：3-5.

③ 沈红.中国大学教师发展状况——基于"2014中国大学教师调查"的分析[J].高等教育研究，2016，37（02）：37-46.

④ 周玉容，沈红.现行教师评价对大学教师发展的效应分析——驱动力的视角[J].清华大学教育研究，2016，37（05）：54-61.

本体价值与经济价值错置。在一定程度上说，理性的大学教师发展范式是必然性与偶然性、同一性与超越性、和谐性与冲突性、肯定性与否定性、统一性与多样性的辩证统一。高质量的大学教育也必定需要内涵丰富、功能齐全、体系开放、运行有效的发展范式，对大学教师职业技能、职业态度、职业道德、职业行为都具有发展效力，在职业生命、自我关怀、自觉发展和实现主体价值等方面促进大学教师发展[①]。

三、以"教育伦理自觉"完善大学教师文化

大学教师教育兴趣自觉难以回避教育伦理，不可不观照大学文化。完善大学教育图景难以回避文化的视角。一方面，文化作为教育的重要构成。大学文化既是大学教育所赖以存续的土壤，也是大学教育所弘扬、所追求的精神向度。另一方面，教育是文化的特殊表达。大学教育既是大学文化的重要显现，也是大学文化得以传承、开拓的重要手段。影响大学教育的大学文化范畴有学生文化、教师文化、管理文化等，其中作为主导和核心功能的是大学教师文化。虽然对大学教师文化的理解可以有多种视角，但都不能脱离文化的本质属性，即文化可归源于人在实践活动中所生成性的观念体系。大学教师文化不是先天预设性的，也不是一成不变的信条框架，而是大学教师在教育实践中所生成的共通而共享的价值观念集合。大学教师文化不能简单依照物质、制度、精神三分法而界定，而要从其自身的特殊属性而做具体分析。作为价值体系的大学教师文化，有静态的思想观念和价值体系；作为活动体系的大学教师文化，有动态的行动方式和过程范畴。大学教师文化对于大学教育的重要性，正是经由上述不同维度来显现和表达。因为大学教育作为大学教师展开其思想、价值的活动过程，也是大学教师和学生理解、印证其思想、价值的过程。

尽管大学教师文化有诸多特征，但从教育立场来看主要有三个方面。第一，大学教师文化具有教育性（教化性）。大学教师文化是以教育实践活动为中心的文化，一则因为大学教师文化的生成条件和场域是教育实践及其逻辑所主宰，如果大学教师文化削弱了教育品性，也意味着大学教

[①] 李清雁.大学教师发展的人本诉求 [J].黑龙江高教研究, 2013, 31 (01)：28-31.

文化的异化；二则因为大学教师文化直接影响大学师生的思维方式、价值观念、审美趣味等，并对其社会行动和生活方式具有潜移默化的影响。对大学教师而言，新入职教师是从所属学科、组织的教师群体文化中习得合适的交往方式，理解相应的规范习俗；成熟教师则在既定的教育场域中保持、践履着特定的教师文化。对大学学习者而言，大学教师文化在教育交往或大学生活时空内对其产生影响，或为示范，或为观照。第二，大学教师文化具有内向性。这里所说的内向性是指大学教师文化的作用方式和范畴而言，具有收敛和潜隐性表征。从大学教育内部来看，大学教师作为主体与学生或行政管理人员相比，其文化表达需求更为平和，极少呈现激进的文化诉求，相应地，在大学不同文化类型中，大学教师文化往往以和缓、静默的方式存在。这种内向性还是大学知识活动本身所具有的特点。大学教师往往以高深知识为基点进行知识传播与探索，其学与术往往是分离的，与知识的应用、创造、传播和成长相比，大学学术更需要关注与表达。因此，大学教师文化的内向性完全应合大学学术的本体逻辑。第三，大学教师文化具有参与性。质言之，大学教师文化不是个体魅力化的显现或建构产物，而是师生在大学教育活动中不断演绎、发展、创新的综合表达。作为一种集群性文化，大学教师文化具有亚文化所应有的特征。大学教师文化的构建主体是不同类型的大学教师，大学教师在职业实践中以不同角色经营、发展、创建着相应的大学文化符号和内涵。大学教师对于大学教师文化的意识与其他群体既有共通之处，也有所区别。其共通系于教育实践的价值诉求，其差异源于大学教师对于教育职业的理解和生命意象有所不同。尽管如此，大学教师文化仍然主要为大学教师群体所共享，他们对文化氛围、文化内涵、文化意境有着特殊的敏感和关注意识。第四，大学教师文化具有人文性。这里的人文性，既包括大学教育文化内涵关涉一般人性所需的生存和发展诉求，还包括大学教师文化作为育人工具手段的功能定位。而要深入理解大学教师文化的人文性，要从哲学特征和美学特征两个方面分析。就哲学特征而言，大学教师文化以教育价值为本体，以教育逻辑为依据，以教育实践理智和情感为载体，展现的是因完善人、成就人、发展人的旨归与精神。就美学特征而言，大学教师文化在道德意象、教育艺术、审美情趣等方面具有教育场域所独特的美学韵味，对大学教育参与主体心灵世界产生持久的影响。归而言之，大学教师文化的本质是教育伦理，其文化属性是作用于教育实践的功能外显。众所周知，文化与伦理有着天然的内在联系，而大学教育伦理，即大学教育各主体之间为完成教育活动所需要的原则、规范和价值指引，对大学教师文化具有超越和引领的意蕴。

之所以从教育伦理关切大学教师文化，乃是源于大学教师文化发展面临着多重危机。一是多元价值冲击下产生的文化失序。随着大学步入社会经济发展的中心，大学教师在面对复杂的大学职业实践和日益多元的利益诱惑中，在各种价值行动选择中迷失方向甚至错置教育价值；倚重于功利性、资本性的知识服务，甚而割裂、对立教育和科学研究等职能之间的关联，唯研为师或唯利是图，造成大学教师形象异化为资本符号。二是缺乏持续性的文化更新动力。原本大学教师文化植根于大学教育职业实践具有不竭的文化更新动因，但受市场化、自由化等思潮影响，大学教育的内生魅力被祛除，沦为商品交换或劳动交易，正是在趋利化、工具理性实践中大学教师文化日益物质化，并逐渐浅表化发展，从而失去文化更新动力和魅力。三是日益失灵或弱化的文化功能。卓越的大学教师文化具有文化引领、濡化的育人功能，反之，不仅不具有文化的正向功能，还会弱化大学教师文化的正常功能。低劣的大学教师文化给大学教育营造的是污秽、繁杂、喧嚣，而不是纯洁、简明、高远。大学教师文化发展困境根源在于对于"大学教师是谁"本质问题的回避或遮蔽，以至于大学教师作为教育主体的价值观念、职业意识、思维方式、行为习惯、处事方式等出现不妥帖的现象。因此，大学亟待重新回归大学教师文化的教育本位，从教育伦理自觉出发修正、提升大学教师文化自信，只有正视大学教师文化建设理性缺位和建构乏力现象，才能重建内生性的大学教师文化发展机制。

大学教育伦理自觉是持续而长久的工作，要从精神意蕴、道德资源、建设方向、参与主体等四个方面推进。首先，要深化理解大学教育伦理的精神意涵。大学教育伦理的精神意蕴不仅是一般教育伦理具体化于大学教育场域，还是大学教育实践主体面向大学内外多元文化活动所建构的独特内涵，其意蕴既有时代性，也有境域性。从普遍性上说，大学教育伦理要具备教育伦理的普遍内容，包括"尊师重教、立德树人、教育公正、教育平等、教育自由、教育民主、教育仁爱、严谨治学、团结协作、创新进取、诚实守信、以身作则、为人师表"①等，从特殊性来说，大学教育伦理除了体现大学学术伦理的基本原则，如学术自由、学术求真、学术创新，还要符合大学教育与其他实践活动文化的相融关联，如大学的社会服务、大学的管理行政事务、大学自身及所属的地方传统事务。针对当前大学教师文化危机，大学教育伦理自觉尤其要强化"教育仁爱"精神。大学文化逻辑主要由以智识为基点的理性主导，过于强调主体性陷于自我中心主义，对主体间性有所忽略；面对大学教育生活的他者性的普遍存在，难免引发利己与利他的冲突事实。有鉴于此，基于理性本位的大学教师文化要适度转向伦理本位的大学教师文化。诚如孟子所述："学不厌，智也；教不倦，仁也"②，教育仁爱要展现的是大学教育者深切的人文关怀，博厚的情感修养，善美的教育意境。在列维纳斯看来，大学教师绝不仅仅是"为己者"，而且是"为他者"③。为他者的大学教师所产生的教育兴趣与为己者的教育兴趣截然不同，所形成的教育实践关系也分殊明显。为己者所追求的无非是内在的超越和外在的功利，皆指向我；为他者的大学教师在指导、启迪、服务他者的过程中，超越了一己之得，以共荣而荣，共乐而乐，是建构卓越大学教师文化的必由之途。

第二，大学要吸纳中外优秀教育伦理的精神滋养。我国传统文化有着完备的伦理体系为教育伦理提供深厚的支撑。从教育伦理的依托来看，教育伦理是为师之道，而师道源于人道，人道又要合乎天道，亦即教育伦理要附会"元亨利贞"之天德。教育伦理一方面抽象地被儒家"仁、义、礼、智、信"五常道所规约，另一方面又具体而明确地在"天地君亲师"的价值序列中。自古以来，不论教师居于何种类别或层次，也不论时

① 王正平.以新时代教育伦理道德引导我国教育现代化[J].上海师范大学学报（哲学社会科学版），2020,49（01）：71-82.
② 《孟子·公孙丑上》
③ 列维纳斯.塔木德四讲[M].关宝艳,译.北京:商务印书馆,2002:10.

代如何更迭致使教师形象有所变迁，为师者的仁爱、正义、礼敬、智识、诚信要对从学者有示范、引领作用，圣贤之师固然遥远，官吏之师已为专业之师所取代，但社会要求大学教师通过"进德""修业""授业""感化""育人"等方面的规范要求历久弥新。可以说，我国长期的教育实践积淀了丰富的教育伦理精神，诸如，"礼敬先师、尊师重道、温故知新、有教无类、因材施教等"①。就西方伦理而言，我国大学教育伦理可以借鉴和吸取西方伦理文化中的新领域、新论题、新视角和新方法。除了西方有关人性论、德性论可以为大学教师职业伦理提供理论资源，我们还可以借鉴西方多学科理论方法深入探究大学教育伦理问题②。

第三，要进一步拓展大学教育伦理的功能。大学教育伦理是一个以"教育良知"为核心范畴而呈现的同心圆结构，即"师爱"为核心，"关怀"与"启迪"为中间层，"诚、敬、敏、信、乐"为外围的三维结构。所谓诚，是指大学教师对于学术或知识活动逻辑和精神的守持与体认；所谓敬，是指大学教师对于大学教育事业的意义和作用的敬重和热爱；所谓敏，是指大学教师对于大学教育对象和教育事务的敏感和机智；所谓信，是指大学教师对于大学教育内在本质的认同与坚守；所谓乐，是指大学教师对于大学教育理想结果或意境的自由与追求。大学教师正是从"内在"与"外在"这两个角度不断将抽象的教育伦理运用于现实的教育实践，表现可操作性的教育礼制、教育智识与教育人格。大学教育伦理对于大学教师自身而言是有着修身进德的重要作用；对于学生的重要影响表现在对其道德发展产生一定影响，并有促于激发其学习兴趣，培养良好的学习习惯与方法，在教育交往过程中通过心理情感关怀使其树立信心，最终实现心智的不断启发等功能。

第四，要辩证地推进大学教育伦理的建设向度。"教育伦理是教育规范伦理与教育德性伦理的有机统一，二者构成了教育伦理建设的两个基本向度。前者为教育行为主体趋善避恶提供了外在的价值导向，后者为教育

---

① 焦国成.中国传统教育伦理理念及其主要话语 [J].江西师范大学学报（哲学社会科学版），2018，51（01）：33-39.

② 杨方.西方伦理文化对当代中国伦理文化建设的三重启示 [J].道德与文明，2000（05）：18-24.

行为主体扬善惩恶提供了内在的品质保证"①。近年来，国家已经陆续出台《新时代高校教师职业行为十项准则》《高等学校教师职业道德规范》政策文本，为大学教师的教育活动提供基本模式和规范，是大学教育活动正常进行并趋于教育善的重要保障，也是引导大学教师走向优秀的第一步。但对于理想和卓越的大学教育图景而言，只注重教育规范伦理建设而漠视教育德性伦理建设，就是只重其外而忽视其内，即掩盖或忽略大学教师自身对于教育伦理建设的主体性，缺失主体或遗失主体积极性的教育规范只是形式的文本，并不能有效地阻止大学教育祛魅化甚至异化为普通劳动交易。因此，要重视大学教师的教育德性伦理向度，就要促进大学教师"真诚服膺、自觉认同和自愿遵行，激励其追求更高人生价值、更美人生境界为指向的优良道德品质"②，尤其要将这种美好的德性需求展现于大学教育实践中，实现生命价值最大化。

最后，要促进多元主体参与教育伦理自觉。长期以来，人们对于教育伦理的认识经历了泛化的教育伦理观向专业化的教育伦理观的转变。前者，将大学教师的教育伦理掩盖于普通伦理之中，也无从区分大学教师与其他教师的教育伦理，不利于突显大学教育伦理的特殊境遇，从而不能有效应对新时代大学教育发展的实际困惑。后者，将大学教师的教育伦理基于专业化的伦理体系中，对不同的教育伦理问题有具体而明确的治理方案，最为直接的表现就是大学教育伦理建设交由大学教师管理部门。在管理专业化和科学化思维主导下，大学教师、学习者和相关社会主体对于大学教育伦理的关注积极性和参与度都不高，要么以"运动化"整顿方式，要么对于大学教育伦理关注流于"形式"化。因此，靠社会传统文化规范习俗、心理情感而维持的大学教育伦理自在式发展诚不可取，而迷信科学、精确化干预大学教育伦理这种"外铄式"大学教育伦理建设亦有一定缺陷；关键在于要吸纳多元主体力量参与大学教育伦理建设，既重视大学教育伦理的功利性需要，也要关注大学教育过程中各类主体的生命关怀和

---

① 糜海波.教育善与教育伦理建设的两个向度[J].高等教育研究，2013，34（08）：10-14.
② 糜海波.教育善与教育伦理建设的两个向度[J].高等教育研究，2013，34（08）：10-14.

教育善的诉求①。就个体而言，教育兴趣是大学教师教育伦理的利他觉醒，是对于主体价值于教育场域的主动追求，是对于美好的大学教育景象的理想向往。就大学组织中其他主体而言，教育兴趣是大学追求大学立德树人、教育仁爱的动态呈现。总之，大学教育有着其自身的教育客观规律和文明诉求，也有着个体的主动参与和群体的道德智慧。

本章小结

大学教师教育兴趣的功能实现要走向大学教师教育兴趣自觉。大学教师教育兴趣自觉既不是简单地依从其理论逻辑，也不是严格地遵循大学教师教育实践逻辑，而是教育兴趣自觉本身有其特殊逻辑：其前提是大学教师敬重师道，体认教师职业演进的文化逻辑、职业发展的理论逻辑、职业实践的行动逻辑。其基础是大学教师在实践中要觉解大学师道，由"唯研为师"转向"研为人师"，即崇尚立德树人并明确大学教师的理想信念，以精深学术和教育教研服务大学学习者，在教育生活中不断提升教育境界。其方向是建构诲人不倦的大学教育图景。要实现大学教师教育兴趣自觉，从个体层次来看，大学教师要以体证教育兴趣的立场实践大学教育；从组织层面来看，大学要修正教师发展范式，兼融内生和外铄两种发展理念，既重视大学教师的教育规范性伦理，也要重视大学教师的教育德性伦理，并以强有力的举措建构和完善大学教师文化。

---

① 鲁雁飞.论教师教育伦理之于专业伦理的依托和超越 [J].大学教育科学, 2009 (06)：51-55.

结 语

当前大学教师文化发展存在一定的误区和偏差，影响大学立德树人。尽管学界从不同方面对大学教师文化功利化发展做了理性批判，但对于大学教师文化发展路径仍存有诸多含混与疑难之处。因此，如果要进一步探明大学教师文化发展逻辑，有必要立足于大学教师教育实践而探索其内生性发展路径，建构符合大学教育实践的大学教师文化分析框架。就此而言，大学教师教育兴趣研究至关重要。因为教育兴趣作为大学教师对于大学教育的心灵意向，是大学教师职业实践和发展的重要动因，从感性和理性两个方面分别以教育情感和教育意向的形式融贯于其教育实践。如果不充分认识大学教师的教育兴趣，既不能有效落实大学立德树人的教育理念，也不足以应对当前大学教育文化衰微颓懒之势。

大学教师教育兴趣，顾名思义，是指大学教师对教育的兴趣，往往被人们简单地理解成大学教师对于教育教学事业和活动的喜好。其实，作为学术概念，大学教师教育兴趣是大学教师联系大学教育实践的中介，既反映大学教师与教育实践相关的心灵表象，也是伴随大学教师参与教育实践的生命体验。探讨大学教师教育兴趣具有重要的意义。首先，大学教师教育兴趣意味着教师从事教育工作的心灵状态的开启，没有教育兴趣很难把教育工作做好。其次，大学教师教育兴趣是大学教师职业发展与实践的内在动因，没有大学教师教育兴趣就难以视教育为持续性的重要使命，也不能在内心世界为教育事业"合理安置"。最后，大学教师教育兴趣是教师主体心灵联结教育世界的重要支点。没有大学教师教育兴趣，教育相关的观念、行动、精神变化难以生发和联结。既然大学教师教育兴趣关联诸多概念，从理论和实践上都有重要意义，那么教育兴趣的探索价值理应彰显。但是，回望教育学发展史，教育兴趣一度被忽略。被誉为"教育学之父"的赫尔巴特曾对教育中的兴趣做了一系列深刻阐释，只不过彼时是"兴趣的教育"而不是"教育的兴趣"。在我国古代，孟子简论"教育"是"君子三乐"之一，最早触及教育兴趣。直至当代，梁启超先生以其趣味哲学言及教师职业乐趣，是教育兴趣的首倡者。"教育的兴趣"在当代学界有所忽略，原因固然不少，但主要有以下两点。其一，教育兴趣久为学习兴趣所遮蔽。教育学等不同学科中有浩瀚文献涉及学习兴趣，甚而有专门的学科分支集体为之。其二，大部分有关"兴趣"主题的研究对象在近代科学主义思潮中为客观、确定、准确的研究范式而主导，即使是学习兴趣研究也以外显的结构主义方法为主要探索路径。在此研究范式下，教育兴趣这个属于主体心灵世界的主题极易被忽略或被其他更容易把握的主题所掩盖。换言之，不是没有人关注教育兴趣，而是教育兴趣为其他话题或问题所稀释，或以其他形式的概念如教育情感等呈现于研究视域中。

就大学教师教育兴趣而言，对其探索有高等教育发展新时代的必要性和大学教育实践的重要性。我国教育学界更重视一般意义上的教师发展和实践问题，对大学教师研究有所忽略，尤其从理论上系统关注大学教师教育实践还是近年来响应高等教育发展观念变化的需要，因此从教师哲学层面选择大学教师教育兴趣而分析大学教师教育心灵的关键问题尤为必要。教育兴趣作为大学教师个体职业意识表象，既是教师主体内部体验的逻辑起点，也是教师主体性研究的理论基点。大学教师教育兴趣问题在大学教师教育实践中表现为三个方面：一是教育兴趣的内涵和价值问题；二是教育兴趣的生发和显现问题；三是教育兴趣的功能和持续问题。这些问题可指向"大学教师诲人不倦何以可能"。要回答这个问题，仅仅从大学教师执教行为或实践心理层面的收集一些经验性事实或数据，再进行描述、归因、诠释是不够充分的，一则这个问题是一种蕴含着溯源性、超越性的诉求问题，即不能满足于了解当下的教育实践状态，还要诉诸纯粹的、理想的教育实践何以可能；二则实证主义研究路径对于解答这个问题的适切性或效用不足，我们既无法绝对而普遍地回答教师整体是如何执教的，也无法预测与避免教育实践活动中源于经验和情境的生成性、偶然性，更重要的是教育兴趣作为教师心灵作用教育世界的重要表象，无法回避也需要面对来自个体的内生性、差异性。

　　既然教育兴趣关联着大学教师主体的教育实践意向、意义、信念、自由等个体境遇，因此，为了寻求更为稳固的逻辑依据，我们还应回到这些问题的开端处，从教育兴趣的概念分析出发，从问题本身的内生逻辑出发，从教育兴趣所涉及的哲思批判出发。既然教育科学创始者赫尔巴特在创建教育之初就以伦理学为目的、以心理学为手段，那么，教育兴趣所涉的教育实践意义系列问题还需要哲学式的解答，也就是说回到哲学传统对上述主题的讨论就有必要，也只有经过批判性反思才能理性地对教育兴趣进行全面的探索和追问，从而得出相应的理解。笔者认为，教育兴趣普遍关联教育生活并为教育实践提供动因和联结的支持，是教师在认识或处理教育事务而产生的意向与表象，既可外显为教育情感，也可内隐为教育意向。教育趣味是其日常表达，教育情感是其直观显现，教育意识是其生发条件，教育信念是其积极体认。

　　确立了大学教师教育兴趣的概念之后，就有必要寻求教育兴趣的理论框架以进一步分析教育兴趣的具体内容，否则就不能受经验主义束缚而泛泛而议。其一，通常人们论述教育情感，仅仅指涉大学教师对于教育活动的喜好。从行为层面的显性视角只关注到教育行为的情绪表征，未能注意到大学教师心灵深层次所赖以触发生发教育兴趣条件的理性逻辑。其二，对于教师的教育兴趣，人们往往重视从情感心理学视角揭示其结果表象，虽然有一些具体维度和内涵，但仍然侧重于从客体存在论来挖掘其意蕴。而实际上，如果没有兼顾教育兴趣的起源，如果没有考虑教育兴趣的理性表象—教育意向，就根本不会产生深刻的教育兴趣，也只能部分把握教育兴趣的内涵。因此，教育兴趣研究如果要具体和深化，不仅要遵循学科逻辑，还要依照教师主体的实践逻辑，关注大学教师主体心灵世界。

　　虽然问题已经明确，路径也基本清晰，但具体的分析维度如何确立还需要进一步深入分解。实际上，对问题的具体化方式还不能离开视点和视域这两个方面。所谓视点，即围绕着问题靶向，针对实际问题的生发源流而考证究索之意；而视域则是以问题为轴心，发散而理解、联系问题的存在背景和范围条件。有视点固然能深入，但没有视域就无从居高临下、把握整体和局部。反之，有视域而无视点，只有模糊、整体而无法深入而具象，会留于空泛。基于此，本书从大学教师个体从事教育教学工作的实际体验出发，首先要处理来自教育实践经验的感性印象或认识中的教育兴趣，这就是教育情感维度。其次，要考察基于情感的教育兴趣的生发及作用有没有一些内在的逻辑依据，即为了阐释教育兴趣的理性向度—教育意向。再次，教育兴趣从感性和理性两个方面存在各自的特点和局限性，然而两者之间如何联系，作为主体的教育者如何在实践中选择和应对，面对这个"情理交融"的老问题，有必要借鉴美学思想，尤其是康德的审美理论予以解答。从逻辑上看，审美诉求之于教育兴趣的意蕴也符合教育本身所具有的科学性和艺术性。这就使得教育兴趣的分析进入了教育意境维度。最后，在不断深入之后，教育兴趣理论和问题困惑源于何处？用于何处？以马克思主义实践论立场来看，教育生活是教育兴趣的发源地。教育生活对于教育兴趣的意义以及教育兴趣对于教育生活的实际功能，在学界还没有充分讨论。所以以教育生活作为最后一个理论维度符合理论研究与实践应用的共同需要。至此，本书按照教育兴趣概念自身的辩证发展逻辑，确立了教育情感、教育意向、教育意境、教育生活四个分析视界。

以上述分析视界为逻辑，本书对教育兴趣的逻辑与意蕴进行了初步探索，具体而言：从直观表征来看，大学教师的教育实践不能出离教育情感，教育情感是教育兴趣的感性显现。大学教师在课程教学、科研指导、学生管理、实践交往中展现和表达其教育兴趣，其教育情感受到个体因素、工作环境的综合影响。从理性逻辑来看，大学教师教育兴趣依赖教育意向生成，教育意向是教育兴趣的理性表象。大学教师生成教育意向需要一定条件：一是大学教师主体身在教育场域，二是大学教师心灵要对教育场域敞开，三是大学教师主体对教育良知的持守。真正的教育意向生成就意味着大学教师理性人格对于教育场域的建构。从教师主体自由意志来看，大学教师教育实践的审美诉求是教育兴趣的内在超越表现。无论从审美欣赏还是审美体验，或是审美创造来看，大学教师因教育兴趣而趋于追求教育意境是其主体性高扬于教育实践的必然诉求。正是因为这种超越，大学教育才能达致润泽树人、情理通达、自在合乐的美好意境。从生发过程来看，大学教育生活是教育兴趣的生成与发展的场域，教育兴趣因教育生活而生发，教育生活因教育兴趣而涵摄教育职业意义，对大学教师的教育行动、观念、心灵有重要作用。教育兴趣作为大学教师教育行动的驱动工具，作为其教育观念的形成条件，作为其教育体验的意向联系都是具体的功能表现。实际上，大学教师的教育兴趣是变动不居的，从情境激发到目的驱动乃至于审美超越型的教育兴趣伴随大学教师职业生涯而发展。

　　理论探索终究要回应实践。教育兴趣于大学教育和大学发展而言，从两个方面有一定启示价值。一是从个体层次澄明了大学教师的教育实践逻辑，即大学教师要诲人不倦不能受制于功利主义的教育收益，也不能依赖于理想主义的教育德性，而是要跳出认识论的立场，以实践论去体证教育兴趣的意义。就此而言，大学教师要敬重师道，研为人师。一方面从内心体认大学教育、大学师道的文化、历史、行动的逻辑；另一方面要实践立德树人、明确大学为师之志，在精深知识的学术活动中提升大学教师的内在修养，在具体多样的教育实践中提高教育教学技能和艺术，从而真正享受大学教育生活的美好。二是从大学组织层次来看，大学教育兴趣理论揭示了大学教师发展和大学教育伦理的一些深层次问题。大学教师发展惯于外铄、规范式的确定性、控制性，忽略了内生、自主性发展的偶然性和差异性。因此要充分融通两种发展范式的优点，针对现有大学教育的新形势予以修正。另外，大学教育本身是大学文化形态重要场域，其大学教育伦理又以大学教师文化为载体而表达。因此，大学教育兴趣所呈现的美学思想和伦理人文关切有助于复兴、建构大学教师文化。如是而言，大学就要践履师道，培育教育伦理自觉以完善教师文化，从而从组织制度等更为有力和更高广的视域下绘制出诲人不倦的大学教育图景。

　　本书通过笔者自身来搜集资料，从大学教师实际教育教学实践中来提取信息，进而诠释教育兴趣的研究框架。其中，对教育兴趣的呈现方式，主要考察和分析教育兴趣在哪些方面会表现出来，具体有何特点，比如教师对教育事业、教育问题、教育现象的理解，实际承担教育教学工作的情况，克服教育困境的努力意志品质，对教育教学的深度体验，教育教学的实际成效等方面。对教育兴趣的影响因素，我们主要辨析和梳理影响教育兴趣的内外因素，如组织制度、学科属性、个体特征、文化背景等。对教育兴趣的类型特征，主要通过比较和分析不同个体教师教育兴趣的特点，归纳抽象出一些简明教育兴趣类别或特性。对教育兴趣的生发逻辑则主要挖掘教育兴趣向哪生发、如何生发等。

尽管研究达到了预期目标，但还存在明显不足。其一，研究资料的单薄。主要又限于研究样本的不足，受访谈研究方法的限制，要选择具有代表性的大学教师比较困难，并且实施访谈、收集和分析资料的过程比较长。其二，研究视角相对单一。笔者仅仅从自身的视角收集访谈信息，没有考虑其他资料来源，比如，虽然笔者本人有过大学教育教学的实践经历，但还应结合大学教师课堂教学等教育实践过程进行观察以提升研究效度。其三，研究深度还不够。一方面研究内容相对简单，本书虽然关注到大学教师教育兴趣的呈现和变化情况，但在纵横比较方面还可以进一步丰富。另一方面，笔者虽然对大学教师教育兴趣的概念做了批判反思和建构，但由于学养所限，书中的分析、讨论难免肤浅、粗疏。目前来看，本书至少有三个方面有待今后进一步加强研究。

第一，今后需要加强大学教师教育教学实践的历史逻辑。

大学教师伴随大学而生，大学的演变与大学教师的教育教学实践历程同伴而行。面对源远流长的历史经验，无论怎样重视都不为过。回溯历史、深究大学教育发展历程，是尊重大学教育理性的要求，是了解大学教育教学实践特殊性的应然要求。一是由于理论逻辑与历史逻辑并不尽相同，亦即基于理性认识和概念意义上的教育兴趣与大学教师实践中产生教育兴趣有较大差异。二是历史逻辑对实践逻辑有着极为重要的影响。大学教育无论面对当下还是未来，都不能回避历史逻辑。从某种意义上说，大学教育教学中的主体既活在当下又活在历史中，作为一种职业的大学教师以及作为一种文化的大学教师文化无不受制于大学教育教学的历史逻辑。本书对这方面的理解有待加强。具体而言，要从大学演进及其教育制度、文化等方面的正式文本和非正式文本中搜集更为丰富和具体的资料，更充分地掌握大学教师教育教学的实践经验，对历史上的大学师者的教育言说和教育故事有更为形象而深入的理解。

第二，今后需要对大学教师教育兴趣的实践加入更加全面的比较视野。

不仅我国大学教师存在教育兴趣的问题，其他国家同样也会遇到教育兴趣的困惑。现代学术研究，要有更加全面的比较视野，不仅要符合学术研究的理性逻辑要求，还要提高学术研究方法的效度与信度。虽然异域的大学教师教育教学实践有与我国本土的大学教育教学有相同乃至相通之处，但也会有许多差异之别。譬如，我国一些大学教师重视科研而忽略教育的现象在其他地方同样存在，但解决的方案和路径就有所差异。其中，不同大学教师所处的文化场域所影响的实践图式有诸多分别之处。不同的实践图式内含着不同的教育观念和行动方式。再如，同样面对大学教师专业化实践和发展问题，随着我国大学教师发展研究逐渐走向更深入的本土化发展阶段，面对外来的专业化要求、大学教师自身的成长需要和教育境域实践文化等方面持久而错综复杂的影响，本研究需要对大学教师个体如何应对具体教育情境、教育的问题以及大学组织层次如何解决大学教师群体的教育信念等方面进一步探索。

第三，今后有必要深化大学教育伦理向度的分析。

大学教育伦理关系到大学教师如何开展教育教学的道德尺度，是其教育生活的价值依托。本书对大学教师的教育兴趣主要从教育伦理的一般功能角度引介了一些理论，以对教育兴趣的实践应用作了相关支撑。实际上，基于个体的教育兴趣理解和分析走向共同体层次的教育兴趣自觉并要跃升至教师文化，不可能没有教育伦理尤其是大学教育伦理的学理支撑。就大学教育伦理的现有研究来看，还主要聚焦于大学教育文化批判的视域下，对大学教育伦理的特殊性以及时代的新诉求关注并不多。原因在于，教育伦理与伦理学的交叉视点主要汇聚于一般教师、学校的教育伦理，对大学教育场域的教育伦理诉求和问题关注较少。但全媒体、人工时代等新教育技术环境变革下的大学教育伦理正在发生重大变化，这也会对大学教育兴趣的个体生发基础和外部环境的产生深远影响。可以说，大学教育伦理研究既是大学教师教育兴趣的理论探索和实践应用的深化需要，也是新时代大学教师发展、实践所要面对的价值重塑需要。

参考文献

一、外文类

[1] Suzanne Hidi. Interest and its Contribution as a mental Resource for Learning [J]. Review of Educational Research, 1990, 60 (4) : 549-571.

[2] Kou Murayama, Lily FitzGibbon, Michiko Sakaki. Process Account of Curiosity and Interest: A Reward-Learning Perspective [J]. Educational Psychology Review, 2019, 31 (7) : 875-895.

[3] Celeste Kidd, Benjamin Y. Hayden. The Psychology and Neuroscience of Curiosity [J]. Neuron, 2015, 88 (3) : 449-460.

[4] Ulrich Schiefele. Interest, Learning, and Motivation [J]. Educational Psychologist, 1991, 26 (3-4) : 299-323.

[5] Julia Klug, Simone Bruder, Bernhard Schmitz. Which variables predict teachers diagnostic competence when diagnosing students'learning behavior at different stages of a teacher's career? [J]. Teachers and Teaching, 2016, 22 (4) : 461-484.

[6] Alexander, Patricia A. et al. Modeling Domain Learning: Profiles From the Field of Special Education [J]. Journal of Educational Psychology, 2004, 96 (3) : 545-557.

[7] Linda Evans, Maria Tress. What Drives Research-focused University Academics to Want to Teach Effectively? Examining Achievement, Self-efficacy and Self-esteem [J]. International Journal for the Scholarship of Teaching and Learning, 2009, 3 (2) : 115-137.

[8] Linda Evans. University professors as academic leaders [J]. Educational

Management Administration & Leadership, 2017, 45（1）: 123-140.

［9］Rosemary E. Sutton, Karl F. Wheatley. Teachers' Emotions and Teaching: A Review of the Literature and Directions for Future Research［J］. Educational Psychology Review, 2003, 15（4）: 327-358.

［10］Li Hanxi. Emotions and English language teaching: Exploring teachers'emotion labor［J］. Educational Review, 2021, 73（3）: 391-391.

［11］Rafaeli-Mor E, Steinberg J. Self-complexity and well-being: A review and research synthesis［J］. Personality and Social Psychology Review, 2002, 6（1）: 31-58.

二、中文类

（一）著作

［12］顾明远. 教育大词典（增订合编本）［Z］. 上海: 上海教育出版社, 1998: 75.

［13］罗竹风. 汉语大词典［Z］. 上海: 汉语大词典出版社, 1994.

［14］联合国教科文组织. 反思教育: 向"全球共同利益"的理念转变［M］. 联合国教科文组织总部中文科, 译. 北京: 教育科学出版社, 2017: 9.

［15］童秉国. 梁启超作品精选［M］. 武汉: 长江文艺出版社, 2005: 346.

［16］梁启超. 饮冰室合集第5册［M］. 上海: 中华书局, 1989: 10.

［17］张品兴. 梁启超全集（第七册）［M］. 北京: 北京出版社, 1999: 3964-3965.

［18］钱穆. 灵魂与心［M］. 桂林: 广西师范大学出版社, 2004: 121-122.

［19］梁漱溟. 梁漱溟全集第4卷［M］. 济南: 山东人民出版社, 1991: 658.

［20］程俊英. 诗经译注（小雅·小宛）［M］. 上海: 上海古籍出版社, 2016: 372.

［21］程俊英. 诗经译注（大雅·棫朴）［M］. 上海: 上海古籍出版社, 2016: 483.

［22］赵祥麟. 外国教育家评传（第2卷）［M］. 上海: 上海教育出版社, 1992: 49.

［23］赖德胜, 孟大虎, 李长安, 王琦等. 2014中国劳动力市场发展报告——迈向高收入国家进程中的工作时间［M］. 北京: 北京师范大学出版集团, 2014.

［24］朱小曼. 情感教育论纲［M］. 北京: 人民出版社, 2007: 19.

［25］苏霍姆林斯基. 把整个心灵献给孩子［M］. 唐其慈, 毕淑之, 译. 天津: 天津人民出版社, 1981: 207-208.

［26］倪梁康. 胡塞尔现象学概念通释［M］. 上海: 生活·读书·新知三联书店,

1999: 60.

[27]克罗齐. 美学原理[M]. 朱光潜, 韩邦凯, 罗芄, 译. 北京: 北京外国文学出版社, 2007: 29.

[28]勒戈夫. 中世纪的知识分子[M]. 张弘, 译. 北京: 商务印书馆, 1996: 4.

[29]列维纳斯. 塔木德四讲[M]. 关宝艳, 译. 北京: 商务印书馆, 2002: 10.

[30]布鲁尔. 阿伦特为什么重要?[M]. 刘北成, 刘小鸥, 译. 南京: 译林出版社, 2009: 60.

[31]帕尔默. 教学勇气: 漫步教师心灵[M]. 吴国珍, 译. 上海: 华东师范大学出版社, 2005: 3.

[32]杜威. 杜威全集(第七卷)[M]. 复旦大学杜威与美国哲学研究中心组, 译. 上海: 华东师范大学出版社, 2002: 146.

[33]弗莱克斯纳. 现代大学论——美英德大学研究[M]. 徐辉, 陈晓菲, 译. 杭州: 浙江教育出版社, 2001: 33-112.

[34]博耶. 关于美国教育改革的演讲[M]. 涂艳国, 方彤, 译. 北京: 教育科学出版社, 2002: 74.

[35]丹尼尔·平克. 驱动力[M]. 龚怡屏, 译. 北京: 中国人民大学出版社, 2012: 3-5.

[36]卡利瓦斯, 奥弗利. 大数据商业应用风险规避与法律指南[M]. 陈婷, 译. 北京: 人民邮电出版社, 2016: 4.

[37]戴维. 科学家在社会中的作用[M]. 赵佳苓, 译. 成都: 四川人民出版社, 1988: 171-208.

[38]季姆娜娅. 教育心理学[M]. 杜岩岩, 译. 北京: 教育科学出版社, 2008: 90.

[39]胡塞尔. 纯粹现象学通论[M]. 倪梁康, 译. 北京: 中国人民大学出版社, 2004: 49.

[40]胡塞尔. 笛卡尔式的沉思[M]. 张廷国, 译. 北京: 中国城市出版社, 2002: 60.

[41]维特根斯坦. 哲学研究[M]. 陈嘉映, 译. 上海: 上海人民出版社, 2001: 70.

[42]康德. 康德著作全集: 第3卷[M]. 李秋零, 译. 北京: 中国人民大学出版社, 2013: 166-167.

[43] 康德. 判断力批判[M]. 李秋零, 译. 北京: 中国人民大学出版社, 2011: 284-285.

[44] 康德. 纯粹理性批判[M]. 李秋零, 译. 北京: 中国人民大学出版社, 2004: 602.

[45] 康德. 康德著作全集: 第9卷[M]. 李秋零, 译. 北京: 中国人民大学出版社, 2013: 446-447.

[46] 康德. 康德著作全集: 第5卷[M]. 李秋零, 译. 北京: 中国人民大学出版社, 2013: 84.

[47] 黑格尔. 《精神现象学》(上卷)[M]. 贺麟, 王玖兴, 译. 北京: 商务印书馆, 1979: 48.

[48] 黑格尔. 美学(第1卷)[M]. 朱光潜, 译. 北京: 商务印书馆, 2018: 88.

[49] 韦伯. 社会学的基本概念[M]. 胡景北, 译. 上海: 上海人民出版社, 2020: 31-32.

[50] 中共中央马克思恩格斯列宁斯大林著作编译局. 马克思恩格斯全集(第42卷)[M]. 北京: 人民出版社, 1979: 96-97.

[51] 韦伯. 社会学的基本概念[M]. 顾忠华, 译. 桂林: 广西师范大学出版社, 2005: 29.

[52] 赫尔巴特. 普通教育学(教育学讲授纲要)[M]. 李其龙, 译. 北京: 人民教育出版社, 1989: 56.

[53] 雅斯贝尔斯. 什么是教育[M]. 邹进, 译. 北京: 三联书店, 1991: 4.

[54] 哈贝马斯. 交往与社会进化[M]. 张博树, 译. 重庆: 重庆出版社, 1989: 122.

[55] 哈贝马斯. 认识与兴趣[M]. 郭官义, 李黎, 译. 上海: 学林出版社, 1999: 46.

(二) 期刊论文

[56] 哈斯克维茨. 优秀教师最显著的一个特征[J]. 教育理论与实践, 2008(4): 13-14.

[57] 鲍威, 杜嫱. 冲突·独立·互补: 研究型大学教师教学行为与科研表现间关

系的实证研究［J］.北京大学教育评论, 2017, 15（04）: 107-125+187-188.

［58］陈伯海. 琳琅满目的美世界-论审美诸形态［J］. 上海大学学报（社会科学版）, 2011, 18（01）: 36-55.

［59］陈伯海. 美在"天人合一"——审美价值论［J］. 文艺理论研究, 2003（04）: 7-13.

［60］陈伯海. 生命体验和审美超越-论审美体验的由来与归趋［J］. 河北学刊, 2011, 31（04）: 102-109.

［61］陈桂生, 张礼永. 中国古代师资文化要义——"师说"辨析［J］. 教育研究, 2015, 36（09）: 129-137+145.

［62］陈黎明. 优秀教师具有哪些价值品质?——价值情感现象学视阈下的体验研究［J］. 教育科学研究, 2017（10）: 42-47.

［63］陈先哲. 大学教师发展: 研究进路与研究展望［J］. 复旦教育论坛, 2017, 15（03）: 80-86.

［64］陈亚军. "心灵"是如何被解构的?——谈实用主义对"心灵"的改造［J］. 南京社会科学, 2007（12）: 17-22.

［65］陈乐. 现代大学的知识危机与知识转型［J］. 现代教育管理, 2020（10）: 45-51.

［66］佟庆才. 帕森斯及其社会行动理论［J］. 国外社会科学, 1980（10）: 60-62.

［67］戴锐, 曹红玲. "立德树人"的理论内涵与实践方略［J］. 思想教育研究, 2017（06）: 9-13.

［68］戴翕昀, 黎坚, 张博, 高一然. 当代大学生职业兴趣的结构与测量［J］. 心理学探新, 2013, 33（03）: 260-265.

［69］单虹泽. "意"的多重维度: 阳明哲学中"意"概念的逻辑展开［J］. 大连理工大学学报（社会科学版）, 2018, 39（05）: 117-122.

［70］邓武蓉. 论周敦颐《通书》的师道观［J］. 湖南师范大学教育科学学报, 2013, 12（02）: 69-71.

［71］董志强. 试论艺术与审美的差异［J］. 哲学研究, 2010（01）: 113-120.

［72］段其波. 高校辅导员制度的历史变迁与优化发展［J］. 学校党建与思想教育, 2017（10）: 65-67.

[73]方红梅. "趣味"的"对境"：梁启超对"趣味"的审美阐释[J]. 江海学刊, 2008（02）：66-70.

[74]方红梅. "自得"说的哲学内涵及美学意义[J]. 孔子研究, 2012（04）：13-21.

[75]方明军. 改革开放40年中国高校教师发展政策回顾与反思[J]. 湖南科技大学学报（社会科学版）, 2018（9）：129-136.

[76]风笑天. 定性研究：本质特征与方法论意义[J]. 东南学术, 2017（03）：56-61.

[77]冯向东. 教育科学的理论与实践逻辑——关于布迪厄"实践逻辑"的方法论意蕴[J]. 高等教育研究, 2012, 33（02）：13-19.

[78]傅松涛, 刘树船. 教育生活简论[J]. 河北大学学报（哲学社会科学版）, 2004（05）：1-5.

[79]高德胜. 论爱与教育爱[J]. 中国教育学刊, 2018（12）：49-55.

[80]高德胜. 论教育的行动性[J]. 高等教育研究, 2012, 33（08）：12-16.

[81]高潇怡, 庞丽娟. 论教师教育观念的本质与结构[J]. 社会科学战线, 2009（03）：250-253.

[82]龚雪, 余秀兰. 我国近15年高校教师研究热点与脉络演进-基于CiteSpace知识图谱方法的分析[J]. 高教探索, 2017,（02）：112-118.

[83]郭成, 阴山燕, 张冀. 中国近二十年来教师人格研究述评[J]. 心理科学, 2005（04）：937-940.

[84]郭戈. 兴趣是最好的老师——关于教育者的兴趣[J]. 课程. 教材. 教法, 2014, 34（01）：29-31.

[85]郭元祥. "回归生活世界"的教学意蕴[J]. 全球教育展望, 2005, 34（09）：32-37.

[86]韩晓飞, 侯怀银. "教育理论"解析[J]. 教育理论与实践, 2018, 38（01）：14-18.

[87]韩延明. 理念、教育理念及大学理念探析[J]. 教育研究, 2003（09）：50-56.

[88]郝世文, 饶从满. 墨尔本大学教师发展的理论与实践[J]. 高教发展与评

估, 2019, 35 (06): 50-60+110.

[89] 郝文武. 主体间师生关系及其教师责任 [J]. 教育发展研究, 2019, 38 (10): 11-16.

[90] 黄友初. 教师专业素养: 内涵、构成要素与提升路径 [J]. 教育科学, 2019, 35 (03): 27-34.

[91] 何齐宗. 教师的审美素养及其本体价值分析 [J]. 高等教育研究, 2006 (06): 73-77.

[92] 何旭明. 论教的兴趣与学的兴趣 [J]. 现代大学教育, 2007 (03): 20-24.

[93] 贺祥林. 论实践思维方式的基本特征与基本意义 [J]. 东岳论丛, 2010, 31 (10): 128-133.

[94] 胡金平. 大学教师与知识分子 [J]. 高等教育研究, 2005 (10): 22-26.

[95] 黄远帆. 论两类概念分析: 关联式与分解式 [J]. 河北学刊, 2015, 35 (02): 29-36.

[96] 焦国成. 中国传统教育伦理理念及其主要话语 [J]. 江西师范大学学报 (哲学社会科学版), 2018, 51 (01): 33-39.

[97] 金爱冬, 马云鹏. 国内外教师信念问题研究综述 [J]. 延边大学学报 (社会科学版), 2013, 46 (01): 75-83.

[98] 金雅. 梁启超 "趣味" 美学思想的理论特质及其价值 [J]. 文学评论, 2005 (02): 148-153.

[99] 金雅. 中华美学精神的实践旨趣及其当代意义 [J]. 社会科学辑刊, 2018 (06): 59-64+213.

[100] 金心红, 徐学福. 教师学科教学知识生成的内在机制 [J]. 教育科学, 2019, 35 (02): 40-45.

[101] 李保强, 白文昊. 新中国成立以来我国教师教育研究的回溯与展望 [J]. 现代教育管理, 2020 (05): 64-71.

[102] 李红恩, 靳玉乐. 教师的教育情感: 内涵、构成与启示 [J]. 现代教育管理, 2011 (10): 86-89.

[103] 李吉林. 情感: 情境教育理论构建的命脉 [J]. 教育研究, 2011 (7): 65.

[104] 李琳琳. 时不我待: 中国大学教师学术工作的时间观研究 [J]. 北京大学

教育评论, 2017, 15（01）: 107-119+190.

[105] 李芒, 石君齐. 我国大学教师发展者专业化的内在逻辑 [J]. 现代教育管理, 2020（02）: 78-84.

[106] 李清雁. 大学教师发展的人本诉求 [J]. 黑龙江高教研究, 2013, 31（01）: 28-31.

[107] 李润洲. 大学教师教研融通: 何以及如何可能 [J]. 高校教育管理, 2016, 10（03）: 106-110.

[108] 李召存. 关于教育观念的理论思考 [J]. 教育理论与实践, 2002（06）: 6-10.

[109] 李振峰. 提升高校教师软实力的思考 [J]. 教师教育研究, 2016, 28（05）: 24-29.

[110] 李政涛. 人工智能时代的人文主义教育宣言——解读《反思教育: 向全球共同利益的理念转变》[J]. 现代远程教育研究, 2017（05）: 3-11.

[111] 廖济忠. 伦理视域中的梁漱溟知识分子观 [J]. 中南大学学报（社会科学版）, 2014, 20（01）: 132-135.

[112] 刘徽. 概念的寻绎——再读布列钦卡的《教育科学的基本概念——分析、批判和建议》[J]. 全球教育展望, 2008（05）: 92-96.

[113] 刘良华. 何谓"现象学的方法"[J]. 全球教育展望, 2013, 42（08）: 43-50.

[114] 刘倩, 马云鹏. "因境制宜": 适应性专长视角下教师学习机制的困境与重构 [J]. 教育科学, 2019, 35（02）: 28-33.

[115] 刘庆昌. 从教育事理到教育学理: "教育学原理" 70年发展的理论反思 [J]. 中国教育学刊, 2019（10）: 1-8.

[116] 刘庆昌. 教育家必先具有教育精神 [J]. 江苏教育研究, 2010（06）: 11-13.

[117] 刘庆昌. 教育实践及其基本逻辑 [J]. 山西大学学报（哲学社会科学版）, 2015, 38（03）: 97-106.

[118] 刘庆昌. 教育是一种情感实践 [J]. 河南师范大学学报（哲学社会科学版）, 2017, 44（4）: 143-151.

[119] 刘庆昌. 教育意念的结构——基于教育本体论的视角 [J]. 华东师范大学学报（教育科学版）, 2019, 37（04）: 57-71.

[120] 刘刚，丁三青. 大学卓越教师教学学术核心能力的圈层结构及其特征 [J]. 教育科学，2020，36（06）：53-60.

[121] 刘铁芳. 大学教师之德：走进学与教的人生 [J]. 教育研究，2014，35（06）：102-108+135.

[122] 刘西瑞，王汉琦. 人工智能与意向性问题 [J]. 自然辩证法研究，2001（12）：5-8+26.

[123] 刘旭东，吴永胜. 教育的学术品格与教育实践 [J]. 教育研究，2015，36（09）：10-16.

[124] 刘旭光. 论体验：一个美学概念在中西汇通中的生成 [J]. 复旦学报（社会科学版），2017，59（03）：104-112.

[125] 刘学锴. 白描胜境话玉溪 [J]. 文学遗产，2003（04）：50-61+143.

[126] 刘琪. 我国大学行政人员年度绩效考核的问题与出路 [J]. 教育科学，2018，34（05）：47-52.

[127] 刘燕楠. 矛盾与困惑：当前教育研究问题的哲学反思 [J]. 教育研究，2016，37（09）：11-18+50.

[128] 刘长江，郝芳. 职业兴趣的结构：理论与研究 [J]. 心理科学进展，2003（04）：457-463.

[129] 刘长铭. 教育要更加关注人精神与心灵的培育 [J]. 中国教育学刊，2017（08）：86-89.

[130] 鲁克俭. 论内化于行动的观念 [J]. 现代哲学，2020（02）：1-7.

[131] 鲁雁飞. 论教师教育伦理之于专业伦理的依托和超越 [J]. 大学教育科学，2009（06）：51-55.

[132] 陆建华. "内生"之路：中国传统哲学的另一条创新路径 [J]. 河北学刊，2010，30（05）：41-44.

[133] 马健生，鲍枫. 美国高校教师教学专业发展探析——以西南密苏里州立大学为例 [J]. 比较教育研究，2005（10）：52-56.

[134] 马莹. 论教师信念的构成及其相互关系 [J]. 首都师范大学学报（社会科学版），2012（06）：136-140.

[135] 蒙培元. 谈谈学者良知 [J]. 新视野，2007（04）：54-57.

[136]孟凡丽, 魏宝宝. 立德内涵溯源与立德之教的新时代任务[J]. 现代教育管理, 2020 (09): 22-30.

[137]糜海波. 教育善与教育伦理建设的两个向度[J]. 高等教育研究, 2013, 34 (08): 10-14.

[138]苗雪红. 教育现象学之反思[J]. 华东师范大学学报 (教育科学版), 2014, 32 (01): 32-40.

[139]倪梁康. 现象学运动的基本意义——纪念现象学运动一百周年[J]. 中国社会科学, 2000 (04): 69-78+205.

[140]宁虹. 教育的发生: 结构与形态——发生现象学的教育启示[J]. 教育研究, 2014, 35 (01): 20-27.

[141]牛海彬. 大学教师"知识人"身份重构的路径分析[J]. 东北师大学报 (哲学社会科学版), 2015 (04): 234-238.

[142]潘立勇. "自得"与人生境界的审美超越——王阳明的人生境界论[J]. 文史哲, 2005 (01): 79-84.

[143]潘懋元. 大学教师发展论纲-理念、内涵、方式、组织、动力[J]. 高等教育研究, 2017, 38 (01): 62-65.

[144]潘懋元. 大学教师发展与教育质量提升-在第四届高等教育质量国际学术研讨会上的发言[J]. 深圳大学学报 (人文社会科学版), 2007 (01): 23-26.

[145]庞学铨, 冯芳. 新现象学对海德格尔"在世存在"思想的扬弃[J]. 浙江大学学报 (人文社会科学版), 2011, 41 (01): 55-62.

[146]彭文晓. 教育艺术论[J]. 湖北大学学报 (哲学社会科学版), 2011, 38 (04): 120-124.

[147]盛珂. 牟宗三"逆觉体证"的基础存在论及其对海德格的批评[J]. 中国哲学史, 2010 (04): 121-128.

[148]石中英. 教育学研究中的概念分析[J]. 北京师范大学学报 (社会科学版), 2009 (03): 29-38.

[149]石中英. 论教育实践的逻辑[J]. 教育研究, 2006 (01): 3-9.

[150]沈红. 论大学教师评价的目的[J]. 高等教育研究, 2012, 33 (11): 43-48.

[151] 沈红. 中国大学教师发展状况——基于"2014中国大学教师调查"的分析 [J]. 高等教育研究, 2016, 37 (02): 37-46.

[152] 宋国栋. 论美学"空"范畴的产生、内涵及意义 [J]. 中国文学研究, 2007 (01): 12-16.

[153] 孙根华. 高校教师文化的价值观困境 [J]. 学术界, 2015 (04): 121-127.

[154] 涂可国. 儒家成己成人说新解 [J]. 甘肃社会科学, 2018 (03): 56-61.

[155] 涂阳军. 论学习兴趣的养成: 对西方近二十年来学习兴趣研究的反思 [J]. 江苏高教, 2013 (01): 38-40.

[156] 万书元. 论审美体验 [J]. 江苏社会科学, 2006 (04): 15-19.

[157] 王登峰. 中西方人格结构的理论和实证比较 [J]. 北京大学学报 (哲学社会科学版), 2003 (5): 109-120.

[158] 王菁华. 做一个恬静、快乐而卓越的大学教师 [J]. 中国大学教学, 2017 (12): 18-23.

[159] 王平祥. 现代大学科教融合的内在逻辑与实现路径 [J]. 国家教育行政学院学报, 2014 (07): 50-53.

[160] 王勇鹏, 佘君君. 大学教师精神的遮蔽与解蔽 [J]. 大学教育科学, 2014 (04): 54-58.

[161] 王正平. 以新时代教育伦理道德引导我国教育现代化 [J]. 上海师范大学学报 (哲学社会科学版), 2020, 49 (01): 71-82.

[162] 魏传光. 大学教师精神实体的当代建构 [J]. 大学教育科学, 2015 (05): 69-74.

[163] 魏宏聚. "生活"与"生活世界": 误解及其隐喻 [J]. 教育科学, 2011, 27 (05): 36-39.

[164] 邬焜. 信息哲学的基本理论及其对哲学的全新突破 [J]. 西安交通大学学报 (社会科学版), 2006 (02): 1-15.

[165] 邬志辉. 教师教育理念的现代化及其转化中介 [J]. 东北师大学报, 2000 (03): 80-86.

[166] 吴凡, 李小娃. 我国大学教师发展的理念转变与组织建设的路径 [J]. 大学教育科学, 2015 (04): 59-63.

[167]习近平. 确保人工智能关键核心技术牢牢掌握在自己手里[N]. 人民日报（海外版），2018-11-01.

[168]向兴华，钟精华. 教师的幸福在哪里[J]. 教书育人，2014（07）：32-34.

[169]肖川. 教育：基于信念的事业[J]. 湖南师范大学教育科学学报，2015，14（01）：28-33+75.

[170]肖川. 论教育的人类学基础[J]. 清华大学教育研究，1998（04）：3-5.

[171]谢安邦，朱宇波. 教师素质的范畴和结构探析[J]. 教师教育研究，2007（02）：1-5.

[172]辛晓玲. 论意境与意象之区别[J]. 兰州大学学报（社会科学版），2009，37（02）：63-68.

[173]熊川武. 教育感情论[J]. 教育研究，2009，30（12）：53-58.

[174]熊华军，丁艳. 中世纪大学学术职业的变化[J]. 大学教育科学，2011（02）：69-74.

[175]徐超富. 大学科学研究之教育意蕴[J]. 湖南师范大学教育科学学报，2011，10（01）：20-27.

[176]徐继存. 教学技术化及其批判[J]. 教育理论与实践，2004（03）：48-51.

[177]徐继存. 教师身份的伦理认同[J]. 教育科学，2020，36（04）：38-43.

[178]徐帅，赵斌. 从外塑到内修：教师专业发展的内驱力生成[J]. 教育理论与实践，2018，38（25）：39-42.

[179]薛富兴. 审美判断的古典形态与现代发展[J]. 学术研究，2014（07）：131-139.

[180]闫守轩，朱宁波. 教师专业发展现实问题与范式转型[J]. 中国教育学刊，2013（12）：67-71.

[181]阎光才. 高水平大学教师本科教学投入及其影响因素分析[J]. 中国高教研究，2018（11）：22-27.

[182]杨春时. 关于中国美学方法论的现代转型问题[J]. 吉林大学社会科学学报，2003（04）：79-84.

[183]杨春时. 审美本质的发现[J]. 学术月刊，2014，46（05）：102-109.

[184]杨大春. 理解笛卡儿心灵哲学的三个维度[J]. 哲学研究，2016（02）：61-

68+129.

[185]杨道宇.良知的自然生长倾向及其教育——兼论"教育即良知生长"与"教育即生长"的异同[J].教育学报,2016,12（05）:14-24.

[186]杨方.西方伦理文化对当代中国伦理文化建设的三重启示[J].道德与文明,2000（05）:18-24.

[187]杨国荣."事"与人的存在[J].中国社会科学,2019（07）:27-42+204-205.

[188]杨国荣.基于"事"的世界[J].哲学研究,2016（11）:76-84+129.

[189]杨启亮.教师职业专业发展的几种水平[J].教育发展研究,2009,29（24）:54-58.

[190]杨小微."濡化"与"涵化":中国教育学内涵更新的机制探寻[J].南京社会科学,2011（09）:124-130.

[191]杨晓.教学认识中的另一半:非理性认识的思考[J].课程.教材.教法,2017,37（02）:33-39.

[192]姚城,陈亚军.从意识的边缘到思想的对象——论威廉·詹姆士的意向性学说[J].福建论坛（人文社会科学版）,2019（11）:86-93.

[193]叶浩生.身心二元论的困境与具身认知研究的兴起[J].心理科学,2011,34（04）:999-1005.

[194]叶朗.说意境[J].文艺研究,1998（01）:3-5.

[195]易凌云,庞丽娟.教师教育观念:内涵、结构与特征的思考[J].教师教育研究,2004（03）:6-11.

[196]尤西林.大学人文精神的信仰渊源[J].高等教育研究,2002（02）:1-5.

[197]于源溟,崔云霞,李富菊.教师教育境界的层次与提升策略[J].教育探索,2005（03）:112-113.

[198]余清臣.培育对教育实践的高位目光与普遍视野[J].南京社会科学,2017（02）:143-148+156.

[199]余庆.论作为教育哲学研究方法的教育概念分析[J].教育学报,2019,15（03）:10-16.

[200]袁济喜.论"兴"的组合界面[J].中国人民大学学报,2001（04）:101-106.

[201] 张典兵. 大学教师教学研究的实践审视 [J]. 大学教育科学, 2014 (05): 59-63.

[202] 张晶. "自得": 创造性的审美思维命题 [J]. 哲学研究, 2003 (01): 32-37.

[203] 张晶. 审美情感·自然情感·道德情感 [J]. 文艺理论研究, 2010 (01): 75-81.

[204] 张世英. 境界与文化 [J]. 学术月刊, 2007 (03): 13-20.

[205] 张祥龙. 什么是现象学 [J]. 社会科学战线, 2016 (05): 1-10+292.

[206] 张艳萍. 海德格尔对实体主义的超越 [J]. 云南民族学院学报 (哲学社会科学版), 1998 (03): 3-5.

[207] 张德祥, 牛军明. 论文化治理性与大学文化治理 [J]. 现代教育管理, 2021 (01): 1-9.

[208] 章凯. 兴趣发生机制研究的进展与创新 [J]. 心理科学, 2003 (02): 364-365.

[209] 赵文平. 认识教育研究的理性特质 [J]. 现代教育管理, 2021 (03): 10-16.

[210] 赵汀阳. 不纯粹的现象学 [J]. 哲学研究, 1999 (06): 54-59.

[211] 照日格图. 想象力的创造历程 [J]. 学术交流, 2011 (09): 47-50.

[212] 周浩波, 李凌霄. 高校教师工作满意度影响因素结构模型的构建——基于18位高校教师访谈的质性分析 [J]. 教育科学, 2019, 35 (04): 64-70.

[213] 周成海. 职前教师教育中的"用电影教"——意义、主题与过程的分析 [J]. 教育科学, 2020, 36 (02): 64-70.

[214] 周成海, 孙启林. 教师专业发展范式转移的基本范式 [J]. 中国教育学刊, 2009 (06): 68-70.

[215] 周海涛, 李虔. 大学教师发展的模式探析 [J]. 大学教育科学, 2013 (04): 61-65.

[216] 周洪宇, 王配. 教育情感史: 一个久被忽视、亟待探寻的隐秘世界 [J]. 安徽师范大学学报 (人文社会科学版), 2019, 47 (02): 108-114.

[217] 周玉容, 沈红. 现行教师评价对大学教师发展的效应分析——驱动力的视角 [J]. 清华大学教育研究, 2016, 37 (05): 54-61.

[218] 朱家德. "双一流"建设中大学教师管理制度信任研究 [J]. 现代大学教育, 2017 (03): 77-84+113.

[219] 朱陶. 论教师专业发展动力生成路径 [J]. 宁夏社会科学, 2013 (3): 158-160.

[220] 朱文辉, 靳玉乐. 教学功利化剖析与出路探讨 [J]. 中国教育学刊, 2015 (12): 1-5.

[221] 朱志荣. 论审美意象的创构 [J]. 学术月刊, 2014, 46 (05): 110-117.

(三) 学位论文类

[222] 殷慧. 论大学教师投身教学 [D]. 长沙: 湖南大学博士学位论文, 2005.

[223] 林晖. 康德的实践理性中的兴趣问题 [D]. 上海: 复旦大学, 2003.

[224] 付梦芸. 柯罗诺斯之困 [D]. 上海: 华东师范大学博士学位论文, 2016.

[225] 曹峰. 我可以希望什么——康德希望问题研究 [D]. 长沙: 湖南师范大学博士学位论文, 2012.

[226] 刘凯. 康德美学中的自由 [D]. 上海: 复旦大学博士学位论文, 2012.

[227] 李家黎. 教师信念的文化研究 [D]. 重庆: 西南大学, 2009.

[228] 刘庆昌. 论教育思维 [D]. 兰州: 西北师范大学, 2005.

[229] 方红梅. 梁启超趣味论研究 [D]. 武汉: 武汉大学, 2008.

[230] 金雅. 梁启超美学思想述评 [D]. 杭州: 浙江大学, 2004.

附录：我的大学教育兴趣审思

　　鉴于本书的研究对象是笔者自身所从事的职业兴趣，因而有必要对自己的教育兴趣体验做一些交代，一方面对于自己的教育实践过程做些反思，另一方面对自身所提出的一些主张做一番自我检验。但怎样审视自己的教育兴趣呢？如果像正文中那样表达，就有循环论证之嫌。因此，为了"自圆其说"，我觉得有必要对自己在家庭成长、学校学习、工作实践三个方面进行"教育叙事"，通过那些片段经历来表现我的教育实践体验，反映我的教育兴趣变化历程。尽管仍然是自说自话，但相比长篇论证而言总能略显生动一些。

一、家庭教导中的教育印记：对联之韵

　　我从事大学教师职业与自己出身于乡村教师家庭不可能没有关系。教师家庭多少与知识有关，在世人眼中往往被誉为"书香门第"，这个符号在世人的理解中总是携带着无比高雅、理想和美好。书香门第所具有的崇高和美好印象对我此刻叙述家庭背景多少会带来困扰。因为一方面我所出身的乡村教师家庭不可能匹配那个文化符号，不可能名副其实，所以从我自己的立场来说什么或者不说什么都难有"平常心"；另一方面这种教师家庭文化的确给我事业带来一定影响并与我所想改变的东西相互纠缠。但无论如何，仍然有必要将我所体验到的乡村教师家庭所经历做一些介绍。

　　从我往上五代血缘之中，有三代是乡村先生或教师，其中爷爷和父亲是现代职业意义上的乡村小学教师。自记事起，我家在每年春节前十来天，都在为写春联而忙活，这与其他大部分家庭忙于做豆腐形成巨大反差。全村不到四十户，农耕之余以豆腐为业的家庭占据多数，尤其是年关

临近时豆腐生意更为红火。于是，爷爷和父亲不仅要帮其他人家写对联，还要承担起村里的公共场所——村祠上楹联工作。毕竟写春联既是习俗也是"乡村先生"们的特长。总之，与对联相关的生活就成为成长记忆与影响的重要内容和来源，在他们挥毫泼墨的过程中，那些富有各种寓意的对联包含着他们对生活的理解，这种理解或隐或显地影响了年轻的一代。他们不仅仅是过年要帮人写对联，而且在平常生活要帮忙解决一些乡村生活人伦日常所需要的书面表达工作。所以爷爷和父亲所撰写的对联给我的最大的印象就是自己的家庭与其他小伙伴不一样。这种家庭文化留给我的认知中，有两种印迹难以忘记，一是教师是有尊严、有价值的人；二是教师是有文化、有修养的人。

我对爷爷的印象比较模糊，只是难忘他不苟言笑的脸庞和时常对我们的训斥。有一次，大约我十岁左右，我玩得非常疯狂，从外面拖着一根自己采来的木棍手舞足蹈，在屋外要得不尽兴还跑到屋内挥来挥去，爷爷恰好在家，阴冷的脸对我呵斥道："你怎么这么浮华"？自此"浮华"这二字，从来没有在我心中遗忘过。虽然那一刻我不懂它意味着什么。现在回想起来，可能爷爷也没有什么特别的用意。但我就是这么奇怪，就是对浮华二字有强烈的触动，仿佛它是我人性之中最大的劣根性问题。在我上初二的时候，爷爷去世了。尽管我能记起与他交往的故事非常少，但这一声断喝却一直深深地写在我的心灵深处。

父亲不像爷爷那么冷峻，但对我和弟弟的教育较为严厉。在我们读初中以前，只要不上学，就要练习毛笔字，否则不准吃早饭。由于小学三年级之前我在"村小"上学，也就是在他眼皮底下读书，他对我比对待其他同学更为严厉。记得有很多次，父亲把我拎上讲台，当着其他同学的面责罚我。我在每经一次收拾之后就变得老实一些，过不久又重蹈覆辙。或许是因为自己足够淘气，或许是父母要望子成龙，我很长一段时间对父母的训导体罚充满反感，从某种意义上说，也是因为父母的打骂激发了自身有些叛逆行为方式。成年后，乃至现在要与自我达到和解总是有些困难，既不愿意活成别人所期望的样子，也难以满足自己现有的样子。

读五年级上学期的时候，我在与同村小伙伴玩要时不幸腿部受伤，最初只是以为脱臼，请同村医生复位，在家休养几天后不见好转，才转到市中医院。拍片发现髋关节骨折，需要手术牵引正位。记得医生给我把钢针敲进我的大腿那一刻，那父亲流泪了，而我算是第一次体验明确地感受到父母对子女疼痛相连的骨肉之情。在两个多月的住院期间，隔壁床的病友是一位大学退休的中文系教授。由于教师家庭的共同之处以及病友之间的"共鸣"，他与我父亲有很多话可聊，而作为长者也给予我这个儿童很多关心和鼓励。后来他经常会给我们写信，寄他的对联、诗集和文章与我父亲分享，直到我也考上他所在的大学。与他相识，是我第一次感受到大学教师的样子，内心对于学问的理解多少有些新的认识和感受。

任何家庭都有好的一面，也有不好的一面。就像教师家庭和其他家庭一样，有令自己感到自豪的地方，也有令自己感到沮丧颓废的地方。但无论什么样的家庭成长经历，家庭对于个体生命而言都是个体的生理生长和精神发育的摇篮、港湾，而不只是具有符号意义，无论是满意还是不满意，我都不能逃避自己的家庭。因为我的思维认知和生活中已经深深地植入了原生家庭所赋予的价值理解和心理范式，那些教育影响会不经意间影响着我的生活。

二、学习路上的教师影响：外面精彩的世界

在"漫长"的求学生涯中，有许多影响过我的老师，要清晰回忆这些老师的故事非常困难，因为按照时间逻辑来铺陈会比较繁杂，而按自己的情感理解讲述难免有失公允。所以，我还是决定尽量以旁观立场来回忆我的学习路上的教师们的故事。即便如此，这种叙述仍然是抚今追昔，不可能客观。

第一位是K老师。K老师是一名教学认真、无比节约、行为拘谨的老师。有一天，在中午休息时，不大的小学校园里闹哄哄地响起来了，循声走过去，原来是校园男厕所那边K老师和几个同学在粪池里捞什么东西。过了很久，K老师兴奋地大叫起来："找到了。"这时其他人才知道，他们要找的是前不久给每个老师发的教鞭笔。这支笔既可以做教鞭，也可以写字，是不锈钢做的，表面锃亮闪闪。K老师平常一直爱不释手，笔不离身，

但那天不小心掉到厕所里去了，于是才有这一番情节。K老师和同学们在找寻那支笔的过程我虽然不曾直接亲历，但仍然令我难以忘记。K老师那平和、节俭的性格特点让我们这些学生印象深刻，虽然他在教我们二年级的时候就已经接近退休的年纪了，但奇怪的是，我们对他都非常喜欢。在上中学的路上每次路过他家，都会大声地向他问候一声，而他也会用薄薄的嘴唇露出残留的牙向我们报以温暖的微笑。

第二位是Z老师。Z老师教我们小学数学。他让我感到记忆深刻的是在于早读后的小测验。那时，我们都是走读，早晨起床后赶到学校早操，之后早读一小时，在这期间，如果轮到Z老师值早读，那一定有一道小测验等着我们。只有做完了才可以回家吃早饭，不然只有等着其他同学帮忙带饭过来。这一招让许多人不得不绷紧神经，在他的课堂上高度集中，不然听不懂就不会做题。当然他的小测验多数是容易的，大部分人都容易过关。有时候羡慕那些最早走出教室回家吃饭的同学，那趾高气扬的神态，也会经常懊恼自己没有学懂课堂上的内容。在Z老师所教的两年中，我们班的数学成绩的确提升不少。以现在的教育认识来看待Z老师的教学方式，他善于用过程评价的方式促进学生们的学习。在那样的特定场域中以特殊的方式，给了我们一定的压力的同时，也激发了我们的学习兴趣。

第三位是初中化学老师Z老师。Z老师教我们的时候是刚参加工作，白白净净、眼镜里藏着儒雅。那时我任学习委员，有机会去他办公室，也是他的房间，室里的东西总是非常整洁有序。Z老师写得一手好字，看他的板书，非常有美感。无论是英文字母，还是中文文字，字里行间透着一股清秀、飘逸的味道。由于刚参加工作，他对学生十分热情，对我们几个学习成绩好的就更加关心。他经常从他自己买的教学参考资料中找出一些好题来辅导我们。在乡村中学中，学习资料不多，所以化学参考资料丰富的他就成为我羡慕的对象。有一次，我鼓起勇气向他借一本我看中的封面精装的参考书，他略有不舍地说，你看完要还我哈。抱着这本书，我乐颠颠地回去研读起来。正是因为这本书，我才有意识地寻找教材之外的阅读资料，到后来恳求父亲到吉安市的新华书店去买我自己想看的书。所以严格意义上说，是那种新鲜、美好的课外资料激发了我内心对于学习的热情。

其实，那个时候要到市区去的机会只有到了暑假农忙之后，只有等到那个时候，父亲才会带着我和弟弟去县城的姑姑家进城体验一下城市生活，这是一个乡村少年最为高兴的事情了。可以说，是因为各位老师的言行身教，因为他们身上所承载的知识和文化，让我认识到人生要主动去感受和追求外面的精彩世界。

三、大学教育实践体验感悟：与学生一起发展

如果从20年前大学毕业与教师职业开始结缘算起，我自己也有一些从教故事和体验可以分享。我大学就读于家乡的师范专科学校，所学为生物教育。毕业时虽然已经有许多地方取消了分配政策，但教师招聘却并没有完全市场化，仍然是地方教育主管部门安排就业为主。但当年我们那的教育局由于刚刚组建，工作滞后，所以我们只能等待。我在毕业即失业之际，第一次出远门到广州希望找一份工作，但大学所学那点专业知识除了面向中学教育好像没有任何用武之地。于是，我与另一个等待分配的同学厚着脸皮回到大学，与几个师弟一起寄住在学校管理植物花卉的平房里，一边继续参加自学考试，一边在等待教育局通知。那段时间情绪低落，既有无业的飘荡，也有生活的拮据，更有对于自我存在和价值的怀疑甚至否定。直到年底，家乡的教育行政部门开始运转起来了，工作终于有了眉目，我被分配至家乡最偏远的山区中学任教。

到学校后，领导对我说学校缺英语老师，需要我同时教英语和生物。就这样，我边学边教成为一名中学教师了。这所中学处于两市交界的大山深处，到市区要近3个小时的车程，信息相对闭塞。很快，收入的低微和年轻的焦躁使我感到压抑和无聊；看着有同事在准备考研，也决心考研。其实，这段教书经历除了职业劳动体验，较少体悟到教育兴趣，倒是体验到许多烦恼。

当时有个同事被抽调到教育局工作，领导把他所带的初二年级班主任工作就交给我这个新教师接管。这个班上有许多所谓的后进生，纪律、成绩都不理想。我并没有什么经验，只是一腔热情，但是因为性格急躁缺少与班上几个调皮学生"周旋"的耐心，更气愤的是有个最调皮的同学与我

争论时还搬出以前班主任怎么怎么好，言下之意我不懂教育。这对于当时刚参加工作的我而言，实在无法忍受，几乎与他发生肢体冲突。后来，由于我对于这个班无能为力，9月开学后交给其他更有经验的老师了。所幸的是，自己在英语教学方面的表现还算不错，教学成绩在年级排名靠前，不至于一无是处。总之，这段不到两年的教育体验至今终生难忘。

2010年9月新学年的第一次公共教育学课，课间休息时，一个学生走到我面前："刘老师，你记得我吧？我叫WX啊。"我一看，原来她是我教过的中学生。虽然个子长高了，但性情特征还是那个样子。在所教的大学课堂中能够与曾经教过的中学生相遇，这种教育体验令我感慨不已：曾经的中学英语教师现在成为她的大学教育学教师，经历八年岁月洗礼后各有什么变化？我还是像以前那样教书吗？WX这时告诉我，中学时还有一个同学ZXQ也在这里读大二。我才意识到当年的我是一个认真的英语教师，现在总不能让她失望，至少我应该成为一个合格的大学教师。后来，与这两位同学在大学中的日常交往对我触动不少。从某种程度上对我调整心态面对工作和生活有重要影响。值得一提的是，两位同学大学毕业后都顺利地考上硕士研究生，其中一位还成为我的同行。

无论生活还是工作，令人喜悦的事件和经历都是暂时的，更多的是平常的生活。入职大学后，我作为年轻教师，一方面，身为教育学专业本科班的班主任的同时还要承担大量教学任务；另一方面，对于学术研究工作没有任何头绪一头雾水。以我的观察来看，这大概是我和同事们作为青年教师的普遍体验。说到底，还是自身工作能力不能适应工作负荷，在职业发展方面充满迷茫和无力感。因此，那段时间我所写的日记，大部分是宣泄工作和生活中的负面情绪。

客观地说，自己都不知道自己是如何走出那段阴影的。但从我自己的生命体验来说，我一直想要有意义的生活。既然是教师就要对学生负责。"过负责任的生活"意味着我的教学必须对学生负责，也要对自己负责。从教学时间上的过程看，这种时间是学生和我一起度过的时间，只有大家都充实、快乐、有意义，这才是基本成功的教学。正是基于这样的考虑，我现在努力使我的课堂变得更快乐，更利于丰富学生和我自己的人生体验。我不敢奢望成为名师，但我必须过负责的生活，生活如此平淡，人生如此短暂，既如此，何不更有点意义呢"——这是我写于2008年4月3日的QQ日志。

或许是因为这种认识，我开始探索如何提升课程教学质量，在《教师职业道德》这门教师职业教育理论课上，我体会到与学生一起发展的喜悦。该门课程目的就是树立师范生对于教师职业道德的正确观念，了解教师职业道德规范的内涵与价值。理论的讲授确实有些枯燥，自己讲课总是找不到感觉。有一天我在无意间向学生提问的时候想到，每个人的成长路上受到不少教师的影响，以自己的经历为教学资源本身既具体又符合认识的逻辑与课程本身的要求。思路想到了，但如何落实呢。既要考虑到这门课程特点和学生在当时的其他学习任务，以便于具体可操作。我提出每人贡献一个真实的教师案例，案例不拘泥于描述正面的教师还可以反思负面的教师，字数不限。任务布置后，学生们很快就收集好了案例。在接下来的课程中教学明显更为生动得多了。过了两周，我又提出把前面的案例进行修改，文字加工成为一本教师职业道德发展的案例库，由学习委员组成编写小组，负责对各个案例进行筛选和完善。通过这样一件课程资源的"开发"工作，整个课程教学过程非常顺利，最重要的是我和同学们都打开了很多视野，品味到了以往不曾体会到的教师职业体验。后来，我选择了一部分案例放到其他的课程教学过程中，也取得了很好的效果。

真正的教育是人与人之间思想、精神、灵魂相互影响。也看过不少这样的故事。至少明白大学教育不能局限于课堂教学领域。从担任班主任起，我也试图影响学生。像大多数教师一样，我也深入到每一个学生寝室中去，经常找同学们聊天，了解其学习和生活情况。这种过程对我而言就是走进了别人的心灵世界，通过交流了解一个个家庭的故事，体悟不同的人的身心状态和个体禀赋的差异。学生是充满情感的人，我也是向往温暖的人。所以在平时的工作中时刻提醒自己不能一味地劝导，还要保持对学生持续地关切和感化。有一位L同学，家境一般，我通过与他多次聊天才发现他身上有些基础性疾病；在他身上既有对自身状态的无奈，也有对未来的迷茫，更有对当下教育的不满。四年的大学交往，我单独与他深聊了很多次，有时候把他当作学生，有时候更多是当作朋友。从他身上我也能体会到自己的一些成长困惑，也将一些感悟与他分享。我们时常谈论传统文化，尤其通过他使我更了解了王阳明的心学思想，使我意识到师生共同进步的意义。

四、大学教育兴趣的涌现：拜师"难"和近师"暖"

人的心灵体验或内在偏好往往决定了其言谈举止、行动选择。我选择教育兴趣为研究主题就是基于自身对于教育世界的一种追问。因为我出身于乡村教师家庭，在家庭生活中总是免不了比其他家庭多一些规训、教导，及至成年后对这种"训育文化"极为反感。长大后，自己成为一名教师开始遇到各种发展困惑，其中就有梁启超所呼吁的"教育趣味"问题，即如何让自己的工作变得使自己更有意义和更自在。我也常常思索为何有的人如此热爱教育，如热爱学习、热爱美食一样。这个具身性的问题萦绕在心头已经多年，直到在博士期间我才有机会鼓起勇气去面对它，希望从理论上、实践中的不同层面找到令自己满意的答案。

我是在36岁这一年幸运地考上博士研究生。从个体生命历程来看，攻读博士、完成学业对大部分人而言都是一个求索、历练、超越自我的过程，至少意味着一个精神生命状态的新变化和新起点。于我而言，在处处碰壁后有机会继续求学，感慨万分；而能够来到大连求学，要特别感谢闫守轩教授的引荐，使我有机会加入辽宁师范大学教育学院这个大家庭。我与闫老师十年前相识于长白山的一次学术之旅，那时就与闫老师相聊甚欢。从某种意义上说，我们的关系亦师亦友。作为朋友、兄长，闫老师正直、坦荡而且处处为他人着想，是一个有侠肝义胆的人，与其交往总是非常简单而纯粹，明朗而温暖；作为恩师，四年来对我的学业操心不辍，没有他的鼎力相助，我的学业历程不可能安心顺利。

入学后我有幸成为宫福清教授的弟子，倍感幸运。宫老师虽然行政事务繁多，但对我的指导和关心极为全面，既有学术视野的启发，还有学术研究工作和生活事务的具体指导、悉心关照，最为重要的是对我给予充分的自由、信任和包容，让我感受到他作为老师的护犊情深。惭愧的是我自身学力和资质有限，离宫老师的期待还有很大差距。只有在今后的生活中继续努力，才能不辜负宫老师的厚望。我明白对诸位老师的栽培、再造之恩的表达不可能穷尽于只言片语，但又思绪万千、百感交集。一方面，我作为一个出身于教师家庭与教师职业有着如此密切联系的人，不仅研究教师的职业世界，也亲身参与着教师的生活世界；另一方面，现在要从学生和教师的双重立场切换中来表达这种师生缘，总是有些错乱无序。尽管如此，我在博士四年的最深体会就是：没有诸位师者的启发、指引、干预、帮助，自己终将难有所知、难有所为；纵然可能会有一些后知后觉，但必然会是一个带着自负或自怜等负向心迹而生活的人，而且注定会是一个冷漠缺乏温情的利己主义者。换言之，没有这些重要他者的启迪，我的教育兴趣思考也会无从涌现。

由于自己是工作多年后再学习，或许是过去散漫惯了，以往自身一些不良学习方式使得自己一度较长时间不能适应博士阶段的学习和生活要求，表现强烈自我怀疑甚至否定；无论是研究方向的寻找，还是研究主题的深化，都往往浅尝辄止。曾经自以为是的学术素养在与诸位老师、同学们交流之中不堪一击，所以不仅日常言说杂乱无章法，而且学术表达上反映出严重的思维障碍。内心对于进入博士阶段的自我突破既紧迫又没有抓手，这些困惑深深地改变、纠缠、影响着自己的生活状态。这段学业生涯令我收获颇丰，一是诸位恩师和学友的点拨令我重拾勇气和端正今后为师、为人、治学的态度以应对日后其他障碍和困境；二是痛苦虽然反映了自我的局限性，但更意味着突破的必要性和可能性。这段读博生活给予自己一段丰富而独特的生命体验。

五、大学教育兴趣生发之路：反思的生活与未来的反思

我的教育兴趣生发于自己的教育体验，未来还将会在自己的教育生活中不断丰富和升华。反思起来，我在刚刚参加工作时，非常渴望的是被同事和学生们认可，与学生的交流更多出于普通的人伦关怀，在专业修养方面的引导较少；随着自身的职业实践和学习拓展，逐渐能够对学生以更多的专业素养方面的影响，但又因为自身的职业发展和家庭建设而忽略了学生的人文关怀，以至于有时候我会把自己的教育工作看得非常重要，自认

为影响了学生；有时候也深深自责，把自己看成一无是处。

现在我的教育兴趣体验已经成为我的人生体验重要内容。窃以为，热爱生活就要落实到热爱过教育生活，热爱教育生活就要不断丰富自己的教育世界。我相信，只要今后更加用心地对待教育，我的生命体验也会更加丰富。正如生活既有阳光也有阴雨一样，我的教育生活世界亦然。无论如何，教育兴趣作为职业实践体验的历程不应回避，因为它也能影响日常生活历程，是自我精神生命发展的内在需要。

综上，大学教师要突破自己的教育实践困境，既要有内在对于生活的热爱，表现在对于他者世界的关切，并将这种关切体现于教育实践的具体过程上；又要有打开自我甚至破除自我的限制的勇气，在与学生的教育交往过程中体认到与自身的不足，体认到与学生一起成长、发展的意义。作为大学教师，每个人都有这样或那样的教育体验，如何理性地认识大学教育，如何在教育实践过程中管理自身的教育情感，都需要教育兴趣的自觉。而要提升这种自觉水平却不是一日之功，是与教师自身的价值建构、生命体验息息相关的。

后 记

搁笔之际，心境居然有些平静，这可能与自身和选题两方面有关。这部书稿系我的博士论文，其创作过程有些漫长，从选题到写作近两年时间，虽然不是日日而为，但始终萦绕心头，自己不知不觉已经习惯于从教育兴趣的视角思考一些人与事。教育研究中的问题依据主客关系来看，存在两种问题的生成和解决路径：一种是由物及我，另一种是由我及物。由物及我的教育研究问题源于外在困境，其解决之道主要在于严谨、精细的数据分析与检验，其成果服务于问题的有效解决或困境的化解；而由我及物的教育研究问题则源于内心的困惑，其解决之道主要在内在的反省，其成果证成或服务于内心的满足。如此来看，教育兴趣于我而言隶属于后者。

在确定选题之后，我对理论建构一度束手无策：一是自身作为研究者的研究素养非常有限，面对这个学界少有碰及的问题，我没有多少自信，尤其是在面对教育兴趣的概念阐释和分析视角时，一度陷入困顿；二是对教育兴趣的研究方法困惑。最初也想尝试实证研究路径，以结构化的方式描述现状或建构指标，并通过引述诸家经典理论来论证调查结论，但这样一来总觉得少了些什么。最终，在老师、同学们的指导、鼓励和帮助下，我选择适合教育兴趣问题本身的研究逻辑，沿着批判性哲思方向寻求理论逻辑与实践逻辑的双向建构路径，既对自身十几年来的教育教学实践经验做一番检视，也从理论上对教育兴趣这个内生性问题做了一点粗浅的探索。不敢奢望拙著本身有什么价值，但对于自身而言算是经历了一番理论思维的运思历程，最重要的是对自身和他者所涉及的教育心灵有了一些新的体悟。这也使我更加坚信：作为教育者，虽然教育意向、理解、行动会受到太多因素干扰，但还是有理由去审视教育兴趣而向往教育理想。

　　这个问题的涌现与表达与我在辽宁师范大学的学习与生活有密切的关联。身为南方人，有机会到北方最美的海滨城市大连生活，对丰富我的生命体验来说具有特殊的意义。生活与旅行有最大的不同之处。作为旅行者，自身是以过客的心态感知、索取大连的风土人情、美味佳肴，而以学习者生活于大连则是以主人的心态品味、关注、参与大连的文化风貌、名胜雅趣、琐碎日常。或许是因为已经成家，或许是因为南北差异较大，或许是因为学业紧张，或许是因为博士兄弟们的"臭味相投"，我与同学们总是喜欢逛逛马栏菜市场，甚至有时候我们什么也不会买，只是为了体验一下书斋外的"人间烟火味"，但多数时候是各取所需要、采购一些水果、食物。以后真要回忆起来，大连的虾爬子、海蛎子、酱骨头、大馒头、杂粮煎饼、樱桃、苹果、瓜子等食材既丰富了我们的学业生活，也改善了敏感的神经和糟糕的睡眠。

　　大连的气候在我看来有独特的魅力，从江西赣州到辽宁大连相隔两千多公里，两者地理风貌相差太大，一个是南方山丘延绵，一个是北国海滨风光；一个是闷热潮湿，一个是干爽通透。在大连的每一天，我几乎都是宿舍最早起床的人，既为了感受那湛蓝的天空、刚冷的寒风，也为了与晨练大爷们的相遇。人与人的关系就是这么简单，遵循的是先冷后热的普遍规律。在学校操场上，一日不见，隔日就要问候一声；虽然不聊学术，也不涉心灵，但却充满了生活气息，更不乏人生哲理。这种简单、重复的生活是我的博士学习生活常态。我感谢所有遇见的"大连人"，他们的豪爽、开朗、恬淡、真诚等人格特质印留于心。因为从某种意义上说，正是这种"北方生活"使我有机会整理、反思、表达对于大学教育兴趣的相关理解。

　　教育兴趣是一个平常却又不平常的论域，其平常主要体现在它既关乎自己的生活与工作，其不平常则是指它对于思想、个性、精神方面的变化与发展有些提醒意义。论文虽然完成，但更多只是从理论上对其进行了一番解说，是一时之功，而要实践上体证却要久久为功，所以不可能"完成"。况且，本人对教育兴趣问题所做的只是一种初步的回答或整理工作，对其中的许多问题既不能深入，也不能浅出。比如，教育兴趣如何融入于教师教育课程与教学，又如何付诸教师群体和个体专业发展实践。不过，拙著既已交稿，还是有必要记述一二，一来简要回顾下博士阶段的研学生活，二来补白前文未尽之意。

在此，我要特别向我的家人表达感谢：父亲身上的公共情怀、坚韧性格、正直品质对我影响深远；母亲对人文世界特有的敏感在一定程度上赋予了我力量和信心；弟弟多年来用"倔强"的行动不断超越自我对我而言是一种莫大的激励；我爱人林译丛的无私付出、女儿刘育哲和儿子刘景林的日渐成长都是我生活的重要动力。

其实，本书的完成要感谢的人还有很多，除了导师宫福清教授和闫守轩教授之外，还有陕西师范大学郝文武教授、北京师范大学马健生教授、东北师范大学秦玉友教授、辽宁师范大学教育学院杨晓教授、李德显教授、杨淑萍教授、杜岩岩教授、山东建筑大学马克思主义学院孙风强博士、呼伦贝尔学院包锋博士、江西师范大学教育研究院刘志忠博士、贵州师范大学李维博士等师长、学友对论文提出了许多具有启发性的建议。另外，正是因为赣南师范大学教育科学学院左志德教授、邱小健教授、周先进教授、谭净教授等同事的大力支持，以及吉林大学出版社甄志忠老师的倾心帮助才使拙著得以尽快付梓。

最后，还要感谢各位读者对于拙著和本人的关心、关注、帮助，并祝愿您工作顺利、生活如意！

刘诗波

2022年5月